权威·前沿·原创

皮书系列为

“十二五”“十三五”国家重点图书出版规划项目

BLUE BOOK

智 库 成 果 出 版 与 传 播 平 台

陕西房地产蓝皮书

BLUE BOOK OF
REAL ESTATE OF SHAANXI

陕西房地产业发展报告（2020）

ANNUAL REPORT ON THE DEVELOPMENT OF SHAANXI'S REAL ESTATE(2020)

长安大学
陕西省房地产研究会
主　编／王圣学
副主编／王婉玲　周　华　孙　昉

社会科学文献出版社
SOCIAL SCIENCES ACADEMIC PRESS (CHINA)

图书在版编目(CIP)数据

陕西房地产业发展报告.2020 / 王圣学主编. --北京：社会科学文献出版社，2020.9
(陕西房地产蓝皮书)
ISBN 978-7-5201-6951-6

Ⅰ.①陕… Ⅱ.①王… Ⅲ.①房地产业-产业发展-研究报告-陕西-2020 Ⅳ.①F299.274.1

中国版本图书馆CIP数据核字(2020)第133290号

陕西房地产蓝皮书
陕西房地产业发展报告(2020)

主　　编 / 王圣学
副 主 编 / 王婉玲　周　华　孙　昉

出 版 人 / 谢寿光
责任编辑 / 王　展

出　　版 / 社会科学文献出版社·皮书出版分社(010)59367127
地址：北京市北三环中路甲29号院华龙大厦　邮编：100029
网址：www.ssap.com.cn
发　　行 / 市场营销中心(010)59367081　59367083
印　　装 / 天津千鹤文化传播有限公司

规　　格 / 开　本：787mm×1092mm　1/16
印　张：22　字　数：328千字
版　　次 / 2020年9月第1版　2020年9月第1次印刷
书　　号 / ISBN 978-7-5201-6951-6
定　　价 / 128.00元

长安大学中央高校基本科研业务费专项资金资助（项目编码：300102419603）

陕西省社科界2020年度重大理论与现实问题研究项目（立项号：2020Z441）

主要编撰者简介

王圣学 陕西省房地产研究会会长、西安天盛城市发展研究院院长、长安大学城市研究所名誉所长、学术委员会主任，教授，兼任陕西省决策咨询委员会委员、西安市决策咨询委员会委员、西安市规划委员会委员、陕南发展研究院学术委员会主任、西安—渭南富阎产业合作园区管委会经济顾问、中国城市规划学会国外城市规划学术委员会委员、首都经贸大学兼职教授，北京房地产学会理事会副主席等。

长期以来主要从事城市与区域经济学、房地产经济学和城市规划与区域规划方面的研究工作，在《中国社会科学》《人民日报》《经济日报》《人文杂志》等报纸和杂志发表有关经济学理论、城市与区域经济学、城市规划、房地产研究等方面学术论文150余篇，出版专著8部。主持和参与国家级及省级重点课题15项，获省部级和省级学会奖10余项，主持科研项目20余项，主持城市规划项目10余项。

王婉玲 西安工程大学教授，硕士研究生导师，校学术委员会委员、经济学学科带头人、校教学名师、省级教学团队带头人，陕西省区域经济学会常务理事，陕西省房地产研究会理事。长期以来主要从事经济学理论的教学与研究工作。先后主持科研项目8项，发表学术论文10余篇。

周　华 长安大学城市研究所副所长、建筑学院城乡规划系讲师，主要从事城乡规划、房地产经济学等方面的研究工作。先后发表学术论文10余篇，参与国家级和省级课题10余项，参与城乡规划编制工作多项。

孙　昉　陕西省社会科学院办公室主任，主要研究领域为地域文化、区域发展、公共管理和信息管理。先后发表理论文章20余篇，主持或参与完成各类规划和课题7项，主编或参编学术著作9部。

摘　要

《陕西房地产业发展报告（2020）》反映的是2019年陕西房地产业发展的基本情况。

全书分为三大部分，第一部分为总报告，对全省2019年房地产业各个方面作了较为全面的论述，尤其是对商品房市场和保障房市场作了较为详尽的分析并对全省2020年的房地产发展提出了建议。

第二部分为专题篇，从土地政策、财税政策、金融政策、保障房建设等10个方面对全省的房地产业进行了专题研究并对今后的发展提出了建议。

第三部分为区域篇，分区域对全省10个省辖市和一个省部共建的杨凌农业高新技术示范区的房地产业发展状况作了较为全面的研究分析。

目 录

Ⅰ 总报告

Ⅱ 专题篇

Ⅲ 区域篇

皮书数据库阅读**使用指南**

总 报 告

General Report

B.1

2018 ~2019年陕西房地产业发展报告

课题组*

摘 要： 2019年，全国房地产市场运行的政策环境整体偏紧，房地产金融抑制政策贯穿全年。在这一大背景下，陕西省坚持“调控”主线和“三稳”主基调，房地产投资增速、土地购置面积降幅、商品房价格增速、待售面积降幅均持续收窄，但就全年整体情况而言，房地产开发企业规模、完成投资、开发总量、销售面积均持续增长。同时，陕西省强化分类指导，坚持因城施策，有效防控房地产领域风险，全省房地产业得到了比较平稳健康的发展，但省内各区域市场分化较大，西

* 课题组成员：王圣学，陕西省房地产研究会会长，长安大学城市研究所名誉所长、学术委员会主任，教授，主要研究方向为城市与区域经济学、房地产经济学和城市与区域规划；孙昉（执笔），陕西省社会科学院办公室主任，主要研究方向为区域发展与公共管理；王婉玲，西安工程大学教授，主要研究方向为房地产经济；周华，长安大学讲师，主要研究方向为房地产经济、城市地理学。

安房地产投资下滑、库存不足的现象使得整体市场表现出接续能力欠佳、供需失衡、市场外溢的特征。2020 年初，虽受新冠肺炎疫情、宏观政策调控等多重因素影响，但是国家中心城市西安区位优势的不断增强和全省城镇化率的不断提高，使陕西省人口虹吸效应持续凸显，加之城乡居民可支配收入和住房品质需求稳步提升，均在一定程度上为房地产市场注入新的活力，建议陕西省的“双向”调节和“四限”举措根据人口和经济的变动灵活调整，建立土地供给联动机制，落实有效供给，在稳定的同时满足市场需求。

关键词： 陕西　房地产业　土地政策

一　2019年陕西省经济社会发展情况

（一）经济总量和结构

据陕西省统计局初步核算，2019 年陕西省生产总值为 25793. 17 亿元，比上年增长 6. 0%。其中，第一产业增加值为 1990. 93 亿元，增长 4. 4%，占生产总值的比重为 7. 7%；第二产业增加值为 11980. 75 亿元，增长 5. 7%，占 46. 5%；第三产业增加值为 11821. 49 亿元，增长 6. 5%，占 45. 8%。人均生产总值为 66649 元，比上年增长 5. 4%。其中，重点城市西安市全年地区生产总值为 9321. 19 亿元，比上年增长 7. 0%。其中，第一产业增加值为 279. 13 亿元，增长 4. 3%；第二产业增加值为 3167. 44 亿元，增长 7. 6%；第三产业增加值为 5874. 62 亿元，增长 6. 8%。三次产业结构构成为 3. 0∶34. 0∶63. 0。按常住人口计算，全年人均地区生产总值为 92256 元，比上年增长 3. 9%。

2019 年，非公有制经济增加值为 14070. 45 亿元，占生产总值的比重为 54. 6%，比上年提高 0. 4 个百分点；对全省经济增长的贡献率为 59. 3%，拉动全省经济增长3.2个百分点。随着“放管服”改革持续推进和营商环境优化提升，全省民间投资增长6.0%，高于全国1.3个百分点；占全部投资的比重达46.8%，较上年提高1.5个百分点。全年新登记市场主体125.96万户，较上年增长39.14%，首次实现年登记量过百万户。

（二）居民人均可支配收入

2019年，陕西省居民人均可支配收入为24666元，同比名义增长9.5%，扣除价格因素，实际增长6.4%，略高于经济增长速度，人均可支配收入增速快于全国0.6个百分点。其中，城镇居民人均可支配收入为36098元，在全国31个省份中居第19位，同比名义增长8.3%，增速快于全国平均增速0.4个百分点，扣除价格因素，实际增长5.3%；农村居民人均可支配收入为12326元，在全国31个省份中居第27位，增长9.9%，增速快于全国平均增速0.3个百分点，扣除价格因素，实际增长6.8%。农村居民人均可支配收入增速快于城镇1.6个百分点，城乡收入比为2.93∶1，较上年缩小0.04。

（三）人口和就业

陕西省统计局资料显示，2019年末陕西省常住人口为3876.21万人，较上年增加11.81万人；其中城镇人口为2303.63万人，占常住人口的比重为59.4%，较上年提高1.3个百分点；乡村人口为1572.58万人，占比为40.6%，较上年降低1.3个百分点。按性别分，男性为2000.23万人，占比为51.6%；女性1875.98万人，占比为48.4%，性别比为106.62∶100。按年龄分，0~14岁人口占14.7%，15~64岁人口占73.5%，65岁及以上人口占11.8%。全年出生人口为40.83万人，出生率为10.6‰；死亡人口为24.31万人，死亡率为6.3‰；自然增长率为4.3‰。

2019年陕西省城镇新增就业人员为45万人，城镇登记失业率为3.23%。物价运行总体平稳，居民消费价格比上年上涨2.9%，实现了3%左右的年度预期目标。

（四）财政状况

2019 年，陕西省地方财政收入为 2287.73 亿元，较上年增长 2.0%。其中，各项税收增长 4.0%，较上年提高 1.6 个百分点，占财政收入的 80.7%，财政收入结构持续改善。积极回应社会群众对美好生活的期盼，全省财政支出为 5721.56 亿元，较上年增长 7.9%。全省各级财政共投入财政专项扶贫资金 147.9 亿元，同比增长 14.4%。

二　陕西房地产市场运行情况

（一）房地产市场运行总体情况

2019 年，为进一步贯彻落实习近平总书记“房子是用来住的，不是用来炒的”讲话精神，国家对房地产行业实行“紧缩”性金融调控，并推出了一系列土地、财税调控政策。陕西省结合本地房地产市场实际制定了较为严苛的落实措施。一年来，在金融、土地、财税等一系列宏观调控的共同作用下，陕西房地产业实现了较为平稳的发展，呈现稳中向好、好中趋快的趋势，基本达到调控目标和市场预期。

2019 年，陕西房地产市场受宏观调控和相关政策的多重影响，由震荡波动逐步趋于新的平衡。就总体情况而言，房地产开发企业规模、完成投资、开发总量、销售面积均持续增长，但增速较 2018 年普遍回落，且区域分化较大。陕西省全年房地产开发投资为 3903.65 亿元，同比增长 10.4%。房地产开发企业房屋施工面积为 27728.39 万平方米，同比增长 12.6%。商品房销售面积为 4401.06 万平方米，同比增长 6.9%。2019 年末商品房待售面积为 650.28 万平方米，同比下降 10.5%。

（二）房地产投资稳中趋缓

2019 年，陕西房地产开发累计完成投资 3903.65 亿元，同比增长

10.4%，比2018年回落3.5个百分点，比全国平均增速高0.5个百分点（见图1）。

从全年投资增长情况来看，2019年第一季度在土地购置费增速下降和施工速度加快的双重推动下，投资增速大幅提高并达到自2014年以来的最高点。上半年房地产开发投资增长放缓，全省房地产开发投资为1681.61亿元，同比增长11.1%，较第一季度回落13.4个百分点，之后持续回落并在8月降至年度谷底，第三季度后趋于平稳并略有回升，总体上呈现上半年增速波动较大、下半年增速基本平稳的发展态势。

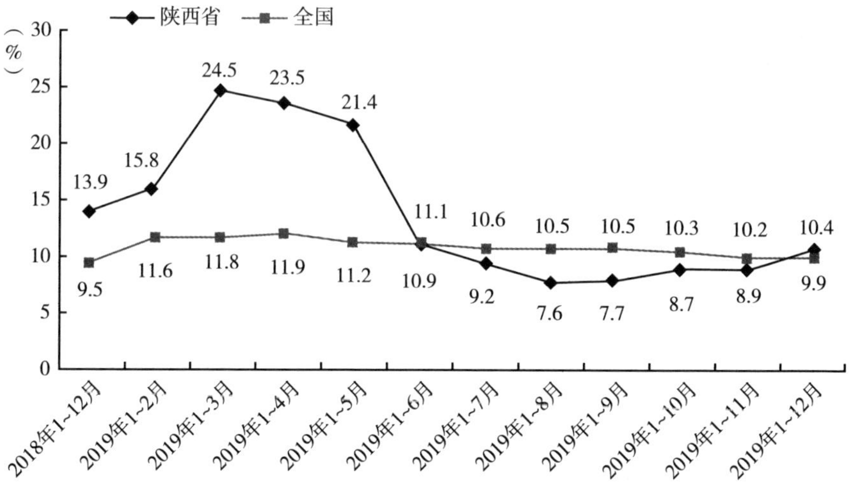

图1　2018～2019年全国和陕西省房地产开发投资增速对比

区域投资增速差异大，西安市增速回落引降陕西全省。从全省各市（区）投资情况来看，11个市（区）中，有6个市（区）房地产开发投资增速较2018年呈上升趋势，5个市（区）较2018年出现增速回落趋势。其中，杨凌示范区上升幅度最大，提高98.2个百分点；延安市回落幅度最大，下降86.0个百分点。西安市房地产市场在经历了连续两年的快速增长后，投资市场趋于平缓，2019年西安市房地产开发完成投资2464.78亿元，同比下降2.1%，增速低于上年10.0个百分点。其中，住宅投资增长9.0%，办公楼投资下降9.0%，商业营业用房投资下降39.4%。由于西安市全年房地产开发完成投资额占全省比重为63.1%，成为影响2019年全省增长回落的主要原因，影响全省下降1.5个百分点，而其他市（区）均拉动全省完成投资增长，其中渭南市拉动幅度最大，拉动增长3.7个百分点（见表1）。

表1　2019年陕西省各市（区）房地产投资情况

地区	投资完成额		与2018年增速相比(个百分点)	占全省比重(%)
	总量(亿元)	增速(%)		
陕西省	3903.65	10.4	-3.5	—
西安市	2464.78	-2.1	-10.0	63.1
铜川市	29.08	1.1	-15.2	0.7
宝鸡市	272.52	35.0	13.1	7.0
咸阳市	186.95	57.6	44.1	4.8
渭南市	284.88	84.8	49.4	7.3
延安市	156.27	19.1	-86.0	4.0
汉中市	154.07	33.0	14.3	3.9
榆林市	121.08	30.7	-15.7	3.1
安康市	162.77	25.3	-13.1	4.2
商洛市	27.38	23.1	17.5	0.7
杨凌示范区	43.89	104.3	98.2	1.1

（三）土地购置面积和成交价款下降幅度较大

受土地融资收紧政策影响，2019年，陕西全省土地购置呈上半年大幅下降、下半年逐月收窄的发展走势。全年房地产开发企业土地购置面积为485.11万平方米，同比下降39.0%，降幅比上半年收窄13.5个百分点，比2018年扩大80.8个百分点。全年土地成交价款为156.98亿元，同比下降33.8%，降幅比上半年扩大3.0个百分点，比2018年扩大38.3个百分点。

重点城市西安市2019年上半年建设用地价格同比大幅上涨。西安市综合地价为7055.18元/平方米，同比上涨80.47%；商业地价为3984.94元/平方米，同比下降40.36%；住宅地价为10976.52元/平方米，同比上涨82.63%；工业地价为819.66元/平方米，同比上涨94.32%。

（四）房地产新开工面积呈现高位减缓

2019年，陕西房地产开发在以前年度项目集中开工的累积作用下施工速度加快、施工面积持续增长。但是，主要受西安市供地减少影响，新开工房地产项目接续乏力，全省新开工面积增长呈现高位减缓的趋势。全年施工面积达27728.39万平方米，同比增长12.6%，比上半年提高1.5个百分点，比2018年提高8.5个百分点；全年房屋新开工面积为6431.21万平方米，同比增长18%，比上半年回落3.0个百分点，比2018年回落9.4个百分点。

从全省各区域来看，西安市仍然是陕西省房地开发的主战场，无论是施工面积还是新开工面积在全省均占首位优势。2019年，西安市房屋施工面积达17475.02万平方米，同比增长8.9%，增速较2018年提高7.6个百分点，占全省施工面积的63.0%；房屋新开工面积为3114.12万平方米，同比增长7.4%，增速较2018年回落3.2个百分点，拉动房屋施工面积增长1.3个百分点，占全省新开工面积的48.4%；房屋竣工面积1057.69万平方米，增长8.2%。

（五）销售面积和销售额增速波动变化大，全年回升收稳

2019年，陕西省贯彻国家房地产市场调控的“稳地价、稳房价、稳预期”目标，坚持“房住不炒”的定位，出台限购、限价、限售等房地产调控政策，遏制投资投机性购房需求取得了一定效果。2019年，全省上半年房地产开发销售处于震荡调整之中，下半年西安市下行趋势保持较为稳定的状态，全省多地由于全国知名房地产开发企业加入，积极开发项目推动当地房地产开发销售向好，全年房地产开发销售持续回升收稳。

2019年上半年全省商品房销售面积为1871.57万平方米，同比增长

2.3%，较第一季度回落5.2个百分点。从2019年全年看，陕西省商品房销售面积为4401.06万平方米，同比增长6.9%，增速比2018年提高1.0个百分点，比上半年提高4.6个百分点，比全国平均增速高出7个百分点。其中，住宅销售面积为3818.25万平方米，同比增长7.7%，增速比2018年提高4个百分点，比上半年提高6.4个百分点。

期房是销售主力，期房销售面积为3966.49万平方米，同比增长12.5%，增速比上半年提高1.9个百分点，占商品房销售面积的90.1%。主要受可供出售的现房存量减少影响，现房销售面积下降幅度较大。现房销售面积为434.58万平方米，占商品房销售面积的9.9%，下降26.8%，降幅比上半年收窄12.6个百分点。

2019年，全省商品房销售额为3960.21亿元，同比增长16.2%，比上半年提高2.8个百分点，比2018年回落11.8个百分点；其中，住宅销售额为3359.17亿元，增长19.6%，增速比上半年提高3.7个百分点，比2018年回落7.2个百分点（见图2）。

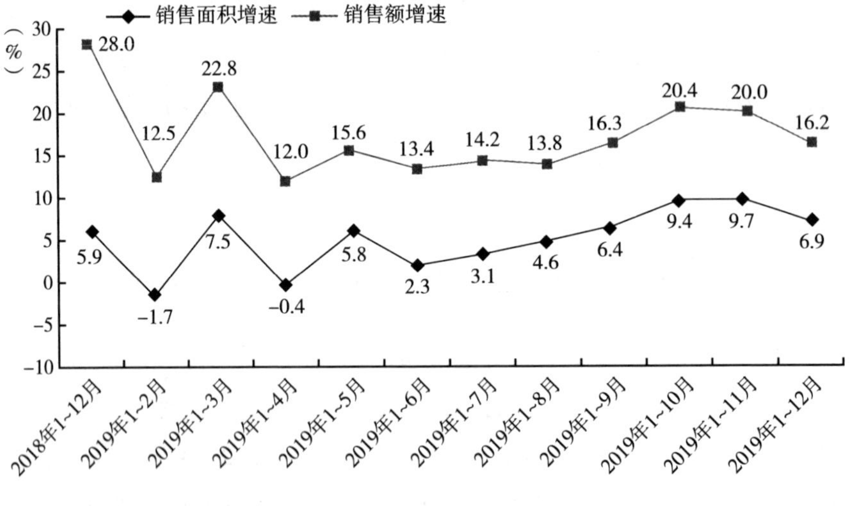

图2　2018～2019年陕西省商品房销售面积和销售额增速对比

从房屋用途来看，住宅和其他用房的销售面积增速比2018年有所提高，商品住宅销售仍占绝对地位；办公楼和商业营业用房销售面积增速有所回落，尤其是办公楼出现了57.8个百分点的大幅度回落。具体来讲，全年住宅销售面积为3818.25万平方米，占商品房销售面积的86.8%，同比增长7.7%，增速比上半年提高6.4个百分点，比2018年提高4个百分点；全年办公楼销售面积为184.69万平方米，占商品房销售面积的4.2%，同比下降15.3%，降幅比上半年扩大33.4个百分点；全年商业营业用房销售面积为195.04万平方米，占商品房销售面积的4.4%，同比下降15.8%，降幅比上半年收窄11.2个百分点；全年其他用房销售面积为203.08万平方米，占商品房销售面积的4.6%，同比增长64.7%，增速比上半年回落9.4个百分点。

从住宅结构看，住宅销售以改善型大户型为主。2019年，90平方米及以下的住宅销售面积下降速度继续扩大，其他结构的住宅销售面积增速均比2018年有所提高，尤其是144平方米以上普通住宅提高幅度最大。2019年90平方米及以下普通住宅销售面积为365.54万平方米，同比下降29.5%，占住宅销售面积的9.6%；90～144平方米（含144平方米）普通住宅销售面积为2782.39万平方米，同比增长11.9%，占住宅销售面积的72.9%；144平方米以上普通住宅销售面积为670.32万平方米，同比增长24%，占住宅销售面积的17.6%。住宅中别墅、高档公寓销售面积为37.93万平方米，同比下降18.9%，占住宅销售面积的1%。

分区域来看，全省有7个市（区）的销售面积增速比2018年有所提高。其中，延安市提高幅度最大，比2018年提高77.0个百分点，全年销售面积为138.22万平方米（见表2）。

表2　2019年陕西省各市（区）商品房销售情况

地区	销售面积		与2018年增速相比（个百分点）	占全省商品房销售面积比重（%）
	总量（万平方米）	增速（%）		
陕西省	4401.06	6.9	1	—
西安市	2638.69	-2.8	-10.9	60.0
铜川市	60.33	10.4	-22.2	1.4
宝鸡市	261.18	3.8	23	5.9

续表

地区	销售面积		与2018年增速相比（个百分点）	占全省商品房销售面积比重(%)
	总量(万平方米)	增速(%)		
咸阳市	201.02	33.2	47.5	4.6
渭南市	330.79	30.8	8.3	7.5
延安市	138.22	49.0	77.0	3.1
汉中市	249.74	21.0	-1.5	5.7
榆林市	186.64	75.1	41.8	4.2
安康市	182.70	19.9	14.5	4.2
商洛市	72.28	-3.8	-5.5	1.6
杨凌示范区	79.47	28.9	4.6	1.8

（六）新建住宅价格有升有落

2019年，陕西房地产销售各区域、各时段冷热不均。新建住宅销售量、销售价格最具代表性的西安市，受大量新落户居民的刚性需求增长及2018年房价惯性上涨影响。2019年1～10月，西安市新建商品住宅销售价格累计上涨21.1%，二手住宅价格累计上涨8.8%。1～6月新建住宅价格上涨过快（见图3），5月27日，西安市政府召开房价调控工作专题会议，提出稳定房价举措：要加强房地产市场研判调控，拟定完善调控政策；发挥完善商品住房销售价格申报指导机制作用；加大加快商品住房居住用地供应；确保公租房、廉租房供给落实；落实完善限购措施；严格土地市场管理；加强宣传引导，强化房地产舆情的监测和引导。6月20日，西安市发布《关于进一步加强住房市场调控管理的通知》（也称“620新政”），再次提高买房准入标准，并将临潼区纳入西安住房限购范围，严格执行住房限购政策。“620新政”后，从7月开始，新建住宅销售价格出现明显回落趋势。2019年上半年，与上年同期相比，西安二手住宅销售价格累计上涨13.4%。

宝鸡市截至2019年12月底，商品房成交均价为5181元/平方米，环比下降0.95%；2019年延安市商品房的销售价格总体上较2018年持续走高，呈稳步上升趋势；榆林市由于各区县经济发展差异较大，其房价分布的区域

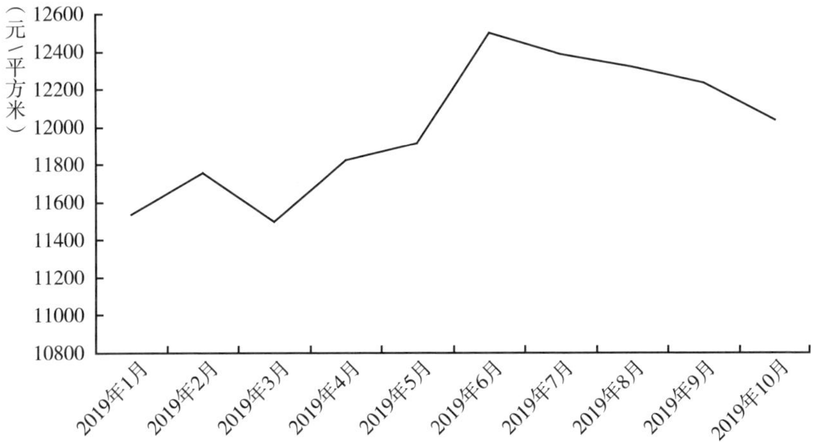

图3　2019年1～10月西安市新建住宅销售价格走势

差异也较大，如榆阳区2019年商品房成交均价为8649元/平方米，比横山区每平方米高出3300多元；安康市房地产成交均价多数月份保持平稳，个别月份急涨急跌，在4900～5600元/平方米波动。

（七）商品房待售面积下降速度减缓

从商品房竣工情况来看，受竣工速度加快的影响，待售面积明显增加，下降速度减缓。2019年陕西省房屋竣工面积为1782.13万平方米，同比增长16.9%，比上半年提高54.6个百分点，比2018年提高53.1个百分点。截至2019年6月末，商品房待售面积为656.57万平方米，下降15.8%，降幅较第一季度收窄7.9个百分点。2019年12月末，陕西省商品房待售面积为650.28万平方米，同比下降10.5%，降幅比2019年6月末收窄5.3个百分点，比2018年12月末收窄11.9个百分点，结束2018年8月以来的逐月减少状态，再现增加趋势，同时，待售面积下降速度明显减缓，成为2018年4月以来的高点（见图4）。

从省内各个区域来看，全省7个市（区）的待售面积增速比2018年末有所提高，其中，咸阳市提高幅度最大。

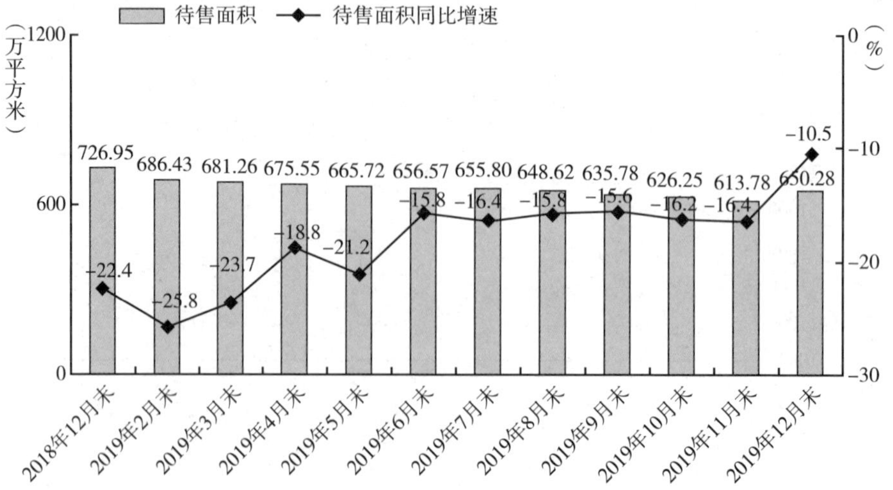

图4　2018 年 12 月末至 2019 年 12 月末陕西省商品房待售面积走势

（八）房地产开发到位资金持续收紧

受各种金融调控政策的影响，特别是受自筹资金和定金及预收款增长减缓影响，2019 年陕西省房地产开发企业开发到位资金总体上呈现持续收紧态势。全年房地产开发企业到位资金为 4911. 22 亿元，同比增长 7. 6%，比上半年回落 1. 9 个百分点，增速比 2018 年回落 9. 8 个百分点。从资金构成来看，国内贷款为 372. 99 亿元，同比下降 3. 5%，占到位资金的 7. 6%；自筹资金为 2253. 89 亿元，同比增长 5%，占到位资金的 45. 9%；定金及预收款为 1442. 95 亿元，同比增长 6. 4%，占到位资金的 29. 4%；个人按揭贷款为 613. 11 亿元，同比增长 26. 3%，占到位资金的 12. 5%；其他资金为 228. 28 亿元，同比增长 20. 5%，占到位资金的 4. 6%（见图 5）。

（九）市场环境整治情况

为进一步强化房地产开发、物业、经纪、租赁等各类企业诚信经营意识，重塑房地产业健康清爽的市场环境，陕西省各级房地产行政主管

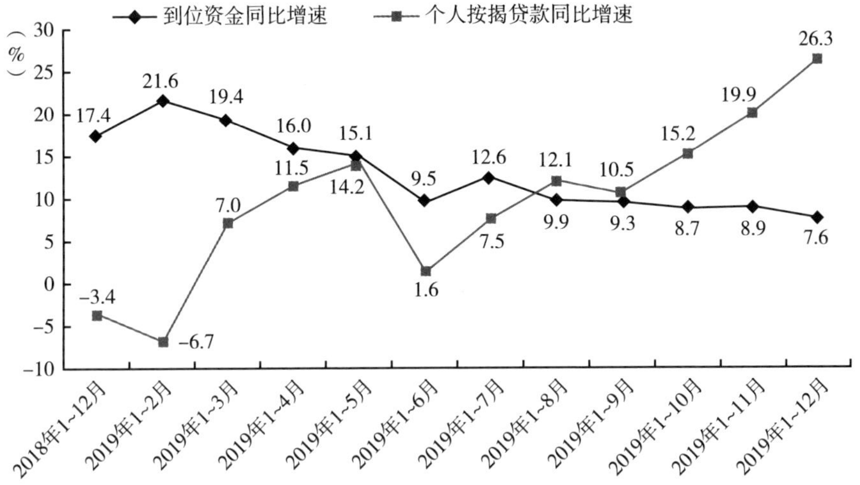

图5　2018～2019年陕西省到位资金和个人按揭贷款走势

部门认真贯彻落实中央扫黑除恶专项斗争、中央和陕西省纪委关于住房租赁中介乱象专项整治等决策部署，深挖彻查房地产开发企业、物业服务企业、经纪机构和租赁企业违法违规问题，不断加大房地产市场监管力度，严厉打击无证销售、投机炒房、捂盘惜售、房地产“黑中介”、物业乱收费、恶意克扣押金租金等房地产乱象。2019年，陕西省住房和城乡建设厅出台了《陕西省房地产开发企业信用信息管理暂行办法》《陕西省房地产开发企业良好行为信用加分标准》《陕西省房地产开发企业不良行为信用扣分标准》，建立了“陕西省房地产市场诚信评价监管平台”，坚持市场监管和网络平台监管双管齐下，对陕西辰宇实业有限公司等86家房地产开发企业、陕西宝徕房地产经纪有限公司等32家房地产经纪机构、西安捷诚物业管理有限公司等33家物业服务企业、南京乐伽商业管理有限公司西安分公司等9家住房租赁中介机构违法违规行为进行了通报，并记入全省企业不良信用档案，有效堵塞了监管漏洞，净化了市场环境。颁行了《陕西省物业服务收费管理办法》，厘清了物业服务企业与业主之间有关物业服务内容、服务标准的关系，进一步明确了物业服务企业的主要职责。

三　2019年陕西房地产市场的主要特征

（一）西安影响陕西房地产市场的总体趋势

陕西房地产市场结构单一，西安一家独大。2018 年，西安房地产开发投资、商品房销售面积、销售额、房屋施工面积占全省比重分别为 71.2%，65.9%、80.8%和65.2%，是陕西省房地产开发市场的主要支撑。2019 年，受金融政策和土地供应紧缩的影响，西安房地产市场各项指标占比有所下降，从总量来看，西安市房地产开发投资和商品房销售面积占全省比重分别为63.1%和60.0%，较上年分别下降8.1 个和5.9 个百分点；从增速位次看，西安市房地产开发投资增速居全省末位，商品房销售面积增速居全省第10 位，二者较上年分别后移2 位和4 位。比重的下降和落后的位次并未影响西安房地产市场在陕西省的主体地位，从而决定了陕西省房地产市场的波动趋势——投资趋缓、土地供应下滑、新开工面积年末缩减、待售面积减少。

（二）土地供给大幅减少，房地产市场供需不平衡

陕西省自然资源厅公布的《陕西省国土资源综合统计报告（2019 年上半年）》数据显示，2019 年上半年国有建设用地供应住宅用地为934.95 公顷，同比减少 25.2%；其中普通商品住房供地为 807.25 公顷，同比减少26.08%（2018 年上半年为1092.03 公顷，增速为112.75%）。

相较于2018 年陕西省国有建设用地中商品住宅供地 2308.17 公顷、增幅为68.88%的供应情况，2019 年商品住房供地大幅减少，导致陕西省房地产市场的接续能力不足，供需失衡。表现为陕西省新开工房屋面积在经历了一年多的高位盘旋后，开始缩减，并且后续增长乏力；全省销售面积维持上涨态势，涨幅为 6.9%，其中期房涨幅为 12.5%，现房出现无房可售的局面。新开工面积的减缓和销售面积的上涨进一步造成

了房地产库存大幅减少，2019 年末，陕西省商品房待售面积为 650. 28 万平方米，其中西安市商品房待售面积为 202. 71 万平方米，商品住宅待售面积仅为 55. 57 万平方米，去化周期低于下线指标，市场供需不平衡持续扩大。

（三）房地产政策调控过严，西安房地产外溢严重

2019 年，陕西省重点监测城市西安的房地产政策调控可谓“历史最严”。“全装修交房”“公积金首付不得低于 35%”“620 新政”“共有产权房开启”“利率定价”等一系列国家政策的落地与本地政策的结合，加大了商品房限购力度，导致需求外溢严重。全省销售面积增速最快的城市是榆林、延安、咸阳和渭南四市（75. 1%、49%、33. 2%、30. 8%），西安仅为 -2. 8%，表明房地产需求在省内流动的走向；全省房地产投资上涨最快的城市是关中的渭南、咸阳和宝鸡(84. 8%、57. 6%、35. 0%)，房地产市场开发流向这几个城市，西安为 -2. 1%。供给的减少和需求的抑制导致西安开发投资与销售规模在全省的比重下降较大，分别比上年下降 8. 1 个和 5. 9 个百分点，市场供需外溢到省内其他城市，促进这些城市在省内房地产市场的地位小幅提升。

（四）改善型需求引领商品房供给，小户型住宅供给比例下降

2019 年陕西省住宅销售面积以 144 平方米以上的大户型增幅最大（增长 24%），90 平方米及以下的住宅销售面积降幅最大（下降 29. 5%）。其中西安市 90 平方米及以下住房销售面积同比下降 37. 7%，144 平方米以上住房销售面积增长 19. 5%；中小户型住房（90 平方米及以下）完成投资 295. 57 亿元，下降 28. 6%，新开工面积下降 2. 7%。随着陕西省城市化进程的加快、城市落户门槛的进一步放宽，全省住房需求不仅包括引进人才的高端需求，更有大多数普通居民的刚性需求。大户型受追捧，小户型开工不足，将进一步凸显住房的结构性矛盾，影响住房市场的稳定性。

（五）房地产开发成本不断上升，企业经营压力上升

房地产开发成本不断上升主要体现在环保要求提高，生产周期拉长，砂石、水泥、钢材等建筑用材料费价格上涨较快，建筑行业劳动力成本不断增加等方面。2019 年上半年，陕西省工业生产者购进价格中，建筑材料及非金属类价格在上年高位基础上，同比上涨 6.3%；固定资产投资价格中，人工费价格在前几年不断上涨的基础上，同比上涨 4.1%。对房地产行业监管的进一步加强、房地产开发企业的融资渠道和生产销售条件逐步收紧，加上国家中心城市西安严格控制房价上涨等政策，会影响房地产开发企业资金回流速度，增加企业尤其是中小企业的压力。

四　2020年陕西房地产业发展趋势展望

（一）从国家层面看

根据 2019 年下半年的趋势分析，2020 年国家在房地产领域的相关政策有望出现微调，但在新冠肺炎疫情、世界经济增长放缓、宏观经济环境日趋复杂的形势下，房地产市场的金融监管将继续保持较为严苛的态势，加强房地产领域风险防范、遏制资金违规流入房地产领域不会松劲；“房住不炒”的基本理念和“稳地价、稳房价、稳预期”的主基调不会改变；陕西省“限购、限价、限售、限签”的“四限”政策将基本延续；供给侧结构性改革将持续深化；宏观调控更加注重多方平衡——“一城一策”将落实得更加具体，以保证房地产市场与国民经济的平衡、住房供给与需求的平衡、自住群体购房需求与抑制非理性需求的平衡；楼市投机性需求渐次离场，住宅持续回归居住本位，房地产市场需求将进一步回归刚性和理性。

（二）从全省层面看

虽然有新冠肺炎疫情、宏观政策调控等多重因素影响，但随着省会城市西安在“一带一路”中的地位不断增强、全省城镇化水平的不断提高、人

才新政继续发力，西安的人口虹吸效应将持续凸显，这是2020年陕西房地产业持续稳定发展的主要支撑因素。加之城乡居民可支配收入的提高和改善型需求的逐步增强，在一定程度上刺激了对房地产市场的需求，陕西房地产业2020年的总体趋势是平稳中略有上升。

2019年，政府对于西安房地产市场的管控紧缩，导致供需矛盾突出、市场接续能力不足，预测2020年政府会在稳定的前提下适度调整土地供应方式、对“四限”政策进行微调整，在刺激经济增长的同时缩小供求差距来稳定房价，消化由供需不平衡带来的潜在市场风险。

随着居民收入水平的提高，改善型需求会进一步拉升高端房价，提高房地产供给质量，影响住宅供给结构。但基于陕西省居民人均收入与发达地区差距较大的现实，房地产市场平均价格不会出现过大增幅，总体上表现为房地产市场分化愈来愈突出。

（三）从地市层面来看

2020年，因城施策依然是调控政策的前置性条件。在此背景下，陕西省内各区域的市场差异性将会进一步彰显。预计西安市调控政策仍以“稳”为主，房地产行业融资限制仍会较严，房价有望理性回稳，主要指标高位运行压力增加。宝鸡市商品房销售面积预计出现同比下降趋势，房价基本上保持平稳。咸阳市预计土地供应量会大幅减少，房价上涨空间越来越小并有小幅下降的可能。渭南由于城镇化加速，改善型住房需求将推动房价稳步增长。铜川市房地产开发投资预计持续增长，新开工面积、商品房竣工面积将呈现快速增长趋势，房地产业拉动经济增长和促进就业的作用将更加突出。延安市房地产市场供给增速预计将呈现下降趋势，同时市场需求也会有所缩减。榆林市房地产市场的供给、需求、价格等方面预计基本保持平稳，并略有上涨。安康市中心城区房价预计下跌概率较大，但局部区域的供求关系将基本平衡，总体价格基本稳定。汉中市基本刚需和改善需求可能会更加明显。商洛市不会受到宏观调控太大影响，房价预计会继续上涨。杨凌示范区有望继续维持先前态势，平稳发展。

五　陕西房地产业高质量发展的对策建议

（一）坚决落实国家房地产市场宏观调控政策，建立土地供应联动机制

严格认真贯彻落实国家房地产市场宏观调控政策，在坚持“房住不炒”定位的同时，把“稳地价、稳房价、稳预期”落到实处，积极构建促进房地产开发市场健康发展的长效机制，规范完善住房供应体系和保障体系，防止投资投机“卷土重来”。根据市场需求和经济社会发展实际，按照“管住总量、严控增量、盘活存量、集约高效”的原则，合理有效控制土地供应总量，并通过科学细分市场，盘活房地产存量土地，以优化土地供应结构来化解土地市场供需失衡的矛盾，进而提高土地利用效率。从土地供应端入手，坚持分区域分类调控，构建土地供应量与房价、土地供应量与常住人口之间的联动机制，从土地供应端落实房地产调控。对于住房供求矛盾突出、房价上涨压力大的区域，适度增加住宅用地供应规模，确定灵活的土地拍卖竞价方式，针对土地价格上涨过快区域设定土地溢价率上限，防止土地价格过快上涨。

（二）完善住房保障体系，扩大并落实“有效供给”

发挥政府有关部门的主观能动性，加快推进共有产权、住房保障、人才安居与房地产市场精准调控相结合的新型住房保障制度，加强保障房市场监督管理。在加快保障性住房建设的同时，加大配套基础设施建设力度，加大住房理性消费引导力度，健全完善“多主体供应、多渠道保障、租购并举”的住房制度。扩大并落实有效供给。一是通过构建和完善住房供应与保障体系调整住房结构，增加中小户型普通商品住房有效供应，满足中低收入、青年人的首次购房需求；二是积极推进保障性住房建设，满足城镇低保对象、低收入家庭住房需求；三是探索租赁住房市场的规范标准和运行机制，满足

广大人民群众住有所居的住房需求；四是加快推进老旧小区、城中村和棚户区改造，普遍提升原有城镇居民的人居环境质量。

（三）分类指导，准确定位房地产产品，提高品质和科技含量

因城施策是未来城市运营发展的趋势，智慧社区将逐渐成为人们对于居住环境的主流需求。因此，房地产开发企业应准确把握时代脉搏、政策导向和市场需求，在坚持绿色环保的同时，大数据、云计算、物联网等技术应成为高定位社区的科技标配，完善的托幼、教育、商务、医药、养老等设施也应全面纳入新建社区的配套范畴。房地产开发企业应以此为契机，将追求产品量的扩增转向注重产品质的提升，从单纯的房地产开发转向城市社区运营，进而逐步实现新时代房地产开发企业的转型升级。

（四）适应人们对居住环境和社区品质不断提升的需求，坚持绿色建筑与绿色物业同步推进

物业管理服务是影响人居环境的重要因素，真正落实"房住不炒"的基本定位，既要有好房子，更要有好物业。随着生活水平的提高，人们对于住房的关注重点已经从价格优势、增值空间、区位便利、配套设施等方面，开始向社区的便利性、舒适性、环保性以及物业服务水平等方面扩展。因此，应积极打造环境升级绿色化、技术升级智能化、质量升级精品化、配套升级人文化的绿色建筑和绿色物业。

参考文献

王圣学主编《陕西房地产蓝皮书：陕西房地产业发展报告（2014）》，经济科学出版社，2014。

王圣学主编《陕西房地产蓝皮书：陕西房地产业发展报告（2019）》，社会科学文献出版社，2019。

中指研究院：《2019年中国房地产政策盘点》，2019年12月。

陕西省统计局：《2019 年全省经济运行情况》，陕西省统计局官网，2020 年 1 月 20 日。

国家统计局：《2019 年 1 ~ 12 月份全国房地产开发投资和销售情况》，国家统计局官网，2020 年 1 月 17 日。

西安市统计局：《调控政策效应深化　房产市场趋于理性》，西安市统计局官网，2020 年 2 月 3 日。

陕西省统计局：《2019 年陕西房地产市场运行情况》，陕西省统计局官网，2020 年 3 月 3 日。

国家统计局陕西调查总队：《预计今年西安房产市场低位运行》，《西安日报》2020 年 3 月 18 日。

渭南市统计局：《渭南市统计月报》，渭南市统计局官网，2019 年 1 ~ 9 月。

延安市统计局：《延安市房地产开发业蓬勃发展》，延安市统计局官网，2019 年 8 月。

商洛市统计局：《商洛市统计月报》，商洛市统计局官网，2019 年 1 ~ 9 月。

陕西省自然资源厅：《陕西省国土资源综合统计报告（2019 年上半年）》，陕西省自然资源厅官网，2019 年 10 月 24 日。

专 题 篇

Special Topics

B.2

2018 ~2019年国家土地政策对陕西房地产业的影响

孟繁琦 向亚丽 宋洁敏 *

摘 要： 2018 ~2019 年，国家及陕西省出台了一系列土地政策，意在通过稳地价，控房价，保障民生。这一系列政策虽然起到了一定作用，但效果不明显。建议陕西省房地产业调控的土地政策优化如下：合理有效控制土地供应量，加大土地供应结构的调整力度，强化土地管理的监控职能，加强土地市场和房地产市场的法制建设。

关键词： 土地政策 房地产市场 宏观调控

* 孟繁琦，陕西金成土地勘测规划设计咨询有限公司，从事土地规划相关业务；向亚丽，陕西金成土地勘测规划设计咨询有限公司，从事土地规划相关业务；宋洁敏，陕西金成土地勘测规划设计咨询有限公司，从事土地规划相关业务。

一 2018 ~2019年土地政策概述

（一）2018年土地政策概述

2018 年调控主线一直贯穿其中，在“房住不炒”定位和因城施策、分类调控指导下，各地政策持续加码，全国各地出台楼市相关政策近 400 余次，在力度和广度方面规模空前，是史上楼市调控最严的一年。

1. 国家和地方将不再是唯一居住用地供应者

1 月 15 日，全国国土资源工作会议上透露，要改变国家和地方作为居住用地唯一供应者的情况，研究制定权属不变、符合土地和城市规划条件下，非房地产开发企业依法取得使用权的土地作为住宅用地的办法，深化利用农村集体经营性建设用地建设租赁住房试点，完善促进房地产健康发展的基础性土地制度，推动建立多主体供应、多渠道保障租购并举的住房制度。

2. “房住不炒”，坚决遏制房价上涨，稳地价、稳房价、稳预期

3 月，全国两会重申“房住不炒”政策主基调，一方面，支持居民自住购房需求，另一方面，加强金融机构风险内控，着力抑制投资、投机性购房需求。7 月底，中央政治局会议直指房价上涨，措辞从“遏制房价过快上涨”升级为“坚决遏制房价上涨”。8 月，住建部要求地方政府落实稳地价、稳房价、稳预期的主体责任，明确提出加快制定住房发展规划，调整住房和用地供应结构，大力发展住房租赁市场等，坚决遏制投机炒房，并引入问责机制，对工作不力、市场波动大、未能实现调控目标的城市坚决问责。12 月 24 日，住建部再次明确强调，坚持“房子是用来住的、不是用来炒的”定位，着力建立和完善房地产市场平稳健康发展的长效机制，坚决防范化解房地产市场风险。同时，坚持因城施策、分类指导，夯实城市主体责任，加强市场监测和评价考核，切实把稳地价、稳房价、稳预期的责任落到实处。继续保持调控政策的连续性、稳定性，加强房地产市场供需双向调节，改善住房供应结构，支持合理自住需求，坚决遏制投机炒房，强化舆论引导和预

期管理，确保市场稳定。

3. 西安推进“双20%”共有产权住房制度

2018 年 9 月 13 日，西安市人民政府办公厅发布《西安市深化住房供给侧结构性改革实施方案》（市政办发〔2018〕85 号），着力打造“双 20%”住房保障“西安模式”。

方案提出的居住用地“双 20%”优先保障原则，从住房供给侧结构性改革入手，调整土地供应结构，改进土地供应方式，采取新建、配建、单位自建等多种形式，加大公租房、共有产权住房保障力度，加快建立共有产权住房制度，培养“租购并举”住房消费理念，形成共有产权、住房保障、人才安居与房地产市场精准调控相结合的新型住房制度。按照政府和个人共同出资、共有产权、共享增值收益的原则，降低中低收入住房困难家庭、各类人才购房门槛，解决中等以下收入住房困难家庭和无自有住房各类人才的居住问题。

4. 推进棚户区改造工作，进一步改善住房困难群众居住条件

10 月 8 日，国务院常务会议提出，严格把握好棚户区改造范围和标准，坚持将老城区内脏乱差的棚户区和国有工矿区、林区、垦区棚户区作为改造重点。因地制宜调整完善棚改货币化安置政策，商品住房库存不足、房价上涨压力大的市（区）县要尽快取消货币化安置优惠政策。保持中央财政资金补助水平不降低，有序加大地方政府棚改专项债券发行力度。对新开工棚改项目抓紧研究出台金融支持政策，严禁借棚改之名盲目举债和其他违法违规行为。对棚改建设用地在新增用地计划中予以保障，通过拆旧建新、改扩建、翻建等多种方式，让更多住房困难群众早日住进新居。

5. 自然资源部：加快推进批而未供土地处置工作

12 月 28 日，自然资源部办公厅发布《关于批而未供土地处置有关问题的通知》。通知明确，农用地转用或土地征收经依法批准后，未公告补偿安置方案的，可认定为未实施具体征地行为。

（二）2019年土地政策概述

2019 年，国家土地相关行政主管部门相继出台了一系列重要的土地调

控政策，进一步增强土地政策在国民经济及房地产宏观调控中的地位和作用，具体主要表现在以下几个方面。

1. 建立健全城乡融合发展体制机制和政策体系

5月5日，中共中央、国务院发布《关于建立健全城乡融合发展体制机制和政策体系的意见》，提出到2022年，城乡融合发展体制机制初步建立。城乡要素自由流动制度性通道基本打通，城市落户限制逐步消除，城乡统一建设用地市场基本建成。坚决破除妨碍城乡要素自由流动和平等交换的体制机制壁垒。探索宅基地所有权、资格权、使用权“三权分置”，落实宅基地集体所有权，保障宅基地农户资格权和农民房屋财产权，适度放活宅基地和农民房屋使用权。依法合规开展农村集体经营性建设用地使用权、农民房屋财产权、集体林权抵押融资，以及承包地经营权、集体资产股权等担保融资。实现已入市集体土地与国有土地在资本市场同地同权。

2. 建立城乡统一的建设用地市场

7月19日，国务院办公厅发布《关于完善建设用地使用权转让、出租、抵押二级市场的指导意见》，以建立城乡统一的建设用地市场为方向，以促进土地要素流通顺畅为重点，以提高存量土地资源配置效率为目的，以不动产统一登记为基础，与国土空间规划及相关产业规划相衔接，着力完善土地二级市场规则，健全服务和监管体系，提高节约集约用地水平。建立产权明晰、市场定价、信息集聚、交易安全、监管有效的土地二级市场。市场规则健全完善，交易平台全面形成，服务和监管落实到位，市场秩序更加规范，交易成本明显降低，土地资源配置效率显著提高，形成一、二级市场协调发展、资源利用集约高效的现代土地市场体系。

3.《土地管理法》修订，促进乡村振兴和城乡融合发展

8月26日，第十三届全国人大常委会第十二次会议通过《关于修改〈土地管理法〉的决定》，坚持土地公有制不动摇，坚持农民利益不受损，坚持最严格的耕地保护制度和最严格的节约集约用地制度，依法保障农村土地征收、集体经营性建设用地入市、宅基地管理制度等改革在全国范围内实行，对促进乡村振兴和城乡融合发展具有重大意义。

4. 重申“房住不炒”政策主旋律，落实稳地价、稳房价、稳预期的长期调控目标

4月19日，中央政治局会议进一步重申“房住不炒”的政策主基调，落实好一城一策、因城施策、城市政府主体责任的长效机制。与此同时，住建部明确将房地产长效机制考核目标落实到年度、季度甚至月度。

5. 西安“限购”升级

6月20日，西安市住房保障和房屋管理局发布《西安市促进房地产市场平稳健康发展协调领导小组关于进一步加强住房市场调控管理的通知》。通知要求，新晋落户家庭社保连续满1年、非户籍家庭社保满5年才能在限购区域买房，并将临潼区纳入限购范围。

2018～2019年，全国房地产市场经历了严厉而密集的政策调控。中央始终坚持“房住不炒”的定位，保持政策的连续性和稳定性，防止房地产市场出现大起大落，进而落实稳地价、稳房价、稳预期的长期调控目标。地方以城市为单元进行区别化调控，西安市出台的《关于进一步规范商品住房交易秩序有关问题的通知》《西安市深化住房供给侧结构性改革实施方案》《西安市促进房地产市场平稳健康发展协调领导小组关于进一步加强住房市场调控管理的通知》等一系列政策措施，凸显了房地产政策坚持的“房子是用来住的，不是用来炒的”主基调。从各项政策对房地产市场调控的实际作用来看，主要对土地和商品房的价格及供求具有较强影响。

二　土地政策对房地产业的影响

（一）土地供给政策对房地产市场的影响

1. 土地政策对房地产市场影响的传导机制

土地政策对房地产市场影响的传导机制主要包括两个途径。

（1）土地价格对房价的影响

土地价格是房价的成本之一，土地价格的增加会引起房地产开发企业的

成本增加，房地产开发企业的投资规模下降，房地产市场的供给减少，最终影响房价；相反，地价下降，供给增加。

（2）土地供应量对房地产价格的影响

土地供应量决定房地产开发企业可开发的土地量，影响房地产开发企业的投资规模，从而影响房地产市场的供给，最终影响房地产价格。与金融政策、税收政策相比，土地宏观调控政策只能对供给产生影响，无法对需求产生直接的影响，无法实现整体市场的稳定均衡。

2. 土地供应政策对房地产市场调控的时滞效应

土地要素对于房价变化影响很大，通过对土地要素的宏观调控可以规范和稳定房地产市场的运行。而土地因素对房地产价格的影响并不是同步的，在一定程度上存在着“时差性”。房地产市场的土地调控是指政府通过调整土地供应来影响房地产市场运行。由于土地是房地产开发的基础，土地调控对增量市场的影响最为直接，但是效果显现的时间更长。无论是土地总量调控还是结构调控，土地供应时滞都是影响调控效果的重要因素。忽视土地供应时滞的存在，就无法清楚地把握调控的影响效应。

3. 土地供应总量对房地产市场的影响

土地供应总量对房地产市场有两方面的影响：一方面是影响房地产产品的供应总量，特别是影响增量房地产产品；另一方面是影响生产和预留，但影响力的时效不同。对房地产产品供应的影响，由于房地产开发周期的原因，要 1～2 年才能显现出来，但对投资和消费的影响是当期的。由于房、地的紧密关系，土地供给量与房地产增量有着密切关系，土地供给量是房地产增量的基础，它们之间的关系由容积率（项目用地范围内总建筑面积与项目总用地面积的比值）来反映。假设房地产增量为 QR（平方米建筑面积），土地供给量为 QL（平方米土地面积），容积率为 F，则有 $QR = F \times QL$。则当容积率不变时，土地供给量与房地产增量呈线性正相关关系。容积率越大，单位面积土地上的建筑容量即建筑面积就越大。

（二）土地政策对陕西房地产业的影响

本文以 2018 年 9 月至 2019 年 9 月陕西省 10 市 1 区住宅用地的挂牌与成交数据来分析土地政策对土地供应和需求的影响。

1. 挂牌情况分析

如表 1 所示，2018 年 9～12 月，陕西省推出的住宅用地共 176 宗，土地总面积为 491.92 万平方米。从各市（区）住宅用地供应面积来看，宝鸡市供应量最大，为 91.17 万平方米，占 2018 年 9～12 月陕西省总供应量的 18.53%；其次是渭南市和咸阳市，供应量分别为 69.27 万平方米、65.52 万平方米，占比为 14.08%、13.32%；商洛市供应量最少，为 2.19 万平方米，占比为 0.45%。从供应宗数来看，咸阳市供应最多，为 28 宗；渭南市和榆林市次之，均为 25 宗；紧接着为安康市和汉中市，分别供应 22 宗和 21 宗；杨凌示范区最少，只供应了 4 宗地。

从表 1 中可以看出 2019 年 1～9 月陕西省推出的住宅用地共 426 宗，土地总面积为 1184.18 万平方米。从各市（区）住宅用地供应面积来看，咸阳市和宝鸡市供应量最大，分别为 296.68 万平方米和 290.76 万平方米，分别占 2019 年 1～9 月陕西省总供应量的 25.05% 和 24.55%；其次是渭南市，供应量为 223.78 万平方米，占比为 18.90%；铜川市供应量最少，为 5.50 万平方米，占比为 0.46%。从供应宗数来看，2019 年 1～9 月商洛市供应量最多，为 86 宗；宝鸡市和咸阳市次之，均为 72 宗；紧接着为渭南市，供应量为 58 宗；杨凌示范区最少，只供应了 1 宗地。

表 1　陕西省各市（区）住宅用地挂牌情况

地区	2018 年 9～12 月			2019 年 1～9 月		
	面积（万平方米）	面积占比（%）	宗数（宗）	面积（万平方米）	面积占比（%）	宗数（宗）
陕西省	491.92	—	176	1184.18	—	426
西安市	18.02	3.66	6	12.63	1.07	4
铜川市	19.62	3.99	6	5.50	0.46	4

续表

地区	2018年9~12月			2019年1~9月		
	面积（万平方米）	面积占比（%）	宗数（宗）	面积（万平方米）	面积占比（%）	宗数（宗）
宝鸡市	91.17	18.53	19	290.76	24.55	72
咸阳市	65.52	13.32	28	296.68	25.05	72
渭南市	69.27	14.08	25	223.78	18.90	58
延安市	61.28	12.46	15	134.93	11.39	23
汉中市	26.88	5.46	21	85.04	7.18	43
榆林市	48.76	9.91	25	47.55	4.02	26
安康市	60.68	12.34	22	60.01	5.07	37
商洛市	2.19	0.45	5	13.46	1.14	86
杨凌示范区	28.53	5.80	4	13.84	1.17	1

资料来源：中国土地市场网，http：//www.landchina.com/。如无特殊说明，本章资料均来源于此，不再赘述。

如表2所示，2019年9月陕西省住宅用地挂牌总面积为90.58万平方米，比2018年9月减少了129.39万平方米。从各区域来看，安康市和商洛市2019年9月土地供应面积为17.10万平方米和3.36万平方米，较2018年9月增加了15.19万平方米和1.45万平方米。除安康市和商洛市外，其余各地区2019年9月土地供应面积均少于2018年同期，其中宝鸡市变化幅度最大，2019年9月土地供应面积为22.31万平方米，较2018年同期减少了45.82万平方米。

表2　陕西省各市（区）同期住宅用地挂牌面积

单位：万平方米

	陕西省	西安市	铜川市	宝鸡市	咸阳市	渭南市
2018年9月	219.97	18.02	3.55	68.13	24.15	26.30
2019年9月	90.58	2.96	0.00	22.31	14.21	10.19
增减变化	-129.39	-15.06	-3.55	-45.82	-9.94	-16.1

续表

	延安市	汉中市	榆林市	安康市	商洛市	杨凌示范区
2018年9月	27.79	12.72	16.93	1.91	1.91	18.56
2019年9月	11.71	8.46	0.28	17.10	3.36	0.00
增减变化	-16.08	-4.26	-16.65	15.19	1.45	-18.56

2. 成交情况分析

从成交情况来看，2018年9～12月陕西省共成交住宅用地532宗，总面积为1159.27万平方米。从各市（区）成交面积来看，西安市成交面积最大，为277.75万平方米，占2018年9～12月陕西省总成交面积的23.96%；其次是渭南市和延安市，成交面积分别为184.60万平方米和156.12万平方米，占比分别为15.92%和13.47%；商洛市成交面积最少，为5.73万平方米，占比为0.49%。从成交宗数来看，2018年9～12月安康市成交最多，为161宗；其次是延安市和汉中市，均成交59宗；铜川市成交了9宗；杨凌示范区最少，只成交了5宗。

2019年1～9月陕西省共成交住宅用地786宗，总面积为1915.74万平方米。从各市（区）成交面积来看，西安市成交面积最大，为368.66万平方米，占2019年1～9月陕西省总成交面积的19.24%；其次是渭南市，成交面积为337.50万平方米，占比17.62%；杨凌示范区成交面积最少，为13.84万平方米，占比0.72%。从成交宗数来看，2019年1～9月安康市成交最多，为178宗；商洛市和渭南市次之，分别为105宗和100宗；杨凌示范区最少，只成交了1宗（见表3）。

表3 陕西省各市（区）住宅用地成交情况

地区	2018年9～12月			2019年1～9月		
	面积（万平方米）	面积占比（%）	宗数（宗）	面积（万平方米）	面积占比（%）	宗数（宗）
陕西省	1159.27	—	532	1915.74	—	786
西安市	277.75	23.96	56	368.66	19.24	66
铜川市	25.27	2.18	9	19.04	0.99	11

续表

地区	2018 年 9 ~ 12 月			2019 年 1 ~ 9 月		
	面积（万平方米）	面积占比（%）	宗数（宗）	面积（万平方米）	面积占比（%）	宗数（宗）
宝鸡市	118.15	10.19	25	297.54	15.53	77
咸阳市	98.80	8.52	33	312.56	16.32	78
渭南市	184.60	15.92	54	337.50	17.62	100
延安市	156.12	13.47	59	165.83	8.66	32
汉中市	47.94	4.14	59	127.19	6.64	77
榆林市	101.10	8.72	51	87.86	4.59	61
安康市	113.69	9.81	161	147.83	7.72	178
商洛市	5.73	0.49	20	37.89	1.98	105
杨凌示范区	30.12	2.60	5	13.84	0.72	1

对比 2018 年 9 月与 2019 年 9 月的成交数据（见表 4），我们可以看到，陕西省 2019 年 9 月住宅用地成交总面积较 2018 年同期减少了 123.50 万平方米。值得注意的是，安康市、商洛市、铜川市 2019 年 9 月住宅用地成交面积较 2018 年同期分别增加了 26.91 万平方米、12.77 万平方米、0.87 万平方米。除此之外，其余各地区住宅用地成交面积均比 2018 年同期有所减少，但减少幅度有所不同，其中汉中市减少幅度最小，为 3.48 万平方米；宝鸡市减少幅度最大，为 46.79 万平方米。

表 4　陕西省各市（区）同期住宅用地成交面积

单位：万平方米

	陕西省	西安市	铜川市	宝鸡市	咸阳市	渭南市
2018 年 9 月	302.14	61.74	3.55	69.10	30.06	48.25
2019 年 9 月	178.64	55.23	4.42	22.31	14.21	10.77
增减变化	-123.50	-6.51	0.87	-46.79	-15.85	-37.48
	延安市	汉中市	榆林市	安康市	商洛市	杨凌示范区
2018 年 9 月	31.73	16.39	17.04	2.84	2.88	18.56
2019 年 9 月	11.71	12.91	1.68	29.75	15.65	0.00
增减变化	-20.02	-3.48	-15.36	26.91	12.77	-18.56

根据以上数据分析，土地政策在房产市场上发挥着一定的作用，尤其是清理闲置土地及闲置土地处置办法等相关政策的出台；国家限购政策以及要求经济适用房、廉租房和中低价位中小套型普通商品房用地占住宅用地的比例不得低于 70%，开发商不能囤积土地，住房供给侧结构性改革等一系列政策的实施，导致房地产商购买土地的难度加大，购买积极性降低，所以 2019 年陕西省住宅用地供应量和成交量锐减。

三　结论与对策

（一）结论

2018 ~2019 年，国家、陕西省及西安市出台了一系列土地政策，意在通过稳地价，控制房价，保障民生。从实际效果来看，这一系列政策虽然起到了一定作用，但效果不甚明显。

在土地资源日益紧张的今天，可以适当改变建筑的容积率来提高土地的利用率。根据我国现阶段房地产的供求关系来看，土地价格的上涨或者土地供应量减少，都会导致房地产价格的上涨。土地价格下降或者土地供应量增加，就会导致房地产价格的下降。应在确保土地资源供应量合理的情况下，加大对土地供应量的控制，从源头上把握我国房地产行业发展的走向。

（二）对策

房地产是国民经济命脉，也是与民生相关的基础产业。商品房从诞生之日起，就受到国家宏观调控的影响。土地政策作为房地产市场宏观调控工具，不仅能够调控房地产市场的供给量和供给价格，更能满足国家经济可持续发展战略的要求。陕西省房地产业调控的土地政策优化建议如下。

1. 合理有效控制土地供应量

土地政策最主要的内容是对土地供应量的控制，土地供应量政策的制定和实施应当按照“管住总量、严控增量、盘活存量、集约高效”的原则，控制新增建设用地，充分利用闲置土地，提高土地利用效率。

2. 加大土地供应结构的调整力度

土地供给结构与需求结构的协调均衡是土地市场供求平衡的更高层次的要求。土地储备机构不仅要根据市场的实际需要和经济发展实际及时地掌握土地投放总量，更要从市场细分的角度，适时调整各类不同用途的土地储备量和供给量，化解土地市场供需失衡的矛盾。

3. 强化土地管理的监控职能

土地管理监控职能的弱化严重地阻碍了城市土地市场和房地产市场的健康有序发展。因此，要强化土地管理的监控职能，加强对土地使用状况和土地价格的全程监控和跟踪管理。同时，与房地产管理部门密切配合，实行地价与房价的链接管理，杜绝房地产市场不合理定价行为。

4. 加大土地市场和房地产市场的法制建设

一方面，政策的执行力度往往弱于法律的执行力度；另一方面，政策出台所需的时间比较短，过于频繁地调整土地政策会使市场也随之频繁波动。因此，规范土地市场，既要执行政策，又要强调法律法规的完善，这才是长期维护房地产市场稳定的办法。

四　2020年国家土地政策预测

我国人多地少的基本国情，决定了节约土地、集约利用土地是我国土地利用与管理的永恒主题。

中央经济工作会议提出，要加强城市困难群众住房保障工作，大力发展租赁住房。要坚持“房子是用来住的、不是用来炒的”定位，全面落实因城施策，稳地价、稳房价、稳预期的长效管理调控机制，促进房地产市场平稳健康发展。2020 年国家土地政策预计将会从以下两个方面发力。

第一，保障和改善民生是经济社会发展的出发点和落脚点，也是全面建成小康社会的核心要义所在。关注民生，实现人民群众住有所居的梦想，是今后一段时间内继续奋斗的目标，故 2020 年国家土地政策将会从住房供给和住房保障方面进一步发力，比如加强城市更新和存量住房改造提升，做好城镇老旧小区改造，大力发展租赁住房，保证保障性安居工程用地，为住房保障提供更多的财政支持等。

第二，稳定将是2020年房地产市场调控的主基调，保经济稳增长、防房价反弹仍会成为土地政策的重点。前些年几次房地产市场调控已经验证，一旦房地产市场调控政策放松，房价就会迅速反弹，它带来的损失不仅仅是在房地产市场，伤害的也不仅仅是消费者，影响的是经济发展和社会稳定。所以，防市场过热、防房价反弹仍会成为2020年国家土地政策重点。各地将延续2019年中央因城施策号召，国家土地政策将继续“双向调节”操作趋势。部分热点城市持续推进限购限售限价政策，维稳房价。部分存在去库存压力的城市，则将放宽落户政策、降低人才购房门槛或提供购房、住房补贴，进而达到定向放松的目的。

参考文献

王圣学主编《陕西房地产蓝皮书：陕西房地产业发展报告（2014）》，经济科学出版社，2014。

王圣学主编《陕西房地产蓝皮书：陕西房地产业发展报告（2019）》，社会科学文献出版社，2019。

刘娜：《基于房地产开发企业开发策略反思政府土地市场调控政策》，浙江大学硕士学位论文，2019年5月21日。

陈丽珍：《土地供应及其对房地产市场价格的影响》，《商讯》2019年第26期。

张淑霞：《房地产市场存在的问题、影响因素及长效机制构建》，《环渤海经济瞭望》2019年第8期。

陈艳：《试析国家土地政策对于房地产的影响》，《中国国际财经》2017年第20期。

韦瑶：《土地政策变化对市场的影响》，《农家参谋》2018年第3期。

田静莉：《陕西房地产市场2017年运行分析及2018年预判》，《时代金融》2018年第14期。

B.3

2019年国家金融调控政策对陕西房地产业的影响

李忠民*

摘　要： 本文阐述和解读了2019年中央政府对房地产业的金融调控政策和地方政府的其他调控政策。介绍和分析了陕西房地产业发展的实际状况，并对2020年房地产业发展做了展望。

关键词： 金融调控政策　新建住宅　商品房价格　投资完成额

一　国家金融调控政策概述及解读

为了进一步贯彻习近平主席"房子是用来住的，不是用来炒的"讲话的精神实质，为了防范控制金融风险，为了控制长期以来房价过快增长的情况，为了提升居民在住房上的获得感和幸福感。2019年，国家对房地产行业采取紧缩的金融调控政策。各地方政府结合本地房地产市场的实际情况也制定了较为严苛的限购政策。

自2018年下半年开始，中国人民银行、银保监会、证监会均对房地产开发企业的融资释放出收紧的信号，使得房地产开发企业通过负债这一杠杆融资的数量被降低。

（一）2018年国家金融调控政策及解读

2018年9月以来，国家对房地产业频频出台金融调控政策，与此同时对

* 李忠民，西安财经大学经济学院副教授，主要研究方向为货币银行、房地产金融与投资。

房地产开发企业也开始收紧资金面。一方面，整体信贷环境保持稳健，但实质性偏紧；另一方面对资金流向房地产开发企业的通道的监管亦越来越严。

2018 年 10 月初，根据中央政府的部署，各地政府公开发布文件，严查土地款的融资来源。这一措施的实施，使得银行资金支持房地产开发商高杠杆抢高价地的现象受到控制。

2018 年 10 月底，上海证券交易所向各公司债券承销机构发函，明确规定，房地产开发企业发行公司债券募集的资金不得用于购买土地。

2018 年 11 月初，中国银行保险监督管理委员会向 16 个热点城市所在银监局发文，要求开展金融机构房地产相关业务的专项检查。检查内容包括：是否严格审查房地产开发企业各项资质、银行资金是否违规用于购买土地等。

（二）2019年国家金融调控政策及解读

1. 严格限制各种进入房地产业的资金途径

进入 2019 年，一些资金进入房地产的通道再被堵死。2019 年 2 月 17 日，中国人民银行下发文件，强调严格限制银行信贷资金流向投资、投机性的购房。同时，证监会也宣布修订再融资规则，引导资金从虚回实。

另外，政府对房地产开发企业发行债券筹集资金的管控也呈现收紧的趋势，使房地产开发企业通过发行债务筹集资金的难度加大。

房地产开发企业从私募（基金）机构、投资信托机构筹措资金的难度也大大增加。

受监管政策的约束，很多商业银行在 2018 年第四季度已经不开展对房地产开发企业购买土地的贷款业务。房地产开发企业从商业银行获得购买土地贷款的渠道已经被堵死了。

2. 商业银行控制房地产的贷款投放，并严禁消费信贷用于购房

2019 年 7 月 31 日，中国人民银行召开银行业金融机构信贷结构调整优化座谈会。会议认为：

（1）各类银行要转变传统信贷路径依赖，合理控制房地产贷款投放，加强对经济社会发展重点领域和薄弱环节信贷支持；

（2）房地产行业占用信贷资源依然较多，银行要加大对制造业、民营企业的信贷支持力度；

（3）银行要调整优化信贷结构，坚持“房子是用来住的，不是用来炒的”定位，保持对房地产金融政策的连续性、稳定性；

（4）保持个人住房贷款合理适度增长，严禁消费贷款违规用于购房；

（5）加强对通过银行理财、委托贷款等渠道流入房地产的资金管理；

（6）加强对高杠杆经营的大型房地产开发企业融资行为的监管和风险提示，合理管控企业有息负债规模和资产负债率。

3.“房住不炒”成为长效机制，严控购房贷款

2019年8月9日，中国人民银行发布《2019年第二季度中国货币政策执行报告》，报告指明下一阶段央行的主要政策思路。报告中特别强调，按照“因城施策”的基本原则，坚持“房子是用来住的、不是用来炒的”定位，落实房地产长效管理机制，不将房地产作为短期刺激经济的手段①。

笔者认为，中国人民银行各次会议、报告所释放的信号是，将对房地产业资金来源采取收紧的政策措施。

基于中国人民银行的精神，2019年8月9日起，已有商业银行的房贷政策出现变化。招商银行带头，将首套房利率上浮到20%，二套房利率上浮到25%。

4.住房贷款利率实行新的定价机制，控制盲目贷款

2019年8月25日，中国人民银行发布2019年16号公告，自2019年10月8日起，新发放商业性个人住房贷款利率，以最近一个月相应期限的“贷款市场报价利率”（LPR②）作为定价基准、加点形成。

中国人民银行公告对于各地房贷利率确定了下限，即首套不低于LPR；

① 2019年8月9日起，国务院、中国人民银行等部门，在多次会议上提出，不再将房地产作为短期刺激经济的手段。

② LPR，即贷款市场报价利率。首先由18家商业银行各自报出对优质借款客户1年或5年期的贷款利率，然后由全国银行间同业拆借中心采用算术平均法计算出1年或5年期平均贷款利率，作为贷款市场报价利率。自2019年8月20日起，由中国人民银行授权的全国银行间同业拆借中心于每月20日（遇节假日顺延）9时30分公布。

二套不低于LPR加60个基点。此外，中国人民银行省级分支机构会指导市场利率定价自律机制确定各地的加点下限。在上述两个下限的基础上，各商业银行可以决定各自的加点幅度。

对公告的解读。在公告发布之前，银行对房地产行业看好，不断推出各种贷款优惠政策，对贷款利率打折。今后，利率有一个明确的下限，贷款利率会随着LPR的变化而变化。贷款利率有可能会上升，从而有可能达成“限购”，进而阻止房价的过快上涨。

5.降低存款准备金率，对房企资金不会“大水漫灌”

中国人民银行决定于2019年9月16日起，全面下调金融机构存款准备金率0.5个百分点。

为支持实体经济发展，降低社会融资实际成本，中国人民银行决定于2019年9月16日起，全面下调金融机构存款准备金率0.5个百分点（不含财务公司、金融租赁公司和汽车金融公司）。在此之外，为加大对小微、民营企业的支持力度，再额外对仅在省级行政区域内经营的城市商业银行定向下调存款准备金率1.0个百分点，于10月15日和11月15日分两次实施到位，每次下调0.5个百分点。

这一次降准，力度非常大，资金也是巨大的。从降准的历史来看，不可避免地会有一部分资金流入房地产，或多或少对楼市都有利好。

中国人民银行副行长刘国强也表示：“有一点是肯定的，房贷的利率不下降。”可想而知，10月8日以后全国执行LPR利率新政，利率往上走这是趋势。对于购房者而言，不管利率上涨多少，那都是要多出购房款的。

总之，2019年，房地产开发企业通过负债融资的难度加大。房地产开发企业面临融资成本上升、融资渠道收窄、流动性收紧等诸多不利因素。这在一定程度上限制了“高价地王”现象的发生，降低了楼盘土地价格，降低了商品房价格。对购房者来说，由于融资难度加大、贷款成本（利率）上升，从而降低不必要的投资、投机性需求，也会促使商品房价格的下降。

（三）地方政府调控政策

一些城市将对房贷利率重新收紧。2019年6月，已经有南京、杭州开始上调房贷利率。一些城市开始提高购房者的首付款比例，将其提高到35%～40%。

在房价连续多月上涨之后，西安市在2019年6月20日对房地产市场的调控进行升级，颁布了外界所称的“620新政”。除了对购房者在落户、缴纳社保等方面提出要求以外，还在限购区域方面，首次将临潼市纳入限购范围。

二　陕西房地产业发展状况及分析

在金融调控政策和其他政策的共同作用下，陕西房地产业得到较为平稳发展，基本达到调控目标。

（一）新建住宅价格有所回落

以新建住宅销售量、销售价格最具有代表性的西安市为例。面对数月以来新建住宅价格过快上涨的状况，西安市出台“620新政”。该政策产生了十分明显的效果，2019年7月开始，新建住宅销售价格具有明显回落趋势（见图1）。

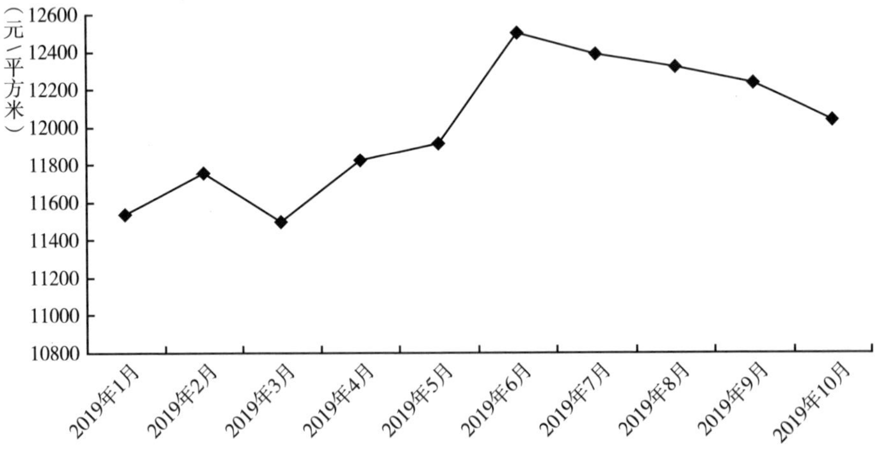

图1　2019年1～10月西安市新建住宅销售价格走势

资料来源：安居客西安房价网。

（二）房地产开发到位资金继续收紧

从房地产开发企业资金来源方面来看，主要是银行贷款，另外还有发行债券、信托融资等。由于受到各种金融调控政策的影响，2019 年陕西房地产开发企业到位资金出现持续收紧的态势。

2019 年 1 ~ 9 月，陕西房地产开发企业的国内贷款、自筹资金和其他到位资金增长速度减缓，进而影响全省房地产开发企业 1 ~ 10 月实际到位资金继续收紧。1 ~ 10 月房地产开发企业到位资金为 4074. 79 亿元，同比增长 8. 7%。

从资金构成来看，国内贷款为 330. 59 亿元，同比增长 9%，占到位资金的 8. 1%；自筹资金为 1896. 91 亿元，同比增长 7. 6%，占到位资金的 46. 6%；定金和预收款为 1150. 73 亿元，同比增长 6. 1%，占到位资金的 28. 2%；个人按揭贷款 479. 12 亿元，同比增长 15. 2%，占到位资金的 11. 8%；其他到位资金为 217. 35 亿元，同比增长 19. 8%，占到位资金的 5. 3%。

（三）土地购置量下降速度减缓

受到土地融资收紧政策的影响，陕西省最具有代表性的西安市，其房地产开发企业的土地购置量明显减少。从而导致陕西全省房地产开发企业土地购买量减少。2019 年以来，陕西全省土地购置面积出现大幅下降趋势，但下半年以来降低速度逐月收窄。

从房地产开发企业土地购置情况来看，2019 年 1 ~ 10 月土地购置面积为 339. 16 万平方米，同比下降 34. 2%；土地成交价款为 116. 69 亿元，同比下降 25. 1%。

（四）房地产开发完成投资增速回升

2019 年 1 ~ 10 月，陕西省房地产开发企业完成投资为 3167. 66 亿元，同比增长 8.7%，比全国平均增速低 1.6 个百分点。全省房地产开发企业完成投资增速继续缓慢回升（见图 2）。

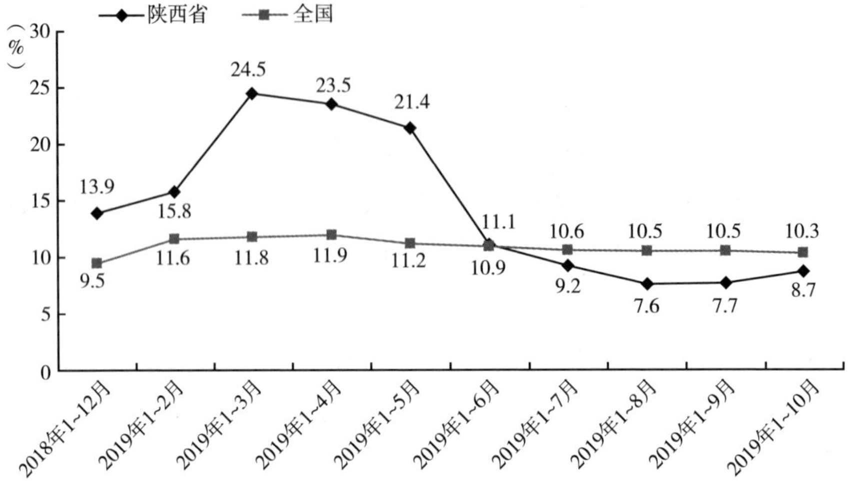

图 2　2019 年 1 ~ 10 月陕西省房地产开发企业完成投资增长速度

分区域来看，1 ~ 10 月陕西省各市（区）的房地产开发投资环比增速基本呈现增长的态势。其中，杨凌示范区、咸阳市、汉中市、渭南市的环比增速较大，均大于等于 50.0%（见表 1）。

表 1　2019 年 1 ~ 10 月陕西省各市（区）房地产开发投资完成情况

地区	投资完成额		占全省的比重(%)
	总量(亿元)	环比增速(%)	
陕西省	3167.66	8.7	—
西安市	2014.57	-3.4	63.6
铜川市	25.51	5.6	0.8
宝鸡市	224.13	32.4	7.1
咸阳市	157.03	64.8	5.0
渭南市	194.36	50.0	6.1
延安市	138.71	30.5	4.4
汉中市	122.66	53.8	3.9

续表

地区	投资完成额		占全省的比重(%)
	总量(亿元)	环比增速(%)	
榆林市	95.35	16.1	3.0
安康市	134.86	27.2	4.3
商洛市	22.23	19.2	0.7
杨凌示范区	38.23	144.9	1.2

资料来源：陕西省统计局。

（五）商品房销售增长明显加快

受到将要毕业大学生留城和新招聘人才的影响，2019 年下半年以来，陕西省商品房销售面积增长速度持续回升。

2019 年 1 ~ 10 月，商品房销售面积为 3377.5 万平方米，同比增长 9.4%，比全国增速高出 9.3 个百分点。其中，住宅销售面积为 2937.39 万平方米，同比增长 10.6%，占商品房销售面积的 87.0%。可见，商品房销售面积中住宅销售仍占最大比重。

另外，在商品房销售面积中，现房销售面积为 307.95 万平方米，同比下降 34.4%，占商品房销售面积的 9.1%；期房销售面积为 3069.55 万平方米，同比增长 17.3%，占商品房销售面积的 90.9%。可见，全省商品房仍以期房销售为主。商品房销售额为 3057.99 亿元，同比增长 20.4%。其中，住宅销售额为 2597.43 亿元，同比增长 25%。

2019 年 1 ~10 月，陕西省商品房销售面积和销售额增速，如图 3 所示。

陕西省 1 ~10 月商品房①销售面积的结构分析。

按用途分，1 ~10 月陕西省商品住宅销售面积为 2937.39 万平方米，同比增长 10.6%，占商品房销售面积的 87.0%；办公楼销售面积为 147.98 万

① 商品房的种类，包括住宅、办公楼、商业营业用房、其他用房。

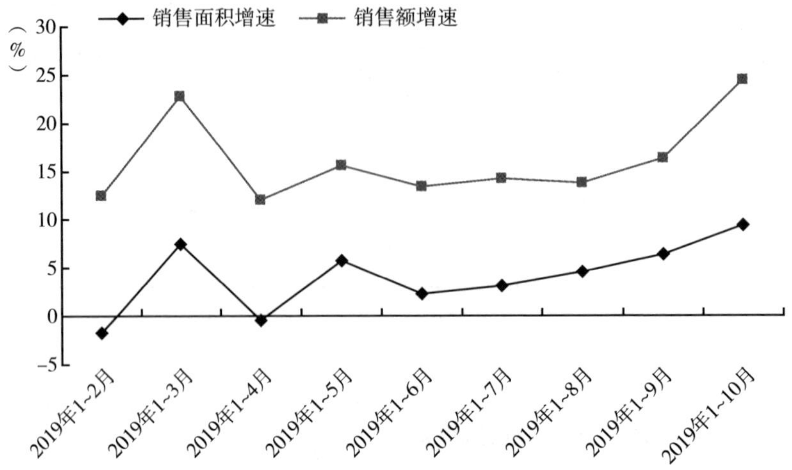

图3　2019 年 1 ~ 10 月陕西省商品房销售面积和销售额增速情况

资料来源：陕西省统计局。

平方米，同比下降6%，占商品房销售面积的 4.4%；商业营业用房销售面积为 138.77 万平方米，同比下降 24.9%，占商品房销售面积的 4.1%；其他用房销售面积为 153.37 万平方米，同比增长 73.7%。

从住宅结构看，1 ~ 10 月，90 平方米及以下的普通住宅销售面积为 270.13 万平方米，同比下降 36.7%，占住宅销售面积的 9.2%；90 ~ 144 平方米（含）的普通住宅销售面积为 2140.77 万平方米，同比增长 18.2%，占住宅销售面积的 72.9%；144 平方米以上普通住宅销售面积 526.49 万平方米，同比增长 25.9%，占住宅销售面积的 17.9%。别墅、高档公寓销售面积为 32.32 万平方米，同比增长 6.9%，占住宅销售面积的 1.1%。

按地区来看，2019 年 1 ~ 10 月，陕西省有 6 个市（区）的商品房销售面积同比增速有所提高，其中，宝鸡市商品房销售面积同比增速的提高幅度最大。各市（区）商品房销售面积的同比增长速度状况见图 4，各市（区）商品房销售面积及其占全省比重情况见图 5。

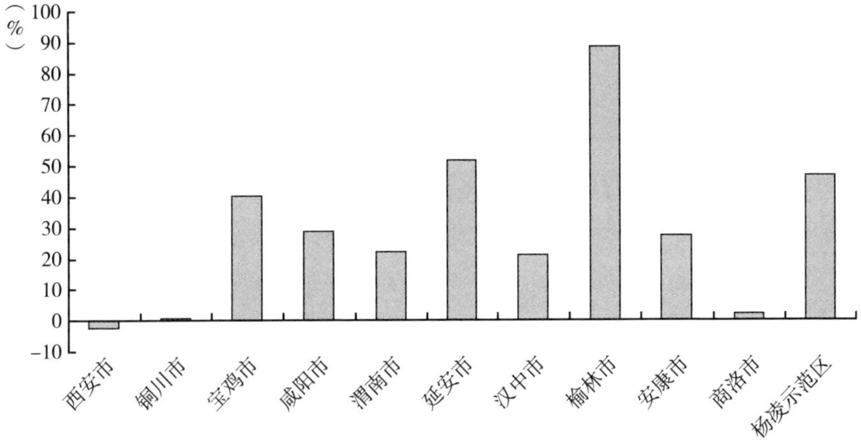

图4　2019年1～10月陕西省各市（区）商品房销售面积同比增速

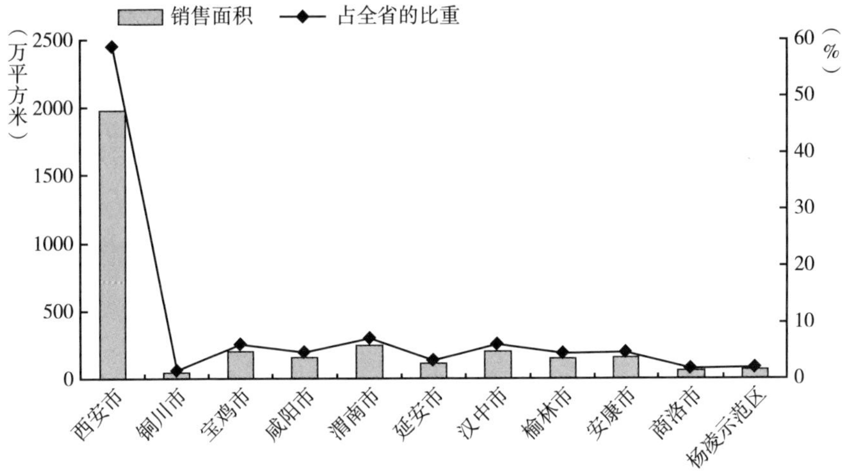

图5　2019年1～10月陕西省各市（区）商品房销售面积及其占全省比重

资料来源：陕西省统计局。

（六）商品房待售面积持续减少、降幅稍有扩大

由于陕西省政府持续重视房地产开发企业“去库存”工作，并不断加强对房地产开发企业“捂售惜售”行为的检查和监督力度，所以，2019年1～10月陕西省商品房待售面积出现继续减少的态势（见图6）。

虽然 2019 年 1 ~10 月陕西省商品房竣工面积为 1088. 87 万平方米，同比增长 4. 7%。但截至 10 月末，全省商品房待售面积仅 626. 25 万平方米，同比下降 16. 2%。

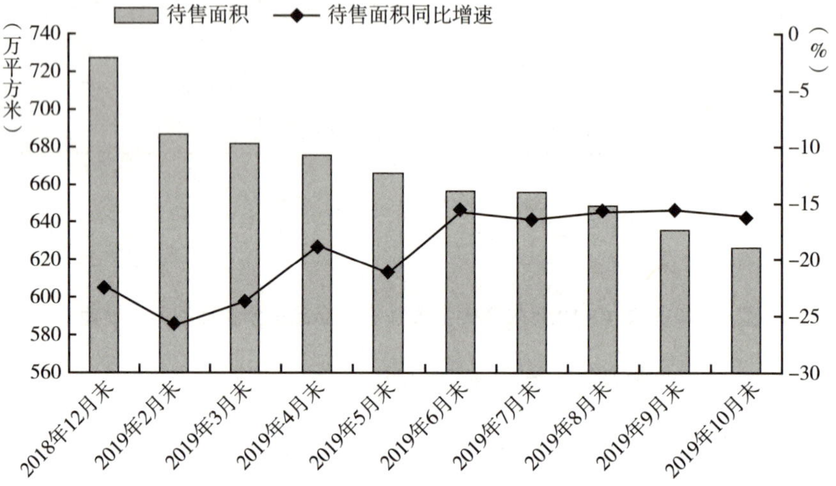

图 6　2019 年 1 ~10 月陕西省商品房待售面积

资料来源：陕西省统计局。

三　2020年房地产业发展展望

（一）中央政府房地产政策的展望

2020 年，中央政府将会继续把防范金融风险、确保不发生系统性金融风险作为金融调控目标。将会继续实施稳地价、稳房价、稳预期的政策。

面对目前民营企业发展缓慢的实际情况，中央政府在金融方面采取了逆周期调节的措施，采取了银行机构降息、降准的政策。不对房地产开发企业（不管其是否为民营企业）也采取相同的金融政策，绝不意味着对房地产开发企业放水（放松贷款条件，增加贷款资金）。

潜在金融风险可能发生的原因，主要是过去一段时期银行贷款资金、信托资金等主要流向房地产行业，使得资金在房地产行业的集中度过大。从防范金融风险角度来说，中央政府不会让银行等金融机构将大量资金投向房地产行业。

从实现稳地价、稳房价、稳预期的目标来说，中央政府也不会让银行等金融机构将资金向房地产行业“大水漫灌”。

因此，2020 年，中央政府对房地产行业将会继续采取适度从紧的金融政策。

（二）陕西省政府房地产政策的展望

2020 年，陕西省政府将坚决执行中央政府的政策措施。对房地产行业将会继续落实“一城一策、因城施策”的长效机制。

限购、限价、限售、限签的“四限”政策仍将是陕西省政府调控房地产市场的重要手段，只是在陕西省不同市（区）、不同时期采取不同的限制政策而已。

2020 年人才新政将会继续发力，陕西省不同市（区）将继续调降人才落户门槛，逐步放开人才购房限制性措施。因此，“四限”政策在陕西省不同市（区）可能会局部放开。但是，重点城市“四限”政策绝不会放开。

参考文献

国家统计局：《（2019）国家数据》，国家统计局官网。

陕西省统计局：《2019 年 1～10 月陕西省房地产开发投资和销售情况》，陕西省统计局官网，2019 年 12 月 16 日。

陕西省统计局：《（2019 年）前三季度我省房地产总体运行平稳》，陕西省统计局官网，2019 年 11 月 20 日。

B.4
2018～2019年国家财税政策对陕西房地产业的影响

娄爱花　贾雁岭*

摘　要： 2018～2019年陕西省经济仍保持快速平稳发展，房地产投资规模和房屋施工面积较快增长，商品房销售面积保持在稳定增长水平，商品房待售面积下降的幅度有所回落，住宅价格增长的趋势有所放缓。为促进陕西省房地产市场平稳发展，应不断增加普通商品住房和保障房的供地面积，改革完善财政管理体制，优化房地产税收制度，建立完整的地方税体系，增加财政住房保障支出等。

关键词： 房地产业　税收政策　财政政策

一　陕西省财政税收发展情况

（一）陕西省经济财税总体增长情况

2014～2019年，陕西省地区生产总值、财政和税收收入增长的波动较大。如表1所示，2015年陕西省地区生产总值和税收收入增速出现较大幅度下降，其中，地区生产总值增速仅为1.88%，税收收入更是负增

* 娄爱花，经济学硕士，西安财经大学经济学院财税系教授，研究方向为财税理论与政策；贾雁岭，经济学博士，云南师范大学经济与管理学院讲师，研究方向为税收理论与政策。

长，增速为－3.40%。在经历2015年的低谷后，出现较快反弹，特别是2017年和2018年，在各项稳增长政策的有力推动下，陕西省地区生产总值、财政收入和税收收入恢复较快增长。但2019年增速均出现较大幅度下降，地区生产总值增长5.54%，财政收入增长1.99%，税收入收增长4.04%。财政和税收收入增速的下降和国家实施大规模减税降费政策有关。2018～2019年，为促进经济发展，国家采取了大规模的减税降费政策，先后两次降低增值税税率，并将税率由五档合成四档；将小规模纳税人增值税起征点由月销售额3万元提高到10万元。实施个人所得税综合改革，提高个人所得税起征点并新增专项附加扣除政策。对按照去产能和调整结构政策要求停产停业、关闭的企业，自停产停业次月起，免征房产税、城镇土地使用税等。陕西省在中央的授权范围内按50%幅度顶格减征增值税小规模纳税人的房产税、城镇土地使用税、印花税、耕地占用税等。2019年，陕西省新增减税降费608亿元，其中新增减税467亿元、降费6亿元①。

表1　2014～2019年陕西省地区生产总值、财政和税收收入情况

单位：亿元，%

年份	地区生产总值		财政收入		税收收入	
	金额	增长率	金额	增长率	金额	增长率
2014	17689.94	9.16	1890.4	8.13	1335.68	6.32
2015	18021.86	1.88	2059.95	8.97	1290.33	－3.40
2016	19399.59	7.64	1833.99	－10.97	1204.39	－6.66
2017	21898.81	12.88	2006.694	9.42	1485.583	23.35
2018	24438.32	11.60	2243.14	11.78	1774.29	19.43
2019	25793.17	5.54	2287.73	1.99	1845.97	4.04
平均	—	8.12	—	4.89	—	7.18

资料来源：2015～2019年《中国统计年鉴》和《陕西省2019年财政预算执行情况和2020年财政预算草案的报告》。

① 陕西省财政厅：《陕西省2019年财政预算执行情况和2020年财政预算草案的报告》，http：//czt.shaanxi.gov.cn/info/1469/32998.htm。

（二）陕西省房地产业相关税收收入状况

现行税制中与房地产业相关的税种包括耕地占用税、城镇土地使用税、增值税（营业税）、城市维护建设税、教育费附加、企业所得税、个人所得税、土地增值税、契税、印花税、城镇土地使用税和房产税。受获取数据的限制，在分析中很难将与房地产业相关的增值税、城市维护建设税、教育费附加、企业所得税、个人所得税、印花税区分出来。因此，本文涉及房地产业相关税收包括耕地占用税、城镇土地使用税、土地增值税、契税、房产税等5个税种。

1. 陕西省房地产业相关税收总体情况

2014～2019年，陕西省房地产业相关税收呈现较大波动。如表2所示，在2014年保持高速增长后，2015年和2016年出现负增长，直到2017年才恢复并保持较快增长，2019年受大规模减税降费政策影响，陕西省房地产业税收增速放缓，仅为7.34%，但高于总税收的增速。同时，房地产业相关税收占总税收的比重和对总税收收入增长贡献率①呈不断下降趋势，直到2018年才略有上升。房地产业相关税收占总税收的比重由2014年的20.57%下降到2017年的16.83%，2018年上升到17.64%，2019年继续上升为18.20%。2014～2016年，总税收的增加额有一半是来自于房地产业相关税收，而在2017年仅为13.86%，2018年后略有上升为21.85%，2019年为32.05%。

表2　2014～2019年陕西省房地产业相关税收总体情况

单位：亿元，%

指标	2014年	2015年	2016年	2017年	2018年	2019年	平均
房地产业相关税收总额	274.74	250.87	210.98	249.96	313.04	336.00	272.60
房地产业相关税收增长率	22.00	-8.69	-15.90	18.48	25.24	7.34	8.08
总税收	1335.68	1290.33	1204.39	1485.58	1774.29	1845.97	1489.37

① 房地产业相关税收的增加额除以税收收入的增加额。

续表

指标	2014 年	2015 年	2016 年	2017 年	2018 年	2019 年	平均
房地产业相关税收比重	20.57	19.44	17.52	16.83	17.64	18.20	18.37
房地产业相关税收贡献率	62.37	52.64	46.42	13.86	21.85	32.05	38.20

资料来源：2015~2019 年《中国统计年鉴》和《陕西省 2019 年财政预算执行情况和 2020 年财政预算草案的报告》。

2. 陕西省房地产业相关税收结构分析

陕西省房地产业相关税收呈现重流转轻持有的特征。如表 3 所示，2014~2019 年，持有环节的房产税和城镇土地使用税占比较低，平均为 31.32%，而流转环节的耕地占用税、土地增值税和契税占比平均为 68.69%。持有环节较低的税收，难以抑制人们对住房的投机性需求；而流转环节较高的税收也在一定程度上推动了房价上升。

表 3　2014~2019 年陕西省房地产业相关税收比重的变化

单位：%

指标	2014 年	2015 年	2016 年	2017 年	2018 年	2019 年	平均
房产税	16.58	20.31	17.89	16.39	19.03	19.58	18.30
城镇土地使用税	11.30	13.12	14.69	11.87	13.03	14.11	13.02
持有环节合计	27.87	33.43	32.58	28.26	32.06	33.69	31.32
土地增值税	16.29	16.54	17.93	17.88	28.05	23.96	20.11
耕地占用税	28.52	25.95	20.46	26.36	10.92	13.39	20.93
契税	27.32	24.08	29.03	27.50	28.96	28.96	27.64
流转环节合计	72.13	66.57	67.42	71.74	67.94	66.31	68.69

资料来源：2015~2019 年《中国统计年鉴》和《陕西省 2019 年财政预算执行情况和 2020 年财政预算草案的报告》。

3. 陕西省房地产业相关税收分税种分析

2014~2019 年，陕西省房地产业各相关税种的变化，如表 4 所示。第一，房产税增长的波动相对较小，2018 年出现较高增长，为 33.21%。第二，城镇土地使用税增长呈现一定的波动，2016 年虽出现负增长但降低的幅度较小，之后又恢复较快增长。第三，土地增值税和契税呈现大幅度的波动，特别是在2015年、2016年出现较大的负增长，但在2017年、2018年恢复了较快的增长，2018年土地增值税和契税增速分别为95.96%和24.96%，且对房地产业相关税收增长的贡献也较大，分别为68.17%和28.71%。这主要是因为房地产交易活跃，带来税收增加较多，且2018年西安清收了以前年度欠缴的土地增值税。但2019年受经济下行压力影响，特别是商品房销售面积和住房价格均维持在较为平稳的状态，土地增值税和契税的增长率均出现较大幅度的下降。第四，耕地占用税呈持续性下降趋势，2014～2019年平均增长率为-2.82%。2018年耕地占用税呈较大幅度的下降，下降速度为-33.15%，2019年增速为31.62%，耕地占用税和房地产开发建设相关，耕地占用税出现较大幅度的降低和上升，反映出土地供给面积的变化。

表4　2014～2019年陕西省房地产业相关税收的变化

单位：%

	指标	2014年	2015年	2016年	2017年	2018年	2019年	平均
增长率	房产税	23.96	10.58	3.01	4.39	33.21	10.46	14.27
	城镇土地使用税	24.48	0.96	-2.29	32.59	11.10	16.23	13.85
	土地增值税	8.82	-18.39	-14.61	28.45	95.96	-8.34	15.32
	耕地占用税	23.81	-9.11	-23.48	-6.58	-33.15	31.62	-2.82
	契税	28.00	-14.63	-25.86	42.81	24.96	7.31	10.43
贡献率	房产税	14.67	-16.67	-3.13	4.82	23.54	27.13	8.39
	城镇土地使用税	11.14	-1.13	1.63	23.15	6.46	28.83	11.68
	土地增值税	8.19	38.58	14.97	25.46	68.17	-31.88	20.58
	耕地占用税	30.55	30.04	42.12	-9.24	-26.88	47.08	18.95
	契税	35.44	49.18	44.42	55.80	28.71	28.88	40.41

资料来源：2015～2019年《中国统计年鉴》和《陕西省2019年财政预算执行情况和2020年财政预算草案的报告》。

二　陕西省房地产业发展状况

（一）房地产投资情况

2014～2019年，陕西省房地产投资增速呈“V”字形结构，2015年跌入低谷后开始出现缓慢反弹，房地产投资占全社会固定资产投资的比重也在逐步上升。如表5所示，2015年陕西省房地产投资增速下降为2.79%，投资额占全社会固定资产投资的比重持续下降到12.36%。2016年开始，房地产投资增速和占比均出现上升，2017年和2018年，全社会固定资产投资和房地产投资均表现出较快增长，房地产投资额占全社会固定资产投资额的比重不断上升。2019年，在全社会固定资产投资增速放缓的情况下，房地产投资仍保持较快增速，同比增长10.44%，房地产投资占全社会固定资产投资的比重上升到14.48%。

表5　2014～2019年陕西省房地产投资变化情况

单位：亿元，%

年份	全社会固定资产投资		房地产投资		
	金额	增长率	金额	增长率	比重*
2014	18709.49	17.42	2426.49	8.32	12.97
2015	20177.86	7.85	2494.29	2.79	12.36
2016	20825.25	3.21	2736.75	9.72	13.14
2017	23819.38	14.38	3101.97	13.35	13.02
2018	26296.6	10.40	3533.14	13.90	13.44
2019	26954.01	2.50	3903.65	10.44	14.48
平均	—	9.29	—	9.75	13.24

* 房地产投资占全社会固定资产投资的比重。

资料来源：2014～2019年《陕西省国民经济和社会发展统计公报》。

（二）房地产施工及销售情况

房地产施工面积、商品房销售面积和待售面积呈现不同的变化趋势。如表6所示，第一，房地产施工面积增长率呈现持续性下降趋势，但受前两年项目集中开工的影响，在2019年出现较大反弹。房地产施工面积增长率由2014年的12.91%下降到2018年的4.18%，2019年增长率高达12.63%，平均增长率为8.29%。第二，商品房销售面积波动性较大，2015年商品房销售面积跌入低谷，同比下降3.71%；2016年在房地产“去库存”政策的推动下，商品房销售面积开始逐渐保持上升趋势，但增速不断回落，2018年和2019年维持在较为平稳的状态，增速分别为5.86%和6.86%。第三，商品房待售面积增长率呈持续性下降趋势，由2014年的51.73%下降到2017年的4.98%，2018年增长率甚至为-22.41%，2019年受竣工速度加快的影响，下降的幅度有所收窄，为-10.55%。

表6　2014～2019年陕西省房地产销售情况

单位：万平方米，%

年份	房地产施工面积		商品房销售面积		商品房待售面积	
	数量	增长率	数量	增长率	数量	增长率
2014	19466.1	12.91	3093.64	1.57	539.44	51.73
2015	20752.16	6.61	2978.94	-3.71	687.92	27.52
2016	22297.53	7.45	3262.7	9.53	892.39	29.72
2017	23630.1	5.98	3890.4	19.24	936.86	4.98
2018	24618.05	4.18	4118.56	5.86	726.95	-22.41
2019	27728.39	12.63	4401.06	6.86	650.28	-10.55
平均	—	8.29	—	6.56	—	13.50

资料来源：2014～2019年《陕西省国民经济和社会发展统计公报》。

（三）房价变化情况

陕西省房地产“去库存”政策的有效实施，在化解房地产积压的同时，由于需求仍较旺盛，也使房价出现快速上升的趋势，住宅价格上涨在西安表现得尤为明显。但随着住房施工面积不断增加以及经济下行压力的加大，住宅价格上涨的趋势有所放缓。国家统计局公布的2019年12月70个大中城市商品住宅销售价格变动情况显示，西安市新建商品住宅销售价格较上月上升0.7%，较2018年同期上升12.2%，住宅价格上升的幅度有所减缓，但较2015年仍上升69.6%①。

① 国家统计局：《2019年12月份70个大中城市商品住宅销售价格变动情况》，http://www.stats.gov.cn/tjsj/zxfb/202001/t20200116_1723177.html.

（四）住宅土地供应及地价变化情况

2014～2019年陕西省住宅土地供应总面积和用于保障房建设的土地面积在不断下降后出现了增加的趋势。如表7所示，住宅土地供应总面积由2014年的3256.24公顷下降到2016年的1786.42公顷，2017年后逐渐上升，2018年住宅土地供应总面积高达3069.73公顷。经济适用住房、廉租住房、棚户区改造、公共租赁房、限价商品房等保障房的土地供应面积在经历了不断下降之后，2018年也出现大幅度上升，但仍远低于2014年的水平。

2019年上半年住宅土地供应总面积较2018年上半年略有下降，由1249.94公顷下降到923.97公顷。其中，普通商品住房土地供应面积由1092.03公顷下降到807.25公顷；保障房土地供应面积由157.95公顷下降到116.72公顷。但保障房土地供应比重仍较低，约占全部住宅土地供应的12.63%左右。

表7　2014～2019年陕西省住宅土地供应情况

单位：公顷，%

年份	普通商品住房供应面积	保障房供应面积	合计供应面积	普通商品住房比重	保障房比重
2014	1667.09	1589.15	3256.24	51.20	48.80
2015	1276.69	645.65	1922.34	66.41	33.59
2016	1202.52	583.9	1786.42	67.31	32.69
2017	1463.7	332.93	1796.63	81.47	18.53
2018	2467.97	601.76	3069.73	80.40	19.60
2018年上半年	1092.03	157.95	1249.94	87.37	12.64
2019年上半年	807.25	116.72	923.97	87.37	12.63

资料来源：2014～2019年《陕西省国土资源综合统计报告》。

受住房价格快速增长以及土地供应下降的影响，土地价格也在不断升高，特别是自2017年以来，商业和居住地价均出现较快增长。以西安市为例，截至2019年6月，西安市综合地价为7055.18元/平方米，同比上涨

80.47%；住宅地价为10976.52元/平方米，同比上涨82.63%；工业地价为819.66元/平方米，同比上涨94.32%[①]。

三　房地产业财税政策存在的问题

（一）房地产业税收政策存在的问题

1. 税制结构不合理，财产税比重较低

目前，我国是以流转税、所得税为主，资源税、财产税和行为税为辅的税制结构。同样，陕西省地方税制也以增值税、企业所得税和个人所得税为主，其他税种为辅，这种税制结构聚财功能强，但调节力度有限。统计资料显示，2018年陕西省地方税收中增值税、企业所得税和个人所得税所占比重为62%，而具有财产税性质的税收占比仅为4.6%，较低的财产税比重对人们购房行为的调节作用有限，也不利于贫富差距的调节。

2. 房地产业税种布局重流转环节而轻保有环节

我国现行房地产业税收制度设置的税种较多，在开发和流转环节征收的税种包括增值税、城市维护建设税、教育费附加、企业所得税、个人所得税、耕地占用税、土地增值税、契税、印花税等；而在保有环节征收的仅有城镇土地使用税和房产税。2018年陕西省城镇土地使用税和房产税的税收收入为100.36亿元，占全省税收收入的5.66%[②]，目前对个人所有非营业用的房产免征房产税和城镇土地使用税，对抑制房地产投机行为的作用有限。

3. 房地产税收征管存在问题

我国房地产业一直存在财产不明晰税源不清、房地产评估价格体系不完善和房地产争议救济法律缺失等问题。第一，我国房地产市场的管理不够规

① 陕西省自然资源厅：《陕西省国土资源综合统计报告》（2019年上半年），http：//gtzyt.shaanxi.gov.cn/zwgk/tjxx/zhtjxx.htm。

② 国家统计局：《中国统计年鉴2019》，http：//www.stats.gov.cn/tjsj/ndsj/2019/indexch.htm。

范和成熟，税务部门、房地产管理部门、国土管理部门之间的配合不够协调，彼此之间不能充分交流和共享信息，这样税务部门难以进行有效的税源管理。第二，我国房地产估价制度不完善，缺乏连续性和稳定性，使得房地产估价工作相当困难，给房地产税的征管造成很大的障碍。第三，我国缺少一部专门针对房地产评估价格争议救济的法律，需要相关部门加快研究制定，以利于房地产税的顺利征收。

（二）房地产业财政政策存在的问题

1. 分税制财政管理体制改革不彻底影响地方财力

20 世纪 90 年代初，中央政府实施了分税制改革，中央政府和地方政府根据事权划分财权，但实际上是中央政府回收财权、财力的过程。经过一系列制度改革，中央财政收入占整个财政收入的比重重新回到主导的地位，达到 75%～80%，而地方税种虽多，但税收收入较少，使得地方政府财政收入不足。

2. 土地财政问题

地方政府在财政收入急剧减少的同时，仍承担着较多公共服务产品供给的责任。在短期经济增长无法提供充足的税源，而中央转移支付又难以满足的情况下，非税收入便成为地方财政的重要来源，而出售土地使用权便成为其中最有效、最便捷的手段，财政收入中土地出让收入达到相当高的比例。根据财政部公布的数据测算，土地出让金占地方政府财政收入比重在 2013 年达到顶点，为 59.8%，之后出现了回落，但仍维持在较高水平。2018 年西安市土地出让金收入为 671.9 亿元，同比增长 92.5%，占当年财政支出的比重为 58%①。

3. 保障性住房建设问题

自房地产市场化改革以来，通过市场方式由房地产商提供的商品房越来

① 《西安市人民政府关于 2018 年决算草案和 2019 年上半年预算执行情况的报告》，西安市人民政府网，http：//xaczj. xa. gov. cn/info/1040/31937. htm，2019 年 9 月 18 日。

越多，但价格不断升高，中低收入家庭难以承担，而政府提供的保障房又相对较少。特别是自 2012 年以来陕西省保障房的土地供应比例持续降低，直到 2018 年比重有所上升，保障性住房占住宅用地供应总面积的 19.60%[①]。此外，住房保障支出的比重也在不断下降，2018 年陕西省住房保障支出约为 194 亿元，占财政总支出（5302.44 亿元）的 3.66%，与 2017 年的 4.12% 相比略有下降[②]，陕西省政府应不断加大对保障房的财政支出力度。

四　完善财税政策促进房地产业健康发展

（一）完善房地产业税收政策的思路

1. 建立以财产税为主的新地方税制结构

现行地方税制以增值税、企业所得税和个人所得税为主，其他税为辅，应逐步建立以财产税为主，其他税为辅的地方税制结构。世界各国地方政府的主体税种一般以财产税为主，我国地方税制结构的设计既要符合本国的实际，也要符合国际惯例。特别是“营改增”以后，作为地方主体税种的营业税消失了，尽管调整了增值税的共享比例，一定程度上保障了地方的财力，但从长远角度考虑应逐步建立以财产税为主的新地方税制结构。

2. 建立分环节的房地产税制体系，稳步推进保有环节房地产税的立法工作

第一，改革土地开发环节的税费政策，规范政府收费行为，大力减少开发环节的收费项目。第二，降低房地产流转环节的税收。改革契税制度，实行差别化政策，如对个人购买属于居民基本生活需求的首套普通住宅给予免契税优惠，对购买改善型住宅给予一定的减税优惠。根据居住时间和住房类型采取差别化的增值税政策，并适时取消土地增值税。第三，降低房屋租赁业税收负担率，对商业性租赁房地产按其评估价格从低征收

① 陕西省自然资源厅：《陕西省国土资源综合统计报告（2018 年年报）》，http：//gtzyt.shaanxi.gov.cn/info/1022/42270.htm。

② 国家统计局：《中国统计年鉴 2019》，http：//www.stats.gov.cn/tjsj/ndsj/2019/indexch.htm。

房产税，以提高住房使用效率。第四，稳步推进保有环节房地产税的立法工作，合并房产税和城镇土地使用税，并对个人持有的住房采取差别化的税收政策。

3. 进一步完善房地产税收征管体系

完善与财税体制改革相配套的信息化管理，建立房地产的实名制度、评估价格体系和争议的救济法律。为掌握房地产的税源便于加强房地产业的税收征收管理，应建立房地产业户的实名制度，即建立地籍制度和房籍制度，不论是公房还是私房，一律登记；同时，税务部门、房地产管理部门和土地管理部门要联网，信息共享。建立由社会中介组织来负责的房地产评估价格体系。此外，在房地产业的税收征管中，如果征纳双方发生争执，虽然有税务行政复议、税务行政诉讼、税务行政赔偿三种解决途径，但是最好有一部专门针对房地产评估价格争议救济的法律。

（二）完善房地产业财政政策的思路

1. 进一步完善分税制财政管理体制

一是适度下放税收权力，财产税改革的立法权最好交由省级地方政府行使，以体现地方政府提供公共品的优势。二是要进一步完善省以下的财政分税制改革，适度分权、分利、分管。三是营业税改征增值税后，中央和地方的分享比调整为1∶1，在一定程度上缓解了地方财政的压力，但随着经济下行压力的加大，考虑地方财政的困境，仍须提高地方分享的比重，或逐步改革消费税制度，将部分消费品消费税的征收环节后移，使消费税成为地方的一个固有财源。

2. 进一步解决土地财政问题

解决土地财政问题的根本途径，一是建立完善的地方税体系，这样地方财政就有了稳定的收入，有利于地方经济的发展；二是把地方政府的土地出让金由一次交改为一年一交，防止房地产价格过高和土地财政难以为继。

3. 加大保障房支出改善住房供给机构

我国财政收入增长较快，2018 年财政收入高达 183359.84 亿元，所以，国家有财力也有可能让中低层收入者分享改革的成果。第一，应不断加大保障房的支出，提高保障房支出占财政支出的比重。第二，增加保障房的土地供应，提高保障住房供地占整个住房供地的比重，以改善住房的供给结构，满足中低阶层收入居民的住房需求。第三，健全房地产租赁市场。

五　2020年房地产业发展的展望

2015 年中央经济工作会议强调化解房地产库存以来，各种政策历经 2016～2019 年的有效实施，极大地化解了房地产市场存在的风险，促进房地产市场平稳健康发展。2018 年陕西省的城镇化率为 58.13%，低于全国平均水平（59.58%）[①]，可见陕西省城镇化率仍有提升的空间。大量人口涌入城镇势必会增加对住房的需求，引起住房价格的上升。随着“去库存”政策的有效实施，待售房地产的数量在不断降低。为促进房地产市场平稳健康发展，在 2020 年仍要坚持“房子是用来住的、不是用来炒的”的政策定位，保持房地产市场调控政策连续性和稳定性，建立稳地价、稳房价、稳预期的长效管理调控机制。在土地政策方面，要继续增加住房建设土地的供给，同时加大保障房的建设力度，以满足不同人群对住房的需求。在税收政策方面，继续落实差别化的税收优惠政策，降低租赁住房的税负，减轻低收入人群的税收负担，适时推进房产税的试点改革，以缓解住房空置率的问题，增加二手房的供应。

通过对房地产财税政策的优化，建立完善的地方财产税制和税收管理体制，使地方财政有稳定的财源，理顺、规范财税分配关系。陕西省房地产业一定会健康平稳发展，陕西省税收收入和财政收入也会有大幅度的增长，这势必会为促进陕西省经济腾飞奠定坚实的基础。

① 国家统计局：《中国统计年鉴 2019》，http://www.stats.gov.cn/tjsj/ndsj/2019/indexch.htm。

参考文献

陈平、李建英、庄海玲：《房地产税改革对地方财政收入的影响预测——基于广州市数据的模拟测算》，《税务研究》2018 年第 9 期。

雷根强、钱日帆：《土地财政对房地产开发投资与商品房销售价格的影响分析——来自中国地级市面板数据的经验证据》，《财贸经济》2014 年第 10 期。

刘斌、孙九伦、姚瑶：《推进城镇化、降低房价与房地产去库存——对我国 35 个大中城市的经验分析》，《西部论坛》2017 年第 3 期。

许宪春、贾海、李皎、李俊波：《房地产经济对中国国民经济增长的作用研究》，《中国社会科学》2015 年第 1 期。

杨志勇：《稳步推进房地产税立法的主要争议及对策思路》，《税务研究》2019 年第 8 期。

B.5

2018~2019年陕西省保障性住房建设现状与趋势

王婉玲　唐　侠*

摘　要： 2018~2019年陕西省以加快解决中低收入群体住房困难为中心任务，以公租房、棚改房为保障性住房建设重点，继续完善共有产权住房政策，健全城镇住房保障体系，顺利完成年度建设目标任务，保障性住房的一系列政策体系进一步完善。

关键词： 保障性住房　公租房　共有产权住房　棚户区改造房

2018~2019年陕西省强化政府主体责任，积极推进棚改、公租房和共有产权住房建设、分配和管理，加快建立多主体供给、多渠道保障、租购并举的住房制度，对改善住房困难群众居住条件、补上发展短板、扩大有效需求、促进社会和谐稳定发挥了重要作用。

一　陕西省保障性住房建设基本情况

2018~2019年，陕西省各种类型的保障性安居工程顺利实施，在棚改开工、公租房建设分配管理、租赁补贴发放、保障房后续管理等方面稳步推进，通过实物建设与货币补贴等多种形式，增加保障性住房有效供给，增强

* 王婉玲，西安工程大学教授，经济学硕士，主要研究方向为房地产经济；唐侠，西安工程大学副教授，经济学硕士，主要研究方向为收入分配理论。

向困难群众提供基本住房保障的能力，为建立多主体供给、多渠道保障、租购并举的住房制度提供了有力支持。

2018 年陕西省政府投资公租房累计分配 70.5 万套，分配率排名全国第五；发放租赁补贴约 8.14 万户，占目标任务的 106.15%，位居全国第七；棚户区改造新开工约 20.28 万套，占年度任务的 100.4%，开工进度位居全国第二；棚户区改造基本建成 17.30 万套；全省保障性安居工程完成投资 562.3 亿元。

2019 年陕西省棚户区改造实际新开工为 10.77 万套，占年度计划的 109.89%，棚户区改造基本建成约为 3.53 万套，占年度计划的 182.75%；约 5.90 万户城镇低保住房困难家庭实现了应保尽保；老旧小区改造全面启动，下达中央城镇老旧小区改造补助资金 23.71 亿元；发放城镇住房保障家庭租赁补贴约 5.90 万户，占年度计划的 104.18%；全省保障性安居工程完成投资约为 408.40 亿元，运用住房公积金支持保障性安居工程，发放项目贷款 83.1 亿元，位列全国第三。

二　陕西省保障性住房建设的主要做法

（一）加大公租房保障力度

2018～2019 年陕西省加快发展住房租赁市场，在公租房供应、分配、管理和服务体制等方面出台一系列举措，建立健全公租房各项制度，公租房保障力度加大。

在公租房供应方面，通过商品住房配建、集中新建、购改租、存量房屋改建等形式，增加租赁住房供应。2018 年 9 月 13 日，西安市人民政府办公厅发布《西安市深化住房供给侧结构性改革实施方案》，提出新建住宅用地的 20% 将用于公租房建设，计划 2018～2021 年筹建 20 万套，面向中低收入家庭、外来务工人员、各类人才、新毕业大学生等市民供应。2019 年西安市计划分配公租房项目 15 个约 29407 套。此外，为盘活存量，政府鼓励住房租赁国有企业将闲置和低效利用的国有厂房、商业办公用房等改建为租赁住房，加大公租房供应。支持金融机构针对住房租赁项目创新金融产品和服务，支持发行公司信用类债券及资产支持证券，专门用于发展住房租赁业务。为缓解高校毕业生租房压力，中国建设银行陕西省分行推出毕业生租房专属贷款。指导各地对园区配建公租房、县城乡镇公租房、长期停建公租房，在确保保障水平不降低、中央补助不流失的前提下，进行盘活和处置，有效发挥房源效益。

针对公租房分配管理中不平衡不充分问题，特别是对新就业无房职工、稳定就业外来务工人员等新市民群体保障条件不明确、力度不大等问题，2018 年 10 月 15 日，陕西省住房和城乡建设厅、财政厅出台《关于进一步加强公租房分配管理工作的通知》（陕建发〔2018〕326 号）。一方面，推进公租房货币化，支持公租房保障对象通过市场租房，政府给予租赁补贴，满足多样化居住需求。另一方面各地住房和城乡建设部门因地制宜，调整本地公租房保障范围及申请条件，提高公租房使用效率。比如铜川市将保障范围确定为铜川市城镇居民、北市区农村户籍居民、外来务工人员、环卫工人、公交司机、青年医生、青年教师、抗战老兵、离休干部、优抚对象、市级以上劳模、拔尖人才、道德模范、铜川好人等住房困难家庭或个人，加大了公租房保障力度。

完善住房租赁管理和服务体制。公租房建设实行台账管理，组织开展安全督查巡查；针对租赁型保障住房服务分布点多面广的特点，全面梳理优化办事程序，建成保障房管理信息新系统，缩短分配流程，提升公租房入住率；推行政府购买公租房运营管理服务试点，吸引企业和其他机构参与公租房运营管理，提高公租房运营管理专业化、规范化水平；对环卫、公交等行业困难群体和重点产业困难职工实施精准保障；探索“和谐社区·幸福家园”公租房后续管理陕西经验，持续推进公租房后续管理能力的提升；加大确权力度，规范公租房资产管理工作。

规范公租房市场秩序。针对住房租赁市场存在发布虚假房源信息、恶意克扣押金租金、违规使用住房租金贷款、强制驱逐承租人等侵害租房群众合法权益、影响社会和谐稳定的问题，2019 年 5 月 7 日，住房和城乡建设部、国家发展改革委、财政部、自然资源部 4 部委发布《关于进一步规范发展公租房的意见》（建保〔2019〕55 号），进一步规范发展公租房市场。配合国家政策要求，2019 年 9 月 19 日，陕西省住房和城乡建设厅联合陕西省网信办、陕西省公安厅、陕西省市场监督管理局等部门印发《住房租赁中介机构乱象相关问题整治实施方案》（陕建房发〔2019〕1014 号），开展住房租赁中介机构乱象整治工作，对公租房承租对象进行部门联审，筛查核实承租户信息，并全面排查违规转租、转售、转借、拖欠租金等行业乱象，严厉打击违规行为，住房租赁市场秩序好转。2019 年 12 月 13 日，住房和城乡建设部、国家发展改革委、公安部、市场监管总局、银保监会、国家网信办等 6 部门印发《关于整顿规范住房租赁市场秩序的意见》（建房规〔2019〕10 号），规范住房租赁市场主体经营行为，保障住房租赁各方特别是承租人的合法权益。

（二）重点抓好棚户区改造工作

棚改安置住房在改善住房困难群众居住条件方面发挥了重要作用，稳步推进棚户区改造是住房保障工作的重要内容。2018 年 8 月 10 日，针对棚改工作中存在的棚户区标准和范围界定不明确、部分商品住房库存低的市（区）县货币化安置率高、改造成本控制不严等问题，陕西省住房和城乡建设厅出台《关于进一步做好棚户区改造有关工作的通知》（陕建发〔2018〕239 号），制定完善棚户区标准和范围，调整完善棚改货币化安置政策，依法依规控制棚改成本，进一步规范棚户区改造工作。2019 年，陕西省严格把握棚改范围和开工标准，重点改造老城区脏乱差的棚户区和国有工矿区、林区、垦区棚户区，用好用足棚改专项债券，同步建设配套设施，确保完成新棚改开工任务。实行清单式管理，切实防范化解政府债务，缩短回迁安置周期，加快续建棚改建设项目的回迁进程。因地制宜调整完善棚改货币化安置政策，商品住房库存不足、房价上涨压力大的市（区）县取消货币化安置优惠政策。对棚改建设用地在新增用地计划中予以保障，通过拆旧建新、改扩建、翻建等多种方式，让更多住房困难群众早日住进新居。棚户区改造这项“暖心工程”有效改善困难群众住房条件，为提升人居环境、缓解城市内部二元矛盾、提升城镇综合承载能力、促进社会和谐稳定发挥了重要作用。

（三）探索发展共有产权住房

共有产权住房是配售型保障房的主要形式，陕西省从住房供给侧结构性改革入手，调整土地供应结构，改进土地供应方式，采取新建、配建、单位自建等多种形式，加快建立共有产权住房制度，培养“租购并举”住房消费理念，加大共有产权住房保障力度。2018 年 9 月 13 日，西安市人民政府办公厅印发了《西安市深化住房供给侧结构性改革实施方案》（市政办发〔2018〕85 号），提出“双 20%”优先保障原则，即 20% 的居住用地用于共有产权住房建设、共有产权住房占商品住房的 20%。自 2019 年 7 月 1 日起，经适房、限价房项目不再新立项，将二者整合为共有产权住房，实行政府与购房人按份共有产权，面向在西安市无自有住房且 5 年内无住房登记信息和交易记录的西安市户籍居民、取得西安市居住证的非西安市户籍居民和各类人才供应，形成共有产权、公共租赁住房保障、人才安居与房地产市场精准调控相结合的新型住房制度。

（四）提高精细化管理水平

2018 ~2019 年陕西省进一步加强保障性住房的各项管理工作，成效显著。首先，严格国有资产管理。贯彻落实好《陕西省租赁型保障房资产管理办法》，明确租赁型保障房资产的管理职责、资产界定、资产管理、资产使用、资产处置、监督检查等相关内容，建立了以建设项目、房源、保障对象、分配、资产管理为核心，省、市、县、街道办和社区五级联网的住房保障信息工作平台，实现了网上办公，有效发挥监管的作用；完善共有产权住房的管理，建立国有资产滚动发展的运营机制。其次，确保公平分配。对保障性住房分配各个环节明确实行“三级审核，三次公示”制度，采取公开摇号方式进行分配，使分配结果真正做到公开透明公平公正。再次，构建和谐幸福家园。以保障性安居工程“和谐社区·幸福家园”创建活动为抓手，不断完善配套设施，优化综合服务，提升居民素质，构建优美社区，促进良性发展，实现保障对象“住得进、稳得住、有尊严”，强化后续管理。通过创建活动，逐步建立起政府公共服务与社区自助互助服务相对接、公益性服务与经营性服务相补充、专项服务与综合性服务相结合的社会化社区服务体系。最后，推进小区物业管理社会化。改变保障房小区以往由政府统包统揽的直管公房管理运行模式，坚持依托保障房小区自有力量，引入服务质量好、有实力的社会物业管理企业，整合服务资源，激发小区内力，强化管理创新，提高保障房小区管理效能，全面推动小区服务社会化、专业化。

三　陕西省保障性住房建设的基本特点

（一）住房保障体系：单一走向多元

伴随住房制度的改革，保障性住房制度也逐步推进，逐渐形成配租公租房、配售共有产权住房、发放租赁补贴、棚改货币化安置与实物安置等相结合的“租售补改”并举的保障房供应政策体系，多方式、多渠道满足居民家庭住房需求，保障房制度体系更加科学、清晰、稳定。通过公租房实物配租与租赁补贴、共有产权住房配售、棚户区改造、老城房屋有机更新、老旧小区综合整治、老旧楼房加装电梯、闲置物业改建宿舍等措施，群众住房问题得到有效解决。

（二）住房保障工作重心：由以建设为主转向以管理为主

“十二五”时期是我国集中、大规模推进保障性安居工程建设时期，随着城镇化进程的加快和新型城市化建设要求的提出，以及保障房项目的大规模建成并投入使用，旧城改造和后期管理被提上议事日程。从“十三五”时期开始，住房保障方式逐步从实体保障向为保障对象提供多种与其需求相适应的住房保障方式转变，从以建设为主向以管理为主转变。与此相适应，陕西省住房保障工作重心也由以集中、大规模保障性安居工程建设为主向以管理为主转变，旧城改造包括棚户区改造、危房改造、城中村改造及加快发展租赁房成为保障性住房建设的重心。由 2012～2019 年《陕西省国土资源综合统计报告》可见，保障房用地占住宅用地比例自 2012 年起持续下降，2012 年保障房用地为2005.43 公顷，占住宅用地的50.93%；2014 年下降为1589.15 公顷，占住宅用地的48.80%；2018 年为601.76 公顷，占住宅用地的19.6%，2019 年上半年为116.72 公顷，占住宅用地的12.63%。

（三）住房保障迈向高质量发展：从量变到质变

改革开放以来，我国住房制度从改革探索阶段、全面改革阶段逐渐过渡到 2016 年至今的深化住房制度改革和长效机制建设阶段。作为解决居民住房问题的重要手段，保障性住房制度作为住房工作的重点，也随着住房制度的演进逐步推进。在“保基本”的过程中，住房配套设施趋于完善，住房承重类型改进，稳定性和安全性提升，住房困难群体居住水平明显提高，安全、绿色、更有质量成为保障性住房建设的新特点。

保障性安居工程是重点民生工程，陕西省将其列入重点工程质量监管，不断强化质量安全监管：成立了保障性安居工程质量监督专门机构，定期开展质量安全专项巡查工作；落实建设、勘察、设计、施工、监理等参建各方主体责任，完善各环节监管程序，实行工程质量终身负责制；所有保障性安居工程小区安装保障性安居工程标志和永久性标识牌，接受社会监督。2019 年9 月4 日，陕西省发展和改革委员会、陕西省住房和城乡建设厅印发《陕西省保障性安居工程配套基础设施建设专项中央预算内投资管理暂行办法》（陕发改投资〔2019〕1045 号），强调市（区）县人民政府作为责任主体，应当加强基础设施投资监督管理，建立行政审批快速通道，简化程序，提高效率。保障性安居工程强化配套基础设施建设，严格工程质量安全监管，从过去几年的求数量逐渐过渡到求质量，全省保障性安居工程建设质量逐步提高。

四　陕西省保障性住房建设面临的困境与对策建议

（一）面临的困境

经过多年发展，陕西省住房保障工作取得了历史性成就，在改善困难群众居住条件、促进以人为核心的新型城镇化、提升城市综合承载力、支持经济增长等方面发挥了重要作用。但是，住房保障工作依然面临一些挑战：多元化的住房保障方式设计不完善、保障性住房政策体系不健全、一些城市公租房供应不足、租赁市场发展不规范、一些特殊群体的住房保障问题尚未得到妥善解决、保障性住房后续管理需要进一步加强和规范等。

1. 保障性住房政策体系尚未成熟、定型

城镇住房制度改革以来，我国保障性住房建设和管理总体上带有探索性质，住房保障作为一项重要的社会保障制度安排，无论是保障性住房类型的确立，还是保障模式的选择，包括政策、机制、保障范围、保障方式等，缺乏成熟的制度设计，住房保障政策数量众多、层次低下、反复更迭、前后不一，导致我国保障性住房建设缺乏稳定性和可持续性。同时，保障性住房法律制度缺失，无法为管理机制的建立提供支撑与保证。住房保障体系涉及城镇基本住房保障的标准、范围、方式，保障性住房的规划、建设和管理，住房租赁补贴，土地、财政、税收与金融支持，基本住房保障的组织落实等诸多内容，只有以法律法规的形式表现出来，才能具有权威性和强制性。没有完善的法律法规，也就无法为住房保障的各项工作提供稳定和长效的支持。

2. 保障性住房建设管理中存在诸多问题

根据省级部门审计公告，陕西省保障性住房建设管理分配等工作中仍然存在一系列问题。一是安居工程建设管理不规范。一些市（区）县挪用安居工程资金、擅自扩大城市棚户区改造范围、项目未批先建、棚改项目优惠政策落实不到位、拖欠工程款、融资资金闲置损失利息、棚改项目逾期未安置；部分地区存在安居工程资金使用绩效不高或管理不够规范、套取挪用资金、税费减免未落实等问题；部分地区将园区开发、城市建设带来的拆迁安置和土地征收等纳入棚改，安居工程建设用地闲置或被改变规划用途使用等。二是安居工程住房分配退出管理不规范不严格：不符合条件人员等违规享受公租房实物保障，承租家庭收入、住房等条件发生变化未按规定及时退出；在保障性住房分配中出现偏私、滥权、诈取和霸占等不公正的现象；公租房被违规销售、转租，或被挪用于办公、经营等；公租房因位置偏远、需求不足等建成后空置1年以上，一些地方出现公租房入住率不高等问题。

3. 住房租赁市场发展滞后

2017年7月，住房和城乡建设部、国家发展改革委、公安部、财政部、国土资源部、中国人民银行、国家税务总局、工商总局、证监会等九个部门发布《关于在人口净流入的大中城市加快发展住房租赁市场的通知》（建房〔2017〕153号），强调加快推进租赁住房建设、培育和发展住房租赁市场，建立购租并举住房制度。调查显示，陕西省住房租赁市场发展滞后，企业自持住房进行出租的项目稀少，仍以传统的租住方式为主，规模化和机构化租赁处于萌芽起步阶段，相关部门对发展住房租赁的相关扶持政策尚不明确，住房租赁监管平台开始建立，尚未形成较为完善的住房租赁运行监测体系，亟须培育和发展住房租赁市场。

（二）对策建议

1. 完善住房保障制度

“安居乐业”是经济社会发展的重要条件，为了最大限度地发挥保障性住房的社会保障作用，借鉴国内外先进经验和结合陕西省实际情况，陕西省住房保障制度需要进行完善和创新，探索适应本地特点、更有针对性的住房保障政策体系。坚持“房住不炒”的定位，强化房子的居住属性，加快构建基于全体国民统一公民身份的住房保障体系，在实践过程中不断完善保障性住房制度，为每一个公民实现其住房权提供保障。

针对保障性住房立法层级低、法律支持乏力的情况，需要加快完善住房保障立法。对此，政府应着手汇总现有本级政府出台的各项保障性住房的通知、文件，构建一套长远的、系统的、可持续的保障房制度体系和法规体系，从立法层面对住房保障的实施计划、惠及对象、供应标准、资金运作方式、运作机构、保障措施、进入退出机制等进行法律界定，加快补上我国住房保障法律体系的短板，为建立住房保障制度以及制定相关政策提供法律依据和立法保障。

2. 规范保障房的管理工作

强化政府责任，促进保障性安居工程政策效果提升，迫切需要规范保障性住房管理工作。一是探索研究保障房的建设机制、供应机制、分配机制、服务管理机制等，尽快将一些短期性、应急性的政策措施转化为长期性、系统性的工作机制，提高住房保障工作的制度化、规范化、法治化水平。二是加快共有产权房、公共租赁住房和棚户区改造住房供应和分配，加强保障性住房后续运营管理。后续运营涉及房屋维修、租金收取、物业管理等多方面工作，具有较强的政策性、动态性、连贯性以及专业性，需要专门的运营机构保障运营。三是持续加强对房地产开发企业、租赁企业、中介机构及从业人员的管理，强化房地产交易秩序监管，加快建立房地产开发企业信用评价系统，完善信用评价办法。四是加强目标责任管理，优化完善安居工程住房申请和分配流程，健全准入和退出机制，提升保障房后期管理和服务水平，着力解决专业人员不足、服务水平不高、管理不规范等问题。

3. 加快住房租赁市场发展

我国住房租赁市场发展滞后，迫切需要建立完善租房市场相关制度。包括：政府建立和完善住房租赁服务管理体系，出台税收优惠等相关政策，支持房地产开发企业向租售并举转变，鼓励各类房地产开发企业进入住房租赁市场；引导城镇居民形成正确的租房消费理念，推进住房租赁立法，建立承租人居住证权利清单，保障租购同权；完善市场规则，探索建立租房押金第三方存管制度、租金上涨幅度限额制度、强制性合同文本条款制度、出租性住房环保安全标准等规则制度；规范市场秩序，重点治理设置合同陷阱和霸王条款行为、变相克扣押金行为、违规隔断出租行为、诱导哄骗租客将租金转为贷款分期的行为、暴力驱赶租客行为、垄断区域房源或租房信息操控租金行为等，全方位推进住房租赁市场健康发展。

五　展望

展望2020年，“房住不炒”的定位不会动摇，同时加大城市困难群众住房保障工作力度，进一步实现安居宜居的住房目标不会改变。陕西省将全面落实“因城施策，稳地价、稳房价、稳预期”调控机制，加大城市困难群众住房保障力度，加强城市更新和存量住房改造提升，大力发展租赁住房，积极推进棚户区和城镇老旧小区改造。

1. 住房保障重点将关注新市民与盘活存量

伴随住房市场日趋成熟以及城镇化水平的推进，新市民群体的住房问题以及盘活存量住房是下一阶段住房保障的重点方向。整体来看，我国居民住房短缺的问题已基本解决。然而从结构上看，特定区域和特定人群的住房问题仍有待解决。房价较高、人口净流入的大型和特大型城市中的新市民住房问题依然是需要重点解决的问题。同时需要对现有存量住房进行盘活及更新。根据中国家庭金融调查与研究中心《2017 中国城镇住房空置分析》报告，2017 年，我国城镇家庭住房拥有率为 90.2%，多套房拥有率为 22.1%，城镇住房空置率为 21.4%，说明我国存量住房规模大。充足的存量住房为发展租房市场，实现“租购并举”提供了必要条件。通过规范与完善租赁市场，降低相关税费，采用租赁补贴的住房保障形式，能有效激活存量住房，化解存量住房风险，降低租房家庭负担，解决城市化发展中的结构性居住难题。

2. 住房租赁市场更加规范有序

在“房住不炒”的调控主基调下，住宅将回归居住本质。在此基础上，租赁市场蓬勃发展，调控长效机制不断完善。大力发展住房租赁市场特别是长期租赁，建立完善住房租赁市场相关制度，多渠道扩大重点城市租赁房源，支持专业化、机构化住房租赁企业发展，发挥好租赁房对于一般阶层的托底保障作用是构建住房保障体系的重要措施。今后，租赁房源将多渠道扩大，包括加快公租房的建设与配租；加快对集体土地建设租赁住房试点的推广；对利用工商业闲置建筑改造为长租公寓，给予更多的规划、土地利用、税收政策支持；出台可行性细则，支持企业单位利用闲置土地建设租赁型职工宿舍等。

3. 共有产权住房探索深入推进

当前，住宅除了居住属性外，还构成了劳动力成本的重要组成部分。带有部分保障性质的共有产权住房因为低价格优势，既能够适应市场房价上涨，又能够解决劳动力成本上升过快抑制企业发展的难题，是未来一二线城市保障性住房发展的方向。共有产权住房为保障对象提供了更多选择，中低收入的住房困难家庭可以根据自身的实际支付能力，选择适合自己的保障性住房，解决很多地方存在的个人工作空间和生活空间割裂、进入保障房轮候序列却迟迟等不到房源等问题。开展共有产权保障性住房探索，完善产权分配和上市交易收益调节机制，消除谋利和寻租空间，是保障房建设的重要方向。

参考文献

王圣学主编《陕西房地产蓝皮书：陕西房地产业发展报告（2019）》，社会科学文献出版社，2019。

甘犁：《2017 中国城镇住房空置分析》，中文互联网数据资讯网，2018 年 12 月 21 日。

甘犁、弋代春：《新市民与盘活存量是住房保障的方向》，《经济参考报》2019 年 10 月 9 日。

B.6
2019年陕西省住房租赁市场状态

赵惠英　肖　晴*

摘　要： 本文通过梳理2019年出台的住房租赁政策措施发现，相关部门对住房租赁市场的管控更加深化，力度也不断加大。而数据分析显示，陕西省所属的8个城市在住房租赁规模、价格等方面差异明显，且受影响因素较多。作为省会城市西安，房源供给、规模化专业机构、网络交易平台等还有待提高完善，管理机构协同规制非常必要。

关键词： 住房租赁　租赁供给　中介机构　网络平台

一　国家继续推动市场改革与完善

2018年，国家相关部门对房屋租赁市场的管控主要集中在土地、金融、税收等方面，并且推动地方政府出台城镇住房保障条例、住房租赁条例等政策措施。2019年开始转向更加深化而具体的层面。

（一）中央财政支持住房租赁试点

此次试点的目标是用3年时间，中央分批支持部分人口净流入、租赁需求缺口大的大中城市发展住房租赁市场，构建有利的体制机制，多渠道筹集

---

* 赵惠英，硕士，西安财经大学副教授，研究方向为产业经济、人口结构等；肖晴，西安财经大学在读硕士，研究方向为产业经济。

租赁住房房源，促进专业化、机构化租赁企业发展，建设住房租赁信息服务与监管平台，改善租赁住房消费环境，加快形成租购并举的格局。

2019 年 7 月 18 日，财政部、住房和城乡建设部公示《2019 年中央财政支持住房租赁市场发展试点入围城市》名单，此次入围的试点城市主要根据申报城市新增租赁房源数量、解决新市民租赁需求人数、住房租赁信息服务与监管平台建设情况等指标确定。排名前 16 的城市进入试点范围，分别是北京、长春、上海、南京、杭州、合肥、福州、厦门、济南、郑州、武汉、长沙、广州、深圳、重庆、成都。中央财政将对确定的示范城市给予奖补资金支持，试点示范期为 3 年。中央财政奖补资金标准按城市规模分档确定，直辖市每年 10 亿元，省会城市和计划单列市每年 8 亿元，地级城市每年 6 亿元。中央财政奖补资金可用于多渠道筹集租赁住房房源、建设住房租赁信息服务与监管平台等与住房租赁市场发展相关的支出。

2019 年入围的 16 个城市与 2017 年的 12 个城市有一定的区别。首次入围的沈阳、肇庆、佛山没有进入，而第一次没有入围的长春、济南、长沙、重庆、福州出现在名单里。本次入围的基本都是一二线城市，这些城市相对来说租赁人群数量多、租金高，稳定了这些区域的租赁市场，全国租赁市场基本就会稳定。这次试点还可以为未来这一市场发展提供可资借鉴的经验，住房租赁市场的稳定可以预期。

（二）整治住房租赁中介机构

住房租赁市场上中介组织作用非常重要，直接关系这一市场的发展秩序与效能。由于房屋租赁中介市场成本、竞争技术门槛也比较低，中介行业以小企业为主，产生了低价竞争的不良状态。随着我国简政放权政策推行，市场中介行业的准入门槛低，很多小中介公司去注册营业执照，在住建部门备案即可，很容易让某些小中介公司游离于政府职能部门的监管之外，违法成本很低甚至是零成本。

2019 年，针对房屋租赁市场“黑中介”发布虚假房源、设置各种合同陷阱、逼迫租客签订霸王条款、坐地涨价、克扣押金、暴力恐吓强令搬离等房屋租赁市场的乱象，住房和城乡建设部等六部门联合印发《关于印发在“不忘初心、牢记使命”主题教育中专项整治住房租赁中介机构乱象实施方案的通知》，建立了中央、省、市住房和城乡建设部门三级联动机制和中央（部）与40个重点城市住房和城乡建设部门直联工作机制。集中力量在全国范围内深入开展住房租赁中介机构乱象专项整治，严厉打击侵犯住房租赁当事人合法权益的行为。

2019年9月19日，住房和城乡建设部召开住房租赁中介机构乱象专项整治工作推进会。会议要求集中力量在全国范围内深入开展住房租赁中介机构乱象专项整治，严厉打击侵害住房租赁当事人合法权益的行为。9月27日，住房和城乡建设部再次召开整治住房租赁中介机构乱象工作推进会。会议对各地开展整治住房租赁中介机构乱象工作提出明确要求，把整治住房租赁中介机构乱象工作与“不忘初心、牢记使命”主题教育有机结合，落实主体责任，因城施策把专项整治中形成的好经验、好做法用制度形式固化好。

2019年11月4日，住房和城乡建设部等六部门公布了各地在整治住房租赁中介机构乱象中查处的7起违法违规典型案例，并予以通报。12月25日，住房和城乡建设部、国家发展改革委、公安部、市场监管总局、银保监会、国家网信办等六部门印发《关于整顿规范住房租赁市场秩序的意见》，规范住房租赁市场主体经营行为，保障住房租赁各方，特别是承租人的合法权益。这些做法，有效地引导住房租赁市场良性发展。

同时，北京、深圳、天津、南京、西安、武汉、郑州等城市也结合主题教育将住房租赁中介机构的不规范经营行为和违法违规行为向社会予以公开曝光，纳入扫黑除恶专项斗争，对群众投诉较多、问题较集中的企业进行专案处理，涉及刑事犯罪及时移送公安部门。自2019年6月1日至10月30日，31个省、自治区、直辖市共排查住房租赁中介机构42329家，查处违法违规住房租赁中介机构4091家，同时对2769起违法违规典型案例进行了通报曝光。

（三）地方政府相继出台住房租赁新规

1. 多渠道增加住房租赁供给

2019 年 7 月 1 日，广州市印发《关于规范新增租赁住房有关管理工作的通知》，明确新增租赁住房包括《国有建设用地使用权出让合同》约定的自持租赁住房、利用集体建设用地建设的租赁住房、经规划和自然资源部门批准新建或改造的租赁住房三种类型。8 月 30 日，深圳市正式发布《关于规范住房租赁市场稳定住房租赁价格的意见》，指出多渠道增加租赁住房供给，力争到 2022 年新增建设筹集各类住房 60 万套，其中租赁住房不少于 30 万套。9 月 2 日，南宁市印发《南宁市培育发展住房租赁市场试点工作方案》，鼓励和规范个人出租闲置房源，支持有条件的居民出租房屋，允许现有成套住房以原设计的房间为最小单位对外出租。9 月 9 日，长春市计划在 3 年试点期内，对政府指定租赁住房地块，采取“限自持、竞地价”土地出让方式，增加租赁住房用地供给。9 月 23 日，合肥市发布五条创新探索住房租赁试点措施，在供给不足区域适量新建租赁住房，着力增加租赁房源供给。

2. 调整住房租赁税收政策

为进一步优化纳税服务及住房租赁市场，深圳市和长春市先后出台新规，完善住房租赁相关税收政策。8 月 30 日，深圳市房产税新规指出，将现行企业向个人出租住房减按 4% 征收房产税政策扩大到企业向专业化规模化住房租赁企业出租住房。长春市租房新规指出，至 2025 年底，通过住房租赁服务平台出租住房应缴纳的各项税收，将符合个税改革相关条件的住房租金支出纳入个人所得税专项附加扣除项目。

3. 规范住房租赁合同

对于住房租赁合同文本的规范性以及个人居住面积和“隔断房”，珠海和北京有了明确规定。2019 年 7 月 8 日，北京市住建委等部门联合发布《北京市住房租赁合同》《北京市房屋出租经纪服务合同》《北京市房屋承租经纪服务合同》三个合同示范文本，对出租房屋规格做出规定。珠海市规定，出租屋具备基本的生活和安全设施，套内空间面积应符合国家《住宅设计规范》的要求。

4. 推行网上签约备案制度

深圳市、珠海市推行租赁合同网上签约备案，以扩大租赁平台覆盖面，及时准确登记出租人和承租人信息、租金和租赁期限等信息，强化租赁住房联动管理。备案的要求更多是针对中介机构，租赁合同备案实际上相当于被纳入监管体系，可以防范各类违法违规租赁行为的出现。

二　陕西省不断深化住房租赁工作

（一）展开住房租赁市场的调查研究

为了明确住房租赁市场发展情况，陕西省统计局在 2018 年下半年对西安市、渭南市、延安市、榆林市和安康市五个市的发展改革、住房管理、国土和银行等相关部门，以及 29 家房地产企业、住房租赁企业及物业企业就租售并举的情况进行了调研，并于 2019 年 1 月 16 日发布《陕西住房租赁市场发展现状研究》。

该研究指出，陕西省住房市场基本以销售为主，企业自持住房进行出租的项目非常稀少；政府住房租赁项目以廉租和公租房保障性质为主；房地产租赁仍以传统的租住方式为主，规模化和机构化租赁处于萌芽起步阶段；规范化的住房租赁市场需求开始体现，亟须培育和发展住房租赁市场；住房租赁监管平台开始建立，盈利模式主要还是租金差模式。就陕西省会城市西安而言，住房租赁行业正由以中介及个人为主的无序状态向注重品牌和产品的规模化租赁方式转变。已有房地产开发企业进入租赁市场，各路资本和房地产企业巨头开始陆续进入住房租赁市场。

同时，该研究也指出明确存在的问题：①住房租赁的相关扶持政策尚不明确，尚未形成较为完善的住房租赁运行监测体系；②企业进入住房租赁市场的积极性不高，传统的以销售为主的住房消费观念依然是其主导思想；

③住房租赁行业管理薄弱而引发价格不合理、合同纠纷多等问题；④规模化发展租赁市场较大的问题是房源短缺，整合改造难度较大；⑤住房租赁税收偏高，抑制住房租赁企业的利润空间等。对此，该研究提出了通过住房租赁市场金融化实现收益扩大、推进住房租赁企业建立行业协会、整合社会闲置房屋增加市场房源、规范和降低住房租赁的相关税收、政府积极建立和完善住房租赁服务管理体系以及鼓励各类企业进入住房租赁市场等对策措施。

（二）加快政策制度建设

2019 年 6 月 21 日，西安市人民政府办公厅印发《西安市关于培育和发展住房租赁市场的实施意见》指出，支持房地产开发企业向租售并举转变、增加租赁住房用地供应、建立承租人居住证权利清单、对租赁住房项目建立快速审批通道，加快培育和发展住房租赁市场。到 2021 年底，全市形成供应主体多元、供应方式多样、经营行为规范、租赁关系稳定的住房租赁市场体系，市场规则明晰、权益保障充分的住房租赁保障体系，实现城镇居民住有所居的目标。

2019 年 8 月 16 日，西安市住建局发布《关于进一步规范我市住房租赁企业经营行为的有关通知》指出，坚决打击《商品房屋租赁管理办法》《西安市城市房屋租赁条例》《房地产经纪管理办法》等所规定的违规经营行为，禁止住房租赁企业在房屋租赁过程中采取威胁恐吓等暴力手段驱逐承租户、恶意克扣租金押金等行为，并要求中介企业应当遵守相关政策制度及监管规范。

至此对于陕西省住房租赁市场调控管理的指导体系逐步形成，对于推动这一市场的发展完善有着重要意义。

（三）打击“黑中介”，整顿市场

2019 年 9 月 19 日，陕西省住房和城乡建设厅、陕西省网信办、陕西省公安厅、陕西省市场监督管理局联合发布《住房租赁中介机构乱象相关问题整治实施方案》明确指出，将坚决整治住房租赁中介机构乱象，纠正和查处发布虚假房源信息、违规收费、恶意克扣押金租金、威胁恐吓承租人等问题，坚决取缔一批“黑中介”。实施工作分为三个阶段进行。

10月10日，西安市住建局、市委网信办、市场监管局、市公安局、市税务局、市金融工作局、中国人民银行西安分行营管部七部门联合印发《联合开展整顿治理住房租赁中介机构乱象专项行动工作方案》，结合“南京乐伽公司”“左旗公司”所暴露出的问题，重点整治住房租赁中介机构违规经营、违规出租住房、违规分割出租、发布虚假租赁信息、违规提供“租金贷”、违规提供经纪服务等违法违规行为，并按照七部门工作职责对整治工作进行了分工，向社会公布了举报电话。

10月18日，西安市住建局向市民发出西安马驰商业运营管理有限公司、西安狮子座公寓管理有限公司、西安左旗商业运营管理有限公司等九家公司不诚信经营的风险提示，在与这九家公司进行租房交易时，要注意风险预判，避免利益受损。同时联合相关部门对其实施惩戒。

11月1日“西安市住房租赁中介机构规范经营动员会暨经纪人大讲堂”举行，推动租赁业积极自律。300余家房地产中介机构和住房租赁企业，23家房产经纪、租赁品牌联合发布公开承诺，将守法依规、诚信经营，自觉接受社会监督，维护租赁当事人合法权益。

从以上工作密度及力度可以看出，陕西省维护住房租赁市场秩序、完善市场监管体系的决心与态度。这些工作未来也会成为常态，以实现“房子是用来住的”这一愿景。

三　陕西省住房租赁市场运行情况

（一）陕西省住房租赁价格指数偏低

本文选取西安市与全国住房租赁平均交易价格指数进行对比，发现西安市住房租赁价格指数较低，并且从2019年2月开始这种背离与偏差不断扩大（见图1）。从2018年11月到2019年11月，西安市住房租赁交易价格指数不仅低于重庆、成都、武汉等中心城市，也低于乌鲁木齐、呼和浩特等经济发展水平较为落后的城市，与郑州、兰州情形比较类似。其中的缘由应该是多方面的。

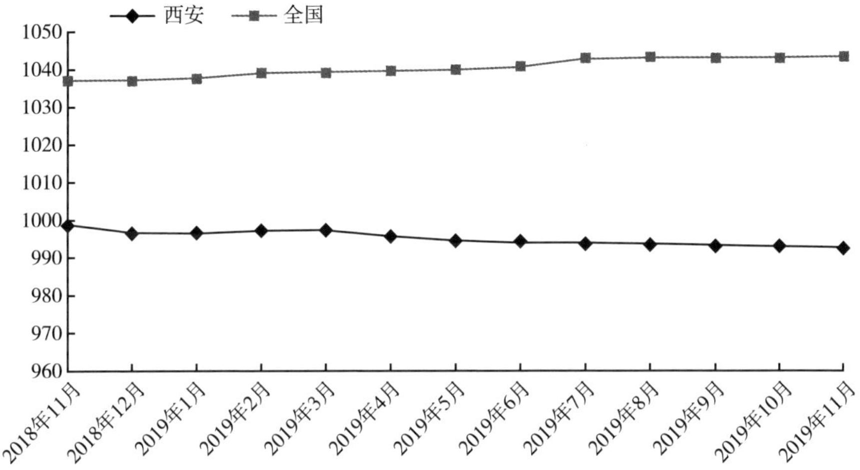

图1　西安与全国住房租赁交易价格指数变化趋势

资料来源：根据中房网相关数据整理而成。本文图表资料均来源于此，不再赘述。

（二）省内各个城市租金水平存在明显差异

由于商洛、杨凌两地数据缺乏，本部分主要以西安、宝鸡、咸阳、渭南、铜川、延安、榆林、安康、汉中9个城市为研究对象。2019年10月这9个城市住房租赁价格同比增速情况，西安、汉中出现下降，而榆林、宝鸡、咸阳、延安涨幅较大，安康基本保持平稳（见图2）。

而从房源数量、总均价这两个指标看（见表1，本表采用2019年11月数据。此处房源数量、总均价并不存在必然的关联关系，因为房源是当期存量、总价则是已成交的结果），房源数量西安高居首位；其次是咸阳、宝鸡、渭南、安康、汉中、榆林，可以看成一个梯队；最后是延安、铜川。而住房租赁总价格的表现比较复杂，排在前面的是榆林、延安、安康，均高于西安。如果说这种情况与房源供给量有关的话，那么对于汉中、铜川两地的

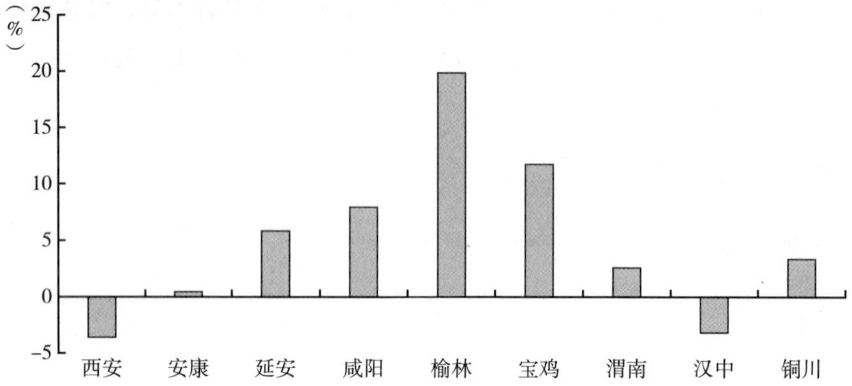

图2　2019年10月陕西省主要城市住房租赁价格同比增速

情况又无法做出解释。只能说，住房租赁价格的影响因素较多，包括形成需求的人口数量、收入水平以及住房销售等。

表1　2019年11月陕西省主要城市租赁房源数量与价格情况

城市	房源数量(套)	总均价(元/月)
西安	29832	1754
咸阳	2896	1475
宝鸡	1357	1297
渭南	830	1438
安康	755	1806
汉中	725	1167
榆林	585	2275
延安	328	1952
铜川	164	1069

为了进一步弄清楚陕西省各个城市住房租赁市场的基本情况，选用2019年10月各地住房租赁价格进行分析（见图3）。西安住房租赁价格最高，为27.66元/平方米；榆林、延安紧随其后，住房租赁价格在20元/平

方米以上；安康、咸阳、宝鸡、渭南住房租赁价格为15～20元/平方米；汉中、铜川最低，约为13元/平方米。这个序列表现基本正常，西安首位度较高、人口数量多需求旺盛；榆林与延安产业基础较好、收入水平相对较高；安康因地缘的因素成为周边区域要素集聚地；而咸阳、宝鸡、渭南、铜川与西安空间距离近，人口相对流向后者（铜川产业基础薄弱更是突出）；汉中的情形有待深入观察。

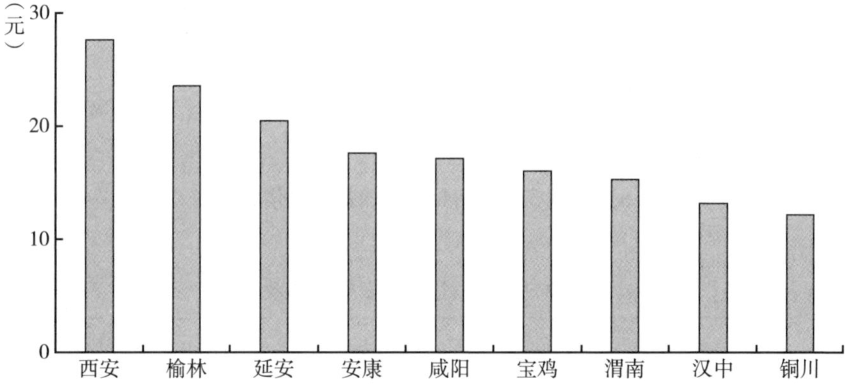

图3　陕西省主要城市住房租赁单价分布

（三）西安市住房租赁市场概况

1. 住房租赁价格连续下跌

西安在人口政策吸引下，2018年城市新增人口近百万，租房量较2017年翻了11倍，也带动了住房销售价格上涨。但是，从2018年1月到2019年11月的23个月，西安市住房租赁价格指数持续下跌（见图4），下降了近15个点。

利用同比数据研究分析发现，23个月这一数据多为负值（见表2）。这不仅说明2018年住房租赁价格指数低于2017年同期，而且还可以看出2019年整体下降幅度比上一年更大。预计短期内租赁市场将会维持平稳下行局面，租价指数变化幅度难以出现正增长。

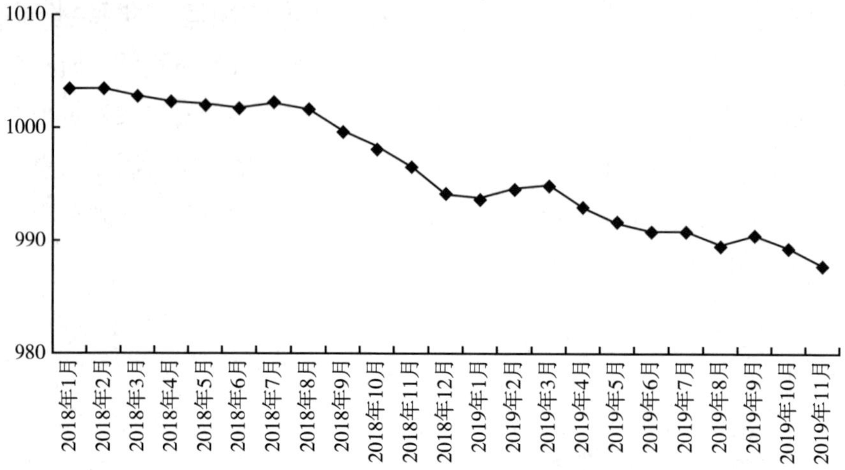

图 4　西安市住房租赁价格指数变化趋势

表 2　西安市住房租赁价格指数

时间	指数	环比(%)	同比(%)
2018 年 1 月	1004. 5	-0. 05	-0. 56
2018 年 2 月	1004. 5	0. 00	-0. 17
2018 年 3 月	1004. 0	-0. 05	-0. 69
2018 年 4 月	1003. 6	-0. 04	-1. 04
2018 年 5 月	1003. 4	-0. 02	-1. 15
2018 年 6 月	1003. 1	-0. 02	-1. 05
2018 年 7 月	1003. 5	0. 04	-0. 79
2018 年 8 月	1003. 0	-0. 05	-0. 85
2018 年 9 月	1001. 4	-0. 17	-0. 83
2018 年 10 月	1000. 3	-0. 11	-0. 66
2018 年 11 月	998. 8	-0. 15	-0. 71
2018 年 12 月	996. 7	-0. 21	-0. 83
2019 年 1 月	996. 5	-0. 02	-0. 79
2019 年 2 月	997. 2	0. 07	-0. 73

续表

日期	指数	环比(%)	同比(%)
2019 年 3 月	997.4	-0.02	-0.65
2019 年 4 月	995.8	-0.17	-0.78
2019 年 5 月	994.6	-0.12	-0.87
2019 年 6 月	994.0	-0.06	-0.91
2019 年 7 月	994.0	0.00	-0.95
2019 年 8 月	993.0	-0.03	-0.93
2019 年 9 月	993.7	-0.07	-0.84
2019 年 10 月	992.8	-0.02	-0.75
2019 年 11 月	991.5	-0.13	-0.73
2019 年 12 月	1004.5	-0.05	-0.56

2. 租价呈现周期性变化

与往年相类似，2018 年 11 月至 2019 年 11 月，从住房租赁价格指数来看，其变化依然呈现明显的规律性：10 月之后价格下降，春节过后开始上涨；4 月出现回落，6 月随着毕业季来临，价格又持续上扬（见图 5）。

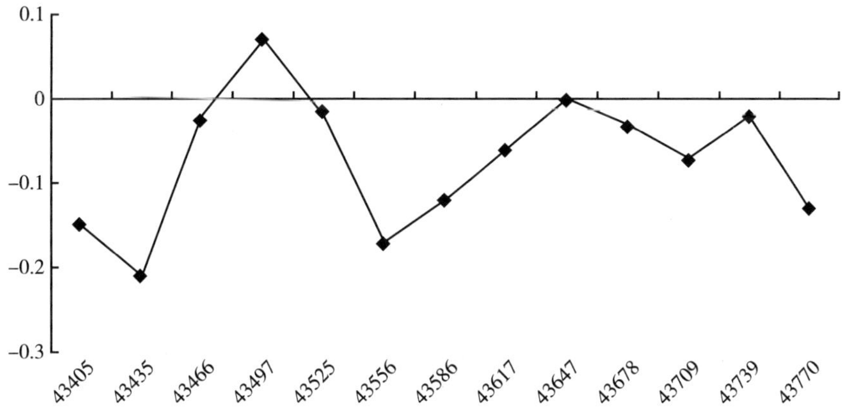

图 5　2019 年西安市住房租赁价格指数变化

3. 住房租赁市场存在问题

长租公寓处在发育阶段。虽然长租公寓等形式正迅速获得消费者的青睐，但由于西安长租公寓行业的整体发展水平相对落后，缺乏头部企业的引领，而且在品牌打造、社会化营销、IP 打造、管理水平等方面比较薄弱，还有很长一段路要走。西安市住房租赁管理有限公司作为首家国有专业住房租赁公司于 2019 年 9 月开放的云兮公寓项目，可以看作住房租赁规模化、精细化的一个重要标志，万科、龙湖等房地产开发企业也在打造公寓品牌；不过，有规模的公寓企业如自如、蛋壳、魔方等并未进入西安市场。

租赁房源供应相对分散、供需结构不对称。西安市租赁房源以个人为主，个人房东加上一部分小型二房东，掌握着房屋租赁市场约九成的房源，整体上是一个相对松散的市场。由于西安的出租回报率已低于 3 年定期存款利率，因而多数人并不是买房出租，而是持房待售，私人业主出租闲置房屋的意愿不高。并且，存量房屋向普通居民出租存在着结构性偏差，市场上受欢迎的基本是一居室、两居室，而目前私人业主相当一部分拥有的是三居室这类大面积的户型。

租购同权依然在路上。现阶段城市的福利制度、教育制度、医疗制度与户籍制度密切相关，这种制度结构使得“拥有一套属于自己的住房”成为有效实现公共服务需求的必要条件，导致租房者难以享受和产权人同等的城市公共服务。

住房租赁合同签约备案网上平台有待完善。住房租赁交易服务平台 App 可以提供一站式在线预约看房，在线合同签约、备案，在线资金支付等功能。特别是住房租赁合同备案的要求更多是针对中介机构，将其纳入监管体系。但是，目前网上租房签约、付款和备案等功能并不完备。

四　政府调控是租赁市场发展的重要推力

（一）综合治理住房市场

先租后买的一个重要前提是房价和房租都相对稳定。尽管各级政府对住房市场态度非常明确——“房子是用来住的”，但是作为个体的消费者及投资者市场信息不对称、对高房价预期的惯性思维等因素，都会导致房屋业主出租意愿不强、租赁房源不足，进而推高租价。而如果租价近乎买房的房贷，那么消费者宁愿买房而不是租赁住房，又会进一步推高房价。因而，将住房销售与租赁协同调控、一体化管理非常必要。

（二）完善政策保障体系

除了市场机制之外，政府调控同样是配置资源的重要手段。对于现阶段的住房租赁市场来说，政府监管尤为重要。对租赁市场监管时，要跟随市场供需变化进行动态平衡。当供小于求时，就需要监管控制价格，规范出租协议、承租条件，甚至给出租方一些补贴，以此保证承租人的权益；而当供大于求时，监管则应出手保障出租方的权益。同时，还要不断完善政策措施，像北京对租赁合同文本的规范，深圳、广州、合肥等城市增加租房用地和房源供给的做法，深圳、长春等地有关税收减免的举措，都值得学习和借鉴。

此外，要实现“稳房价、稳预期”目标，最关键的莫过于租购权益是否对等。而租购同权的实现，事关教育、户籍、基础设施等方方面面，是一个系统性工程，就需要相关领域协同制定规范、提供相应的保障。

（三）多渠道增加房源供给

从住房租赁供应主体看，包括私人与市场化机构两个方面。一方面要推动专业机构增加房源供给；另一方面还是要加大住房买卖市场的调控，继续强化住房的使用价值，弱化其投资功能，使其回归到正常的轨道上。据调查，西安市老旧小区空置率在30%左右，新建小区在40%左右。如果对这些资源能够实现合理配置，在有效增加租赁房供给的同时，也可以减少资源浪费。

虽然当前市场对于三居室及以上的房源需求量不多，从长远看却未必如此。因为我国城市化率接近60%，人口从乡村向城市流动趋势已经减弱，未来人口越来越多地会在城市与城市之间流动以寻求更好的发展机遇，而且这种流动是以家庭为单位进行的，这些房源将成为不错的选择。并且，住房租赁市场的成熟度与人口流动性之间必然相互影响、相互推动。

（四）建立健全网络监管平台

建立住房租赁监管平台和服务平台，克服信息不对称所产生的中介机构难于管理、承租人利益遭受损害等问题。住房租赁监管平台可以通过接口方式，对各类市场主体运行的网络交易平台进行管理。形成“1 + N”的模式，“1”是指监管平台，由主管机关搭建，通过相关政府部门的信息共享和数据集成，完成主体认证、房源查验、合同备案等工作。“N”即服务平台，是指市场服务主体建立的住房租赁网络交易平台，通过数据接口与监管平台对接，运用互联网大数据、云计算和人工智能等技术，提供租赁信息发布、网上签约、登记备案申请、资金监管、市场主体信用信息查询、信用评价等服务。

参考文献

张忠山：《住房和城乡建设部进一步推进住房租赁中介机构乱象专项整治》，《中国建设报》2019 年 9 月 19 日。

周丽：《住房和城乡建设部召开整治住房租赁中介机构乱象工作推进会》，《中国建设报》2019 年 10 月 10 日。

邓健：《下半年 9 地出台住房租赁新规：增加供给，严打“黑中介”》，中新经纬，2019 年 9 月 28 日。

刘军伟：《西安长租公寓市场：边洗牌边快跑　缺乏头部企业》，《界面陕西》，2019 年 8 月 14 日。

陕西省统计局，《陕西住房租赁市场发展现状研究》，2019 年 1 月 16 日。

B.7

2018～2019年陕西省商品住宅价格研究

唐侠　王婉玲　戚斌*

摘　要： 2018～2019年，陕西省商品住宅价格总体变化趋势呈现稳中有升但上升速度下降的态势。究其主要原因包括政府的调控政策、房地产市场需求的增强以及建造成本的提高等。为使陕西省房地产市场健康发展，建议完善住房保障体系，加强预期管理，合理引导购房者预期。

关键词： 商品住宅价格　房地产政策　住房保障

一　2018～2019年陕西省商品住宅价格走势分析

2018～2019年，陕西省商品住宅价格变化的总体趋势是稳中有升但上升速度下降。全省范围内上升速度较快、上升幅度较大的是西安市和延安市，商洛市和杨凌市的上升速度较慢、上升幅度较小。鉴于西安市房地产业在陕西省房地产业中占比高达70%，是陕西省房地产业最为重要的组成部分，西安市房地产市场的情况，影响和左右着陕西省房地产市场。再加之受数据资料限制，本文主要以西安市为例进行分析。

---

* 唐侠，经济学硕士，西安工程大学管理学院副教授，主要研究方向为收入分配理论；王婉玲，经济学硕士，西安工程大学马克思主义学院教授，主要研究方向为房地产经济；戚斌，管理学学士，西安工程大学管理学院副教授，主要研究方向为国际金融。

自2016年6月以来，受诸多因素影响，西安市商品住宅价格持续快速上升，对此政府出台了一系列有效的调控政策并取得了良好的调控效果。自2018年10月至2019年9月，西安市商品住宅价格呈现趋稳的总体态势。而新建商品住宅销售价格和二手住宅销售价格的变化趋势并不相同。

（一）新建商品住宅价格

如图1所示，2018年10月至2019年7月，西安市新建商品住宅销售价格指数（同比）总体呈稳中略有上升的态势，而在2019年8月、9月出现增速下降。定基指数则表现为单调递增的趋势。

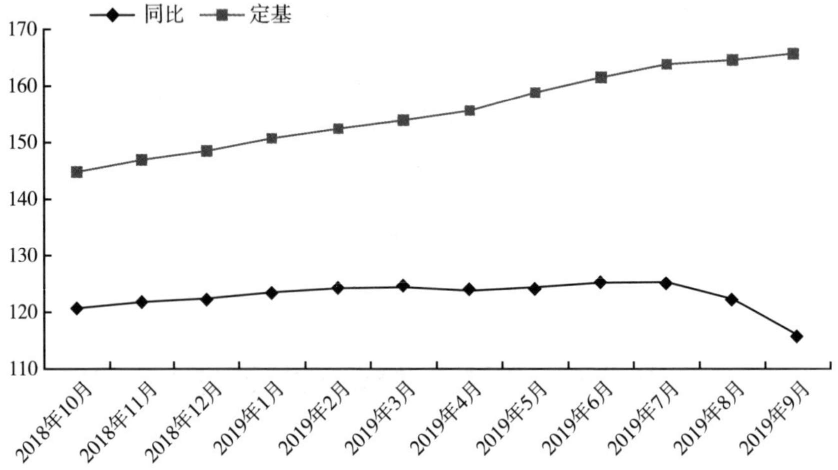

图1 西安市新建商品住宅销售价格指数

注：同比是以上年同月价格为100，定基是以2015年价格为100。

资料来源：国家统计局官网。

（二）二手住宅价格

如图2所示，2018年10月至2019年3月，西安市二手住宅价格指数（同比）总体稳定，2019年4月至2019年9月西安市二手住宅价格指数（同比）趋于下降。定基指数总体呈现稳中有升的态势。

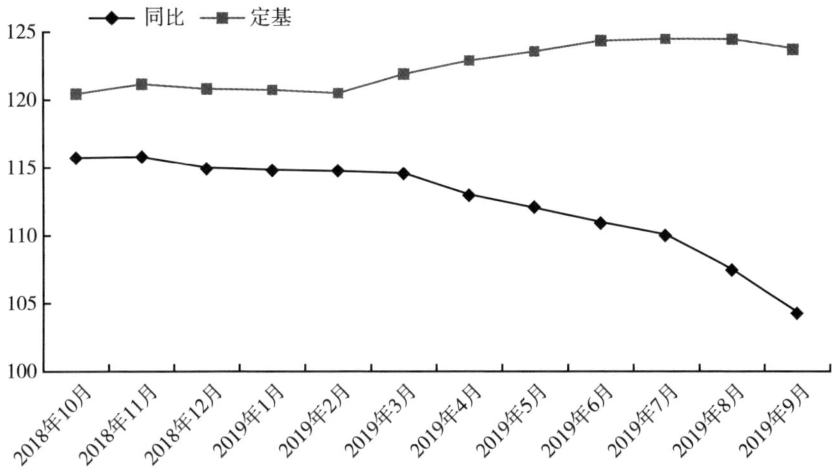

图 2　西安市二手住宅销售价格指数

资料来源：国家统计局官网。

（三）新建商品住宅销售价格分类指数（同比）

如图 3 所示，西安市新建商品住宅销售价格分类指数，2018 年 10 月至 2019 年 7 月，90 平方米及以下户型增长速度最快。但 2019 年 8 月、9 月两个月，三种户型的增速均出现快速下降的趋势。

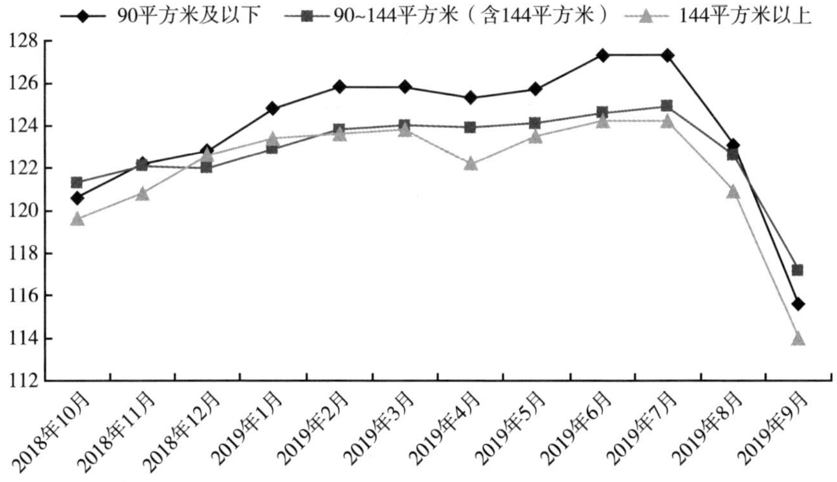

图 3　西安市新建商品住宅销售价格分类指数（同比）

资料来源：国家统计局官网。

（四）二手住宅销售价格分类指数（同比）

如图4所示，西安市二手住宅销售价格分类指数，2018年10月至2019年3月，总体而言，90平方米及以下户型价格指数最高。但自2019年4月至2019年9月，144平方米以上户型的价格指数远远超过其他两种户型。

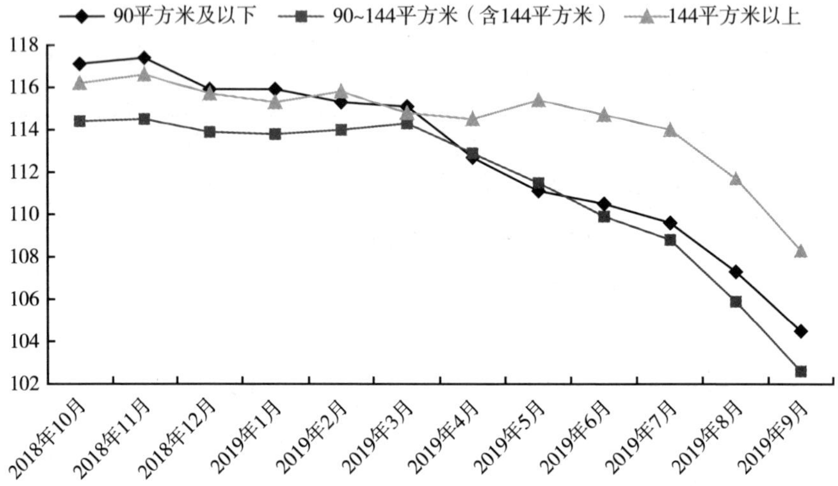

图4　西安市二手住宅销售价格分类指数（同比）

资料来源：国家统计局官网。

二　2018~2019年陕西省商品住宅价格走势的原因分析

2018~2019年陕西省商品住宅价格的总体趋势为稳中略有上升但增速放缓，究其原因主要包括以下几个方面。

（一）有效的调控政策

自2017年9月以来，为了进一步稳定房地产市场，坚持“房住不炒”的定位，西安市人民政府、西安市房屋管理局等多部门先后发布了多轮楼市调控政策，从局部区域限购到备案价公示、摇号、保刚需等政策的出台，无疑都是在稳定房价，打击违法销售行为，使交易市场更加透明、公平，使每一位购房者的权益得到保障。

2017 年 9 月，西安市发布《西安市人民政府关于进一步稳定住房市场发展有关问题的通知》及《西安市物价局关于商品住房价格申报有关问题的通知》，此项调控政策成功控制了房价，自此开发商“坐地起价”的时代结束。2018 年 3 月，西安市房管局发布了《西安市住房保障和房屋管理局关于进一步加强商品住房销售管理的通知》，开启摇号买房时代，其全程由公证机构监督，严禁内部预留房源或设置全款优先选房等限制性条件，从而让买房过程更加公平、透明，保障了每一位购房者的权益。2018 年 6 月，西安市人民政府办公厅下发《关于进一步规范商品住房交易秩序有关问题的通知》，该通知进一步提高了限购门槛，在西安市住房限购区域范围内，暂停向企事业单位及其他机构销售住房（含商品住房和二手住房）。2018 年 9 月，西安市人民政府办公厅印发《西安市深化住房供给侧结构性改革实施方案》，目的是让中低收入阶层也能住得起房。2018 年 9 月，西安市住房保障和房屋管理局、西安市教育局、西安市工商行政管理局联合发布《关于禁止将房屋销售与学区、学校相关联的通知》，进一步规范了房地产市场的销售秩序，维护了购房人的合法权益。

综上所述，政府出台的多轮楼市调控政策稳定了西安市商品住宅的价格。

（二）房屋建造成本上升

如表 1 所示，2018 年至 2019 年前三个季度，陕西省固定资产投资价格指数中的建筑安装工程价格指数一路攀升。房屋建造成本上升是造成房地产价格上升的原因之一。

表 1　陕西省建筑安装工程价格指数（当季值）

	2019 年第三季度	2019 年第二季度	2019 年第一季度	2018 年第四季度	2018 年第三季度	2018 年第二季度	2018 年第一季度
价格指数	101.5	104.8	106.0	107.5	106.6	106.8	107.3

资料来源：国家统计局官网。

（三）居民收入提高

居民收入是房地产市场上影响房地产需求的一个重要因素，近年来，陕西省人均可支配收入快速增长，越来越多的居民具备了购房能力，对房屋的需求也随之增加。

国家统计局公布的统计数据表明，2018 年陕西省居民人均可支配收入为 22528 元，同比名义增长 9.2%，高于全国 8.7% 的增长率，扣除价格因素，实际增长 6.9%，高于全国 6.5% 的增长率；2019 年前三季度陕西省居民人均可支配收入为 18631 元，同比增长 9.6%，增速比全国高出 0.8 个百分点。收入的快速提高增强了居民的购房能力，刺激了对房地产市场的需求，抬高了房价。

（四）人口增加、城镇化速度加快

居民数量、人口流动和城镇化水平对房地产市场需求有显著影响。随着国家中心城市、国际化大都市等计划的规划实施，以及“史上最宽松”户籍新政、百万大学生留西安等各种利好政策的推进，西安市吸纳了更多更优质的人口资源，创造出西安市人口新的增长点。西安市统计局公布的统计数据表明，仅 2017 年和 2018 年，全市净迁入人口达 88.79 万人，占新中国成立以来全市净迁入人口的三成以上，人口迁移成为此阶段人口增加的主要原因。截至 2018 年末，全市户籍人口达 922.82 万人（为西安市原口径户籍人口数，不含西咸新区咸阳部分），常住人口达 1000.37 万人（为大西安口径，含西咸新区咸阳部分），西安市正式迈入超大城市“朋友圈”。

城镇化是伴随工业化发展、非农产业在城镇聚集、农村人口向城镇集中的自然历史过程，是人类社会发展的客观趋势，是国家现代化的重要标志。西安市统计局公布的统计数据表明，2018 年西安市城镇人口为 740.37 万人，人口城镇化率达 74.01%。全市人口分布呈现中心城市人口减少、近郊区人口增加的特点，人口重心逐渐从城市中心区向经济发达周边区转移。城镇人口比例的提高，意味着这部分人口必须拥有或租赁住房，从而增加了对房地产市场的需求，抬高了房价。

三　陕西省商品住宅价格变化趋势分析与对策建议

（一）陕西省商品住宅价格变化趋势

陕西省商品住宅价格变化总体趋势：平稳中略有上升。

1. 平稳的原因：宏观调控政策保证房价的稳定

回顾2019年，政府稳妥实施房地产市场平稳健康发展长效机制方案，落实城市主体责任制，稳步推进“一城一策”试点，房地产总体保持平稳运行，实现了“三稳目标”。2019年12月23日，全国住房和城乡建设工作会议在京召开。会议提出，2020年要重点抓好九个方面工作，其中第一项工作就是要“着力稳地价、稳房价、稳预期，保持房地产市场平稳健康发展”。九项重点工作中“稳”字当头，说明当前的稳定局面是符合房地产发展需求的，相关调控成果既要珍惜，更要延续。会议明确提出“房住不炒”要长期坚持，“长期”的含义是“房住不炒”定位将不受市场周期的影响，无论市场好与坏，后续都会管控。不把房地产作为短期刺激经济的手段，继续稳妥实施房地产市场平稳健康发展长效机制方案，着力建立和完善房地产调控的体制机制。

自2019年7月30日中共中央政治局会议首次提出“不将房地产作为短期刺激经济的手段”后，银保监会密集发文多方面整顿资金违规流入房地产市场。房地产金融调控主要从三个方面实施：一是收紧银行信贷资金进入房地产市场，比如提高房地产开发贷款的条件，减少贷款额度；二是收紧资金借助信托等渠道进入房地产项目渠道；三是收紧个人住房贷款条件、额度，提高贷款利率，并严控个人消费贷款、信用卡资金违规流入房地产市场。

2019年11月，西安市全面推行《房屋居间服务合同》和《西安市商品房预售资金监督管理办法（征求意见稿）》。前者针对二手房交易秩序，后者直指新房市场，加强了对开发商资金使用的监管，有助于房地产市场的稳定，保护了购房者利益。

由此可见，不管是国家大的宏观政策还是地方政府的政策都反映出“稳”字当头的思想。在这样的环境下，相信2020年房地产市场的总体趋势应该仍然是以“稳”为主。

2. 上升的原因

（1）区位优势。2019年第24期《求是》杂志发表了习近平总书记的重要文章《推动形成优势互补高质量发展的区域经济布局》。在这篇文章中，习近平总书记点赞了10座城市，北京、上海、广州、深圳等特大城市发展优势不断增强，杭州、南京、武汉、郑州、成都、西安等大城市发展势头较好，形成推动高质量发展的区域增长极。此次点赞给予了西安高度评价，也是对近年西安发展所取得成果的认可。作为“一带一路”的核心城市、西北的龙头城市、国家的中心城市，西安正在发挥巨大的能量，其必将吸引大量人员，西安市房地产市场的需求仍将增加。

（2）陕西省及西安市的经济快速增长、居民可支配收入的快速提高以及城镇化率的不断提高均为房地产市场注入了活力，提高了对房地产的需求。

综上所述，2020年陕西省房价变化的总体趋势将是平稳中略有上升。

（二）对策建议

为了保持陕西省房地产市场健康稳定发展，一方面，要充分发挥市场在资源配置中的决定性作用；另一方面，还需要更好地发挥政府的作用，为市场发展营造良好适宜的政策环境和外部条件。同时，还要加强舆论导向，使消费者对房地产市场能够理性预判，做到理性消费。

1. 完善住房保障体系

完善城镇住房保障体系、培育和发展租赁住房是缓解市场矛盾、促进市场供求平衡的重要手段。应重点发展政策性租赁住房，探索政策性租赁住房的规范标准和运行机制。加大公租房的投入力度和投放速度，完善相关管理机制，这样做既能保障民生，又能确保资源分配的公平公正，对稳定房地产市场的公众预期也将起到重要作用。

2. 强化预期管理

影响房地产市场价格的因素很多，购房者的预期便是其中之一，而且预期这个影响因素十分敏感，加强预期管理对房地产调控而言至关重要。在市场出现异动端倪时就提前介入，可以更好地避免预期失控，防止恐慌性需求蔓延，有利于维持市场稳定运行。对此，应加强对房地产市场的监测，建立完善的风险预警机制，准确预判市场供求状况，增强政策调控的前瞻性、针对性和及时性，适时预调微调，防止大起大落，促进房地产市场长期稳定发展。

3. 做好开征房产税的准备

房产税是促进社会财富公平分配、缩小投资炒作空间的主要工具。房产税的开征还可以使投资房地产行业的部分资金流回商业市场，进而降低房价，使购房者的目的单纯化，买房的目的主要是居住。世界各国已普遍开征了房产税，并且成为地方政府的一项主要收入来源。从我国的试点来看，目前房产税占总税收的比例相对较低。为了全面开征房产税，应做好以下准备工作：各地应建立健全房产登记制度，完善房产信息的电子化管理，在购房环节完善房产相关信息的录入内容，对个人所有房产的登记要基于全国房产登记信息共享的前提，多地联动控制房产信息，并且要与公安系统建立联动机制，保证信息采集的准确性，为房产税的顺利开征打下良好的基础。

4. 合理引导购房者预期

面对不断上涨的房价，消费者难免会出现非理性预期，再加上民众投资渠道相对狭窄，投资住房便成为不少人的选择，而这极易造成房地产市场的虚假繁荣，从而进一步抬高房价。对此，政府一定要通过各种有效途径向民众宣传理性的消费观念，让“房住不炒”的理念深入人心。

B.8

2018 ~2019年陕西物业管理发展现状、问题及对策

任倩　余劲*

摘　要： 陕西省物业管理行业相关法制法规于2018~2019年得到了进一步健全和完善。同时，物业服务质价不符、市场秩序有待规范等问题依然存在。本文针对上述现状及问题进行深入剖析，并探讨促使物业管理行业健康发展的对策，得出如下结论：改善人居环境；多元规划物业管理企业创收路径；健全物业管理相关法制法规、规范市场秩序。未来，陕西省物业将由传统物业管理向智慧化物业管理转型。

关键词： 物业管理　物业法规　智慧服务

一　陕西省物业管理发展概况

物业管理行业经历了以房地产发展为依托、仅为房地产业提供后续服务的阶段，步入公司化运作、品牌化管理，集房地产开发及售后等多个环节于一体的阶段。从房地产开发企业法人来看：截至2018年末，全国共有房地产业企业法人单位74.2万个，其中，物业管理企业23.4万个，比2013年末增长122.8%；从从业人员来看，2018年末，全国共有物业管理企业

* 任倩，博士，陕西科技大学讲师，主要研究方向为房地产经济；余劲，博士，西北农林科技大学经济管理学院教授，主要研究方向为不动产经济学和公共管理学。

636.9 万人，比 2013 年末增长 54.8%；从总资产来看，全国物业管理企业资产达 30666.7 亿元，比 2013 年末增长 124.4%，这意味着物业管理行业近年来得到了迅速发展。伴随房地产行业繁荣及城镇化进程加快，陕西省物业管理行业经过不断探索和完善，相应的服务规模以及质量均有提升，并成为解决城市及农村人口就业的重要行业之一。2018～2019 年，陕西省物业管理发展的主要特征如下。

（一）进一步健全物业管理行业法制法规

以国家颁布的各项物业法规为依托，结合省内实际情况，陕西省各地市不断修订物业管理相关的法规文件。2019 年 8 月，依据《中华人民共和国价格法》、《中华人民共和国物权法》、《物业管理条例》、《国家物业服务收费管理办法》以及《陕西省物业管理条例》和《陕西省定价目录》等法律法规，陕西省发展和改革委员会、陕西省住房和城乡建设厅、陕西省市场监督管理局共同发布了有效期为 5 年、自 2019 年 9 月 1 日起开始执行的《陕西省物业服务收费管理办法》，以进一步加强陕西省物业收费管理，规范物业收费行为，维护业主和物业服务企业的合法权益，促进物业服务行业的健康发展。

2019 年 11 月 27 日，陕西省十三届人大常委会第 14 次会议分组审议《陕西省物业管理条例（修订草案)》，该条例针对群众关注的物业管理区域内公共受益分配支出，以及住宅小区车位销售不规范等突出矛盾问题，在规范运行模式、加强监督管理、强化服务指导、提高质量水平等方面进行了完善，决定在全省建立物业服务企业信用评价体系，对物业服务企业实行分级分类监管，鼓励第三方信用服务机构对物业服务企业开展信用等级评价等。

《陕西省物业服务收费管理办法》以及《陕西省物业管理条例（修订草案)》的颁布与实施促进了陕西省物业管理行业的发展，具有重要的现实意义。《陕西省物业服务收费管理办法》结合地方实际，明确物业服务收费的管理方式，使物业定价有据可循，其中，将电梯、经管等公用设备运行维护检查纳入物业服务成本，取消物业公司强制收取的公摊耗能、垃圾清运等费用，为未来物业管理行业的健康发展提供了保障。此外，业主大会的重要性及必要性得到了体现，明确了在成立业主大会之前实行政府指导价，成立之后实施市场调节价，此举有利于逐步理顺长期以来存在的质价不符问题。明确管道维修的责任和费用划分，使长期以来存在的水电暖代缴与物业费捆绑问题得到了解决，促进了物业服务水平的提升，化解了物业服务矛盾。

（二）物业管理服务范围日益丰富

较快的城镇化进程、房地产市场持续繁荣以及人均可支配收入不断提升使物业管理行业的存续和发展具备可能性，是其发展的重要源泉。近年来，随着陕西省经济不断发展，各种住宅及商业楼盘数量激增，传统的物业管理方式很难满足广大消费者的需求，业主对美好生活的多样化需求促使对中高端物业管理服务的要求不断增加。作为楼盘存续和服务的衍生品，陕西省物业管理由早期单一的服务住宅类型逐渐拓展为涵盖商业物业、办公物业、学校物业等多个领域的管理行业。

陕西省物业管理行业经营业务领域不断扩张、收入明显增长。物业管理服务不断改进，通过新技术的研发与应用，将增值服务多样化，开发创新出更加多元化的物业管理服务内容，构成物业管理行业新的核心附加价值。除了传统物业管理服务范围之外，更涵盖了社区空间经营、金融、房屋经纪、电商等多种高端内容。值得注意的是，“互联网 + 物业”发挥了资本、互联网、物业管理各自优势，整合了线上线下的资源。移动互联网的出现更促成了“网上支付消费”和“社区 O2O 消费”两个巨大的服务消费市场。物业管理服务企业作为联结社会和社区的节点，尝试依托现代科学技术、现代信息技术、现代企业经营管理方式，提高服务模式与市场需求的匹配程度，并取得一定效果。

以陕西博顺物业服务有限公司为例，其经营业务不仅包括传统的庭院绿化养护、家政服务等，亦包括电子商务以及不动产电子管理服务。此外，社区零售、社区养老、社区教育、社区医疗以及社区金融等管理服务逐步涌现。各物业管理公司在增值服务建设方面持续加大投入力度，其增值服务收入占比也在不断提升。物业管理行业在陕西省属于劳动密集型行业，人工劳动成本以及劳动的外包业务是公司成本的主要部分。得益于物业管理服务范围的日益扩大，物业管理法人及从业人员的利润和收入稳定增长，呈上升趋势。

（三）物业管理服务规模保持增长

近年来，陕西省新楼盘的开发速度不断加快，新小区和项目的落成均伴随着物业服务企业的入驻。全省新增加的竣工面积将在3~5年进入市场、房屋存量规模扩大，均促使相对应的物业管理服务规模快速扩大。作为百姓居家生活离不开的刚性需求，物业管理服务规模在城市楼盘的大幅度建设下取得了巨大发展。

陕西省共有物业管理服务企业687家。2019年，106家企业申报陕西省“2019年度物业管理示范项目”，陕西省物业管理协会授予其中66个项目“2019年度物业管理示范项目”殊荣。各个物业管理公司注重对员工物业技能的培训，开展消防技能演练等活动以增强员工的服务素质。西安锦江物业服务有限公司时常对园区基础设施和公共区域进行品质维护、改造园区车库照明、设立垃圾分类点，以为业主打造优美的社区环境。随着物业管理公司对自身服务质量的不断重视以及各项政策法规的出台和完善，物业纠纷较之前有所减少，行业形象得到了一定提升。

（四）物业管理行业竞争加剧

由于行业内物业管理师资格考试取消，企业一级及以下资质取消核定，物业管理行业的门槛逐步降低，客观上刺激了陕西省物业管理企业竞争者不断涌现，加剧了现有物业管理市场保有者以及进入者的竞争。目前，陕西省内仅有数家一级物业服务企业，多数物业服务企业资质为二级或者三级。物业服务企业的竞争一方面使得资质有欠缺的公司退出物业管理行业，另一方面也刺激了行业不断发展，促使物业管理企业规范化运营，专业服务质量持续提升，行业进入良性发展阶段。物业管理行业增加客户的途径包括并购以及联盟等方式，通过规模效应推动行业快速发展。大量资本带来了极大的资金支持，使得行业整合创新发展成为可能。

二　物业管理行业存在的问题

（一）物业服务质价不符

物业管理行业属于服务性行业，主体同时涉及提供服务的物业服务公司以及享受服务的物业业主。为了生存及发展的需要，物业管理公司倾向于保有足够利润，而业主期待高性价比的服务。然而，陕西省部分小区依然存在服务质量与价格不相符合的情况。随着业主维权意识的加强，对物业违规、服务差的投诉大范围存在，物业管理领域的矛盾纠纷难以处理，调解机制有待完善。

陕西省物业服务企业起步较晚，虽然经过了20多年的发展，但是市场违法违规、无序竞争的现象依然存在，随着准入门槛的取消，进入物业管理市场的竞争者不断增加，物业管理企业鱼龙混杂，招聘的工作人员教育背景差距较大，缺乏统一的服务标准，客观上导致了物业管理矛盾纠纷的产生。物业管理行业整体服务水平有待提高、服务标准亟待健全、服务意识亟须提升。

（二）物业纠纷时有发生

经过多年发展，陕西省物业管理行业已初步建立起相对完整的法律机制和框架，但涉及具体问题时，解决方案依然模糊，并不清晰明确。相关物业管理条例由于出台落实时间较早，已经不适应行业发展的现状和要求。此外，落实到实际具体事务中，相关法律规则难以匹配现实问题，不利于有关纠纷的解决和相关部门的监督、仲裁。因此，亟须细化有关矛盾的解决办法和方式。

2015～2019年，陕西省物业服务合同纠纷案例数量由791件上升至

4449 件。物业纠纷案例数量呈现逐年增长的趋势，这表明随着社会经济发展水平的提高，业主的维权意识也不断提高，利用法律维权是业主近年来主要的选择。在 2015～2019 年的物业纠纷中，合同、无因管理、不当得利纠纷占到了所有纠纷的 99.99%。从行业方面来看，合同纠纷案件多数集中于房地产行业，有 9794 件，占比为 94.11%；而居民服务、修理和其他服务业纠纷有 163 件，占比为 1.57%；租赁和商务服务业占比为 1.61%；批发和零售业占比为 0.98%；建筑业占比为 0.50%；其他行业占比为 1.23%（见图 1）。

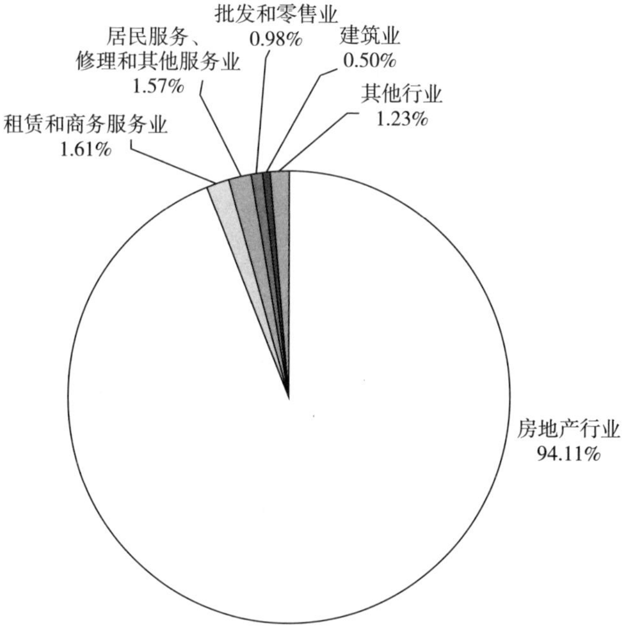

图 1　2015～2019 年物业纠纷行业分布

资料来源：高文律师事务所。

综合分析陕西省 2015～2019 年物业合同纠纷的案例，矛盾主要集中于两方面。一是业主是否应当支付物业费，如若应当支付，是否应折价收取。从诉讼及判决情况来看，由于物业管理公司履行了合同中应尽的职责，法院支持了其中 80% 的案件收取全部物业费。然而依然存在 20% 的案件法院支持部分收取或未予支持收取物业费，这说明物业管理企业在运行过程中依然存在质价不符的矛盾。二是业主是否应该支付违约金以及支付违约金的数额。物业合同纠纷案例统计显示：28.5%的案例中，法院驳回了违约金的请求，主要原因在于物业服务存在瑕疵，要求违约金缺乏依据。

除了物业费及违约金纠纷外，针对其他恶性物业纠纷，2020 年 1 月，西安市住建局召开第二次党组会议，对于黑恶势力侵蚀基层政权、恶意竞标、强揽工程、在项目建设过程中煽动闹事、物业公司勾结社会闲杂人员滋扰业主等几大行业乱象，协调各部门，分类研究整治方案，部署实施专项整治行动，完善规范管理、重点监控等机制，堵塞管理漏洞，着力铲除黑恶势力滋生土壤。

（三）业主委员会作用有限

业主委员会由全体业主中较有威望的业主代表组成，监督并协助物业管理企业或其他管理人员履行物业管理服务合同，是业主大会的执行机构，旨在积极及时地反映广大业主的意愿和要求。虽然业主委员会的职能范围很广，但是落实到实际中，起到的作用则极其有限，具体仅体现在申请使用住宅维修资金等方面，在其他方面起到的作用较少。实际发生问题之后，业主委员会应起到的调节作用并不明显，许多业主拒绝业主委员会从中调解，导致部分业主委员会成为空壳运行机构。此外，少数业主委员会成员甚至因为个人利益，制造其他业主和物业管理公司的矛盾。这些问题的发生均阻碍了物业管理行业的发展。

（四）物业管理企业管理能力参差不齐

统一服务标准的缺乏、政策法律法规的不健全是导致物业管理公司管理能力参差不齐的客观因素。伴随经济的发展以及人们对良好生活环境服务的追求，物业管理公司提供的服务越来越难以满足人们的需要。物业管理行业及行业从业人员准入门槛的降低亦带来了关于物业管理公司能力的争议。

作为房地产开发链条的末端行业，楼盘小区一旦建成，物业管理服务便成为必不可少的一部分。然而，目前陕西省物业管理行业整体服务标准尚待健全、服务意识不强，与广大业主的期待有一定差距。大小物业管理公司同时存在，企业经营理念及定位不同，导致服务水准差异明显。物业管理企业应将自己定位为“服务者”，而非“管理者”，以进一步提高管理能力和服务水平。

三　针对物业管理行业健康发展的对策

（一）提高物业服务质量，加大监管力度

陕西省物业管理企业应将服务设定为硬性指标，对“物”的管理逐步转化为对“人”的服务，将对经济效益的追求转变为承担社会责任感的追求，可持续地追求企业利润。不断增强物业管理企业责任心、适应新时代业主日益丰富的服务要求、提高服务质量是物业管理公司长远发展的必然要求。

为了使物业管理公司的职能更加完善，陕西省应因地制宜制定统一的物业服务标准、服务内容和收费价格。更加细化和明确物业服务内容及标准，此举不但有利于物业管理公司责任心的增强，而且有利于业主明晰物业服务内容及方式，减少不必要的纠纷。随着物业管理行业准入门槛不断放低，行业良性竞争机制亟待建立和完善，保护优质物业管理企业在陕西省房地产市场环境中得到成长发展，淘汰不适应行业发展的劣质物业管理企业。企业之间的优胜劣汰使得物业管理行业能够得到更加健康、可持续的发展。

完善监管制度，保证物业管理相关法律法规贯彻实施。进一步明晰各个相关管理单位的职责，避免部门之间相互推诿转移问题，使矛盾得到尽快解决是相关部门亟待解决的工作。同时，对于处理问题的程序也应明确，以便更加有效快速处理违法违规问题。

（二）拓展物业服务领域

随着经济不断进步发展，政府职能由插手企业经营管理转变为引导企业发展，以促进经济增长及社会环境进步。基础物业服务在陕西省物业管理行

业依然占据着重要地位，然而随着时代的发展，业主已经不再满足物业管理的基础服务，各类衍生需求不断涌现。与此同时，为了适应经济快速增长的需求，陕西省政府应鼓励物业管理企业除了关注基础物业服务，还要将服务扩展到方方面面，不断探索服务类型和服务范围，在满足业主的同时极大地丰富经营收入的来源渠道，包括各类产业园物业、医院物业、学校物业、顾问咨询服务等。

（三）寻找行业新的增长点

物业管理行业属于劳动密集型行业。依据第四次全国经济普查调研结果，第三产业中，物业管理行业就业规模已经超过传统住宿业、餐饮业等行业，成为缓解社会就业矛盾的有效途径，为广大退伍军人、农村剩余劳动力及下岗人员等提供了众多就业岗位。相较周期性起伏较大的行业，物业管理行业抵御周期波动能力强，近年来始终保持着 40 万人左右新增就业人员的规模，极大程度缓解了社会就业矛盾。

现阶段，陕西省物业管理企业人员成本费用占到了多数物业管理企业经营成本的近六成。物业服务企业将其非核心非经典型的业务适当外包，交给更为专业的企业去运作，可以有效降低企业刚性成本，提高物业服务的效能。对于人员成本占比较高的企业，应了解物业服务的内涵和外延，降低人员成本占比，拓展物业服务领域，做好企业规划，加大企业改造升级。

部分企业关注点逐渐由小区物业管理转移到城市服务当中。城市服务并非小区物业管理服务的简单延伸，其深度和广度远远超过普通居民小区物业管理服务的要求。一些大型物业管理企业已经在居家服务、居家养老等领域开展了各种业务，不断探索居家养老服务的有效模式，为企业未来健康可持续发展提供了源源不断的动力，符合物业管理企业发展以及社会进步的需要。

（四）改善人居环境，促进经济发展

第四次全国经济普查结果显示，截至 2018 年底，物业服务行业已有约

23.4万家物业服务企业，近700万从业人员，年营业收入9000多亿元，管理规模达到200多亿平方米，服务几十万个小区以及几亿个家庭。物业管理行业在整个国民经济中占有越来越重要的地位。居民生活满意度是物业管理行业关注的焦点，经济和社会发展使居民对物业管理水平的要求不断提高。

物业管理服务应响应居民的基本要求，通过保洁、保安、绿化、维修等物业服务，保证小区基本的生活秩序、绿化美观、社区设备政策运转，并致力于营造积极的社区文化，创建良好的人文环境。广大居民只有安居才能乐业，做好与居民生活的物业管理服务工作是未来物业管理行业的基本要求。

小区治理作为社区治理的重要组成部分，亦是国家治理体系的基础，物业管理企业承担的小区物业管理是社会治理、业主自治与社区服务的交汇点，对维护社会稳定具有重要意义。此外，物业管理作为发展潜力及规模巨大的产业，是未来国民经济的重要组成部分。物业管理服务将成为居民家庭资产的组成部分，与房屋的增值保值息息相关。与此同时，物业管理行业将通过营造良好的居住环境和延伸服务，促进居家消费，并以此为基点刺激经济发展。

（五）健全法律法规，规范市场秩序

虽然陕西省经过多年的努力，几次修订物业管理行业相关的法规，包括《物业管理条例》及《物业收费条例》等，已经初步建立起了相对完善的法律法规框架，但远远未达到健全完善的程度。与陕西省实际相结合，与时俱进，不断修订物业管理制度相关的法律法规，切实保障业主以及物业管理公司的权利和义务。对于业主的不合理行为，亦需要法律法规规范，以保障物业管理行业的良性竞争和公平发展。

物业管理服务行业中，长期以来服务职责的边界不清给广大物业管理公司及业主带来了诸多不便。部分物业管理公司承担了不属于其职责范畴的诸多任务，并且缺乏相应的补偿及奖励，而部分物业管理公司对于应有职责承担不足，从而与业主产生冲突矛盾。物业管理服务主体各方权利义务不对等，法律法规对权利义务边界缺乏详细的界定。此外，物业管理行业市场机

制有待完善，诸多相关企业需要建立合理的优胜劣汰机制，公平竞争，保障物业管理服务质价相符。

四　陕西省物业管理发展前景展望

（一）物业管理企业选择适合的发展路径，合理细分，合作共赢

随着陕西省房地产业的繁荣和可持续发展，物业管理市场未来将存在大量的待开发管理空间面积及服务需求。巨大的市场容量空间将导致单一的物业管理企业难以拥有足够的力量提供可满足市场需求的各种物业管理服务项目。不同规模或具备不同优势的企业应选择适合自身的发展路径，依据企业具体情况，将擅长的业务规模化、精细化，细分物业管理行业市场，赢得更多更充分的发展空间。

物业管理企业未来发展的具体路径包括并购、联盟等方式，这些方式是物业服务行业扩大管理规模，增加服务客户数量的有效途径，有利于发挥规模效应，推动行业快速、健康发展。同时，资本市场的改革和完善为行业的整合提供了新的融资渠道，尤其是地方股权交易中心的建立，促进物业管理行业形成快速发展的新格局。资本成为促进行业提整合、创新发展的重要驱动力。

（二）盘活社区大数据，实现智慧物业管理服务

现阶段，我国房地产行业增速有所放缓，新增物业资源增速也将逐渐放缓，物业服务企业的竞争重点将从新增物业资源转向已有的存量物业资源。未来，“互联网 + 物业”将成为发挥资本、互联网、物业管理各自优势，整合线上线下资源的产业融合新业态。

物业管理企业掌握的数据不断增加，通过对数据进行有效分析，不断提高物业管理服务的智慧化水平是未来发展的路径。例如，较多社区已经启用了智慧门禁系统、智能车牌云识别停车系统等，让刷脸刷车牌成为现实；对

居民数据进行分析，实现生活百货以及生鲜粮油的即买即送；移动终端进楼甚至进家，提供洗衣、开锁、维修等各种专业服务，继而得到业主的购物偏好、支付习惯与消费能力等信息，实现传统物业管理服务向智慧管理服务转型。

参考文献

国家统计局：《第四次全国经济普查公报（第四号）》，http：//www. stats. gov. cn/tjsj/zxfb/201911/t20191119_ 1710337. html，2019 年 11 月 20 日。

陕西省发展和改革委员会：《陕西省物业服务收费管理办法》，http：//sndrc. shaanxi. gov. cn/html/100108/1037339. html，2019 年 10 月 8 日。

陕西省住房和城乡建设厅：《陕西省物业管理条例（修订草案）》，省十三届人大常委会第 14 次会议分组审议，http：//js. shaanxi. gov. cn/zixun/2019/11/109045. shtml，2019 年 11 月 28 日。

陕西省住房和城乡建设厅：《西安市住建局召开党组会议安排部署扫黑除恶专项斗争》，http：//js. shaanxi. gov. cn/zixun/2020/1/109388. shtml，2020 年 1 月 20 日。

陕西省住房和城乡建设厅：《我省通报 2019 年下半年房地产市场乱象典型案例》，http：//js. shaanxi. gov. cn/zixun/2020/1/109319. shtml，2020 年 1 月 9 日。

高文律师事务所：《陕西省 2015～2019 年度物业服务合同纠纷大数据报告》，https：//mp. weixin. qq. com/s/5tS515Z1YgcXdcc3RG0DEQ，2020 年 1 月 3 日。

B.9

2018~2019年陕西房地产开发企业发展现状及趋势研究

张 茜　尚宇梅*

摘　要： 陕西省房地产开发企业数量不断增加，企业总资产不断增长，但资产负债率较高；房地产开发企业投资额、销售额平稳增长，住宅投资额占比降低。2018年主营业务收入和营业利润较上一年有所回落。以万科为代表的一线品牌表现强劲，领跑西安房地产市场。在城镇化率不断增高、老龄化程度不断加深、"二胎政策"引起家庭规模变化等因素的影响下，市场对房地产开发企业开发的产品类型和品质提出了新的要求。

关键词： 房地产开发企业　投资规模　主营业务收入

一　陕西省房地产开发企业基本情况

（一）陕西省房地产开发企业数量和从业人数

2018年，陕西省房地产开发企业数量为2508家，比上一年增长了

* 张茜，西安财经大学管理学院工程管理研究所讲师，研究方向为房地产开发与经营；尚宇梅，教授，西安财经大学管理学院工程管理研究所所长，工程管理专业带头人，陕西省房地产研究会理事，陕西省城市经济文化研究会研究员，研究方向为房地产开发与经营、工程项目管理。

7%，其中98.5%为内资投资企业，且大部分为非国有和非集体性质；陕西省房地产开发企业从业人数为86693人，比上一年增长了6%，如表1所示。

表1　2018年陕西省房地产开发企业数量和从业人数

单位：家，人

	内资投资				外资投资		合计
	国有	集体	其他	小计	港澳台	外商	
数量	40	8	2423	2471	23	14	2508
从业人数	4734	221	80148	85103	1056	534	86693

资料来源：国家统计局。

（二）陕西省房地产开发企业资产和负债

2014～2018年，陕西省房地产开发企业的总资产不断增加，同时负债也不断增长，且房地产开发企业的资产负债率不断攀升，2018年资产负债率高达85.2%，如图1所示，已超过了房地产开发企业资产负债率的警戒线。

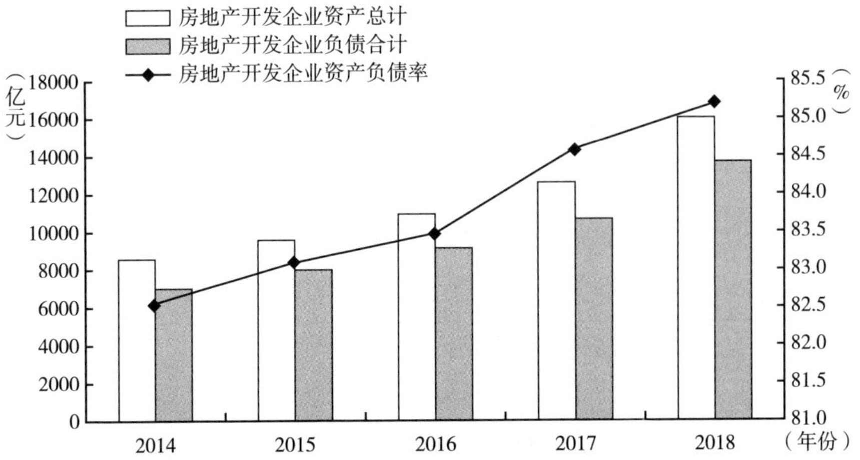

图1　陕西省房地产开发企业资产和负债情况

（三）陕西省房地产开发企业资质情况

根据住房和城乡建设部2018～2019年核准的房地产开发一级资质企业名单，到2019年12月陕西省有23家一级资质的房地产开发企业。根据陕西省住房和城乡建设厅2019年11月公示的具有有效资质的房地产开发企业名单，2019年陕西省其余资质房地产开发企业数量较多，如表2所示。陕西省一级资质房地产开发企业数量占总企业数量的0.7%，二级资质企业占比为20.1%，三级资质企业占比为31.0%，四级资质企业占比为31.8%，暂定级企业占比为16.4%。房地产开发企业总数虽比上年略有增加，但主要增加在四级资质和暂定级上，高等级资质占比仍较低，说明陕西省房地产开发企业的整体实力有待进一步提高。

表2　2019年陕西省各市（区）房地产开发企业资质情况

单位：家

地区	一级资质	二级资质	三级资质	四级资质	暂定级	总计
陕西省	23	622	960	986	507	3098
西安市	14	345	449	493	209	1510
铜川市	0	10	16	0	0	26
宝鸡市	1	28	60	165	85	339
咸阳市	4	44	90	83	71	292
渭南市	0	45	77	66	31	219
延安市	1	37	48	2	0	88
汉中市	0	27	57	102	74	260
榆林市	1	53	105	45	9	213
安康市	2	18	37	19	0	76
商洛市	0	11	16	1	6	34
杨凌示范区	0	4	5	10	22	41

资料来源：住房和城乡建设部、陕西省住房和城乡建设厅。

从区域分布来看，陕西省49%的房地产开发企业分布在西安市，西安市是陕西省房地产开发企业主要聚集的城市（见图2）。

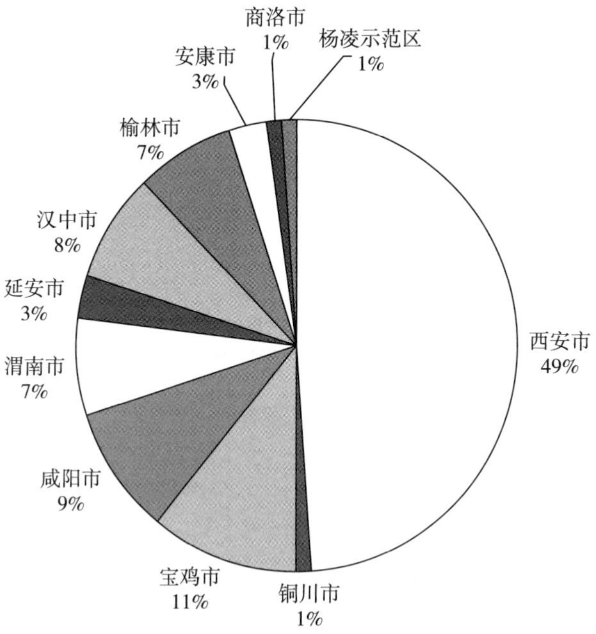

图2　2019年陕西省各市（区）房地产开发企业数量占比

二　陕西省房地产开发企业投资完成情况

2018年陕西省房地产开发企业投资完成额为3534.67亿元，同比增长13.9%；2019年1～11月陕西省房地产开发企业投资完成额为3531.72亿元，同比增长8.9%。

2018年和2019年，陕西省房地产开发企业投资完成额七成左右属于西安市，显示了陕西省房地产开发企业投资的主战场仍在西安市。西安市引领着陕西省房地产业的发展，但占全省房地产开发企业投资比重在下降。

分区域来看，2018年延安市、榆林市、安康市房地产开发企业投资额同比增长较快，分别为105.1%、46.4%、38.4%，远高于陕西其他城市；

2019 年 1 ~ 11 月，西安市房地产开发企业投资额同比下降 4.3%，是陕西省唯一同比下降的城市。房地产开发企业投资额同比增长较快的几个地区是咸阳市为 62.2%、渭南市为 73.0% 和杨凌示范区为 123.4%，反映出房地产开发企业投资逐渐向三、四线城市布局（见表 3）。但这几个地区的房地产开发企业投资额增幅高，将使供给过于集中，若无需求匹配，将导致供过于求。

表 3　2018 年至 2019 年 11 月陕西省各市（区）房地产开发企业投资完成额情况

地区	2018 年			2019 年 1 ~ 11 月		
	金额（亿元）	增速（%）	占全省比重（%）	金额（亿元）	增速（%）	占全省比重（%）
陕西省	3534.67	13.9	—	3531.72	8.9	—
西安市	2518.01	7.9	71.2	2218.65	-4.3	62.8
铜川市	28.77	16.3	0.8	26.81	1.2	0.8
宝鸡市	201.83	21.9	5.7	252.72	37.6	7.2
咸阳市	118.62	13.5	3.4	174.83	62.2	5.0
渭南市	154.15	35.4	4.4	243.03	73.0	6.9
延安市	131.17	105.1	3.7	150.92	23.0	4.3
汉中市	115.85	18.7	3.3	134.60	40.0	3.8
榆林市	92.62	46.4	2.6	112.48	28.0	3.2
安康市	129.92	38.4	3.7	149.81	27.3	4.2
商洛市	22.24	5.6	0.6	25.16	21.2	0.7
杨凌示范区	21.48	6.1	0.6	42.71	123.4	1.2

资料来源：陕西省统计局。

如图 3 所示，2018 年到 2019 年 11 月，从陕西省房地产开发企业投资累计增速趋势来看，2018 年全省房地产开发企业投资增速在第一季度回落谷底，随后一路回升，在 10 月达到顶峰，最后两个月又开始回落；房地产住宅开发投资累计增速在 4 月回落谷底，增速开始低于全省房地产开发投资累计增速。受 2017 ~ 2018 年陕西省房地产市场快速发展的影响，进入 2019 年项目施工进度加快，陕西省房地产开发投资和房地产住宅开发投资增速均有

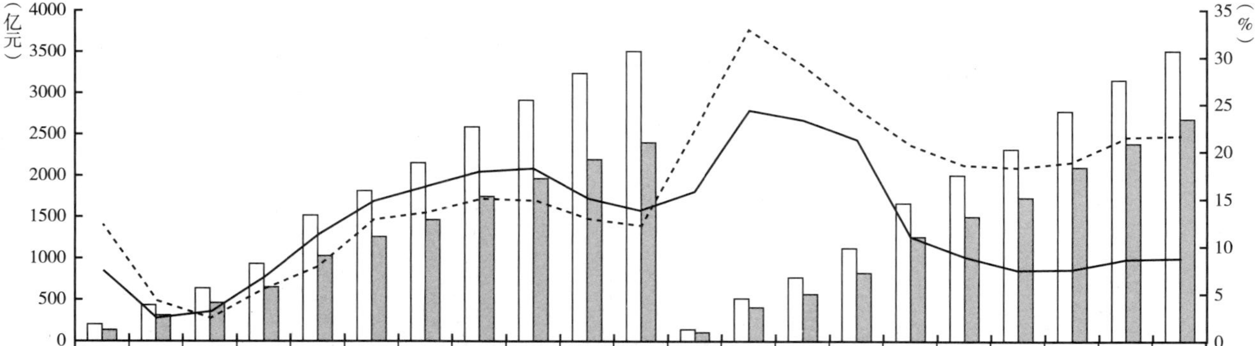

	2018年1~2月	2018年1~3月	2018年1~4月	2018年1~5月	2018年1~6月	2018年1~7月	2018年1~8月	2018年1~9月	2018年1~10月	2018年1~11月	2018年1~12月
房地产开发投资累计值	197.73	416.67	630.90	930.31	1513.87	1817.11	2160.24	2589.95	2913.02	3241.91	3534.67
房地产住宅开发投资累计值	141.41	295.98	444.41	654.73	1040.53	1259.29	1479.35	1772.04	1971.54	2196.96	2411.55
房地产开发投资累计增长	7.4	2.5	3.3	6.8	11.1	14.9	16.4	17.9	18.4	15.5	13.9
房地产住宅开发投资累计增长	12.4	4.4	2.4	5.6	8.1	12.9	13.7	15.3	15.0	13.1	12.4

	2019年1~2月	2019年1~3月	2019年1~4月	2019年1~5月	2019年1~6月	2019年1~7月	2019年1~8月	2019年1~9月	2019年1~10月	2019年1~11月
房地产开发投资累计值	228.91	518.85	779.35	1129.66	1681.61	1985.10	2324.71	2788.23	3167.66	3531.72
房地产住宅开发投资累计值	173.61	393.73	573.98	816.93	1257.64	1490.52	1749.50	2104.49	2395.95	2675.14
房地产开发投资累计增长	15.8	24.5	23.5	21.4	11.1	9.2	7.6	7.7	8.7	8.9
房地产住宅开发投资累计增长	22.8	33.0	29.2	24.8	20.9	18.4	18.3	18.8	21.5	21.8

图3　2018年至2019年11月陕西省房地产开发企业投资和房地产住宅开发投资累计值和累计增速

所回升，在第一季度达到高点后之后，逐步回落趋稳，2019 年房地产住宅开发投资累计增速均高于房地产开发投资累计增速。2018～2019 年房地产投资增速波动较大，反映出陕西省房地产市场处于震荡调整阶段，在调控和其他相关政策的多重作用下，全省房地产业在震荡中寻求新的平衡点。

房地产投资增长速度和国内生产总值（GDP）增长速度之比是判断房地产发展速度快慢及是否合理的指标。房地产投资增速与 GDP 增速比值的合理范围为 1.5～2，比值越大，说明房地产市场开发越热，房地产投资与经济发展之间越不协调。2018 年，陕西省 GDP 为 24438.32 亿元，比上年增长 8.3%。2018 年陕西省房地产投资增速与 GDP 增速比值为 1.67，说明陕西省房地产发展速度合理。

2014～2018 年，陕西省房地产开发企业投资额及各类物业用途的投资额均呈增长趋势（见表 4），但房地产开发住宅投资额占比从 77.1% 下降到 68.2%，逐年降低（见图 4），表明房地产开发企业的业务范围逐渐向非居住物业发展，以寻求多元化、多产业的联动发展。

表 4　2014～2018 年陕西省按工程用途分的房地产开发企业投资

单位：亿元

指标	2014 年	2015 年	2016 年	2017 年	2018 年
房地产开发投资额	2426.49	2494.29	2736.75	3101.97	3534.67
房地产开发住宅投资额	1869.69	1827.8	1916.13	2145.56	2411.55
房地产开发别墅、高档公寓投资额	47.93	28.85	58.17	68.36	94.15
房地产开发办公楼投资额	105.15	160.95	190.62	242.09	234.61
房地产开发商业营业用房投资额	285.73	346.7	415.95	439.42	462.16
房地产开发其他投资额	165.93	158.83	214.06	274.91	426.34

2014～2018 年，在房地产开发企业住宅投资中，别墅、高档公寓投资额占住宅投资额的比例在 2015 年回落，之后不断回升，说明房地产开发企业在别墅、高档公寓领域的投资力度加大。

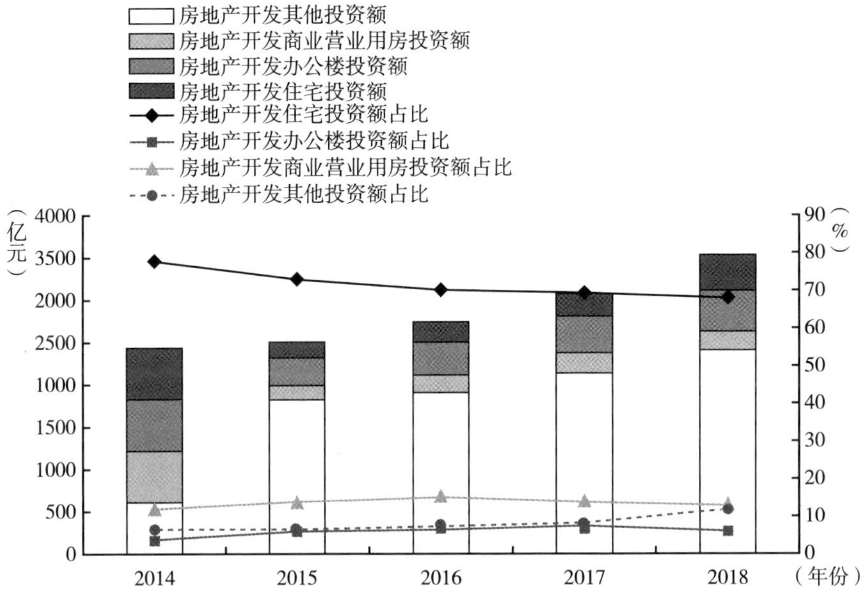

图4　2014～2018年陕西省各类用途的房地产开发企业投资额及占比

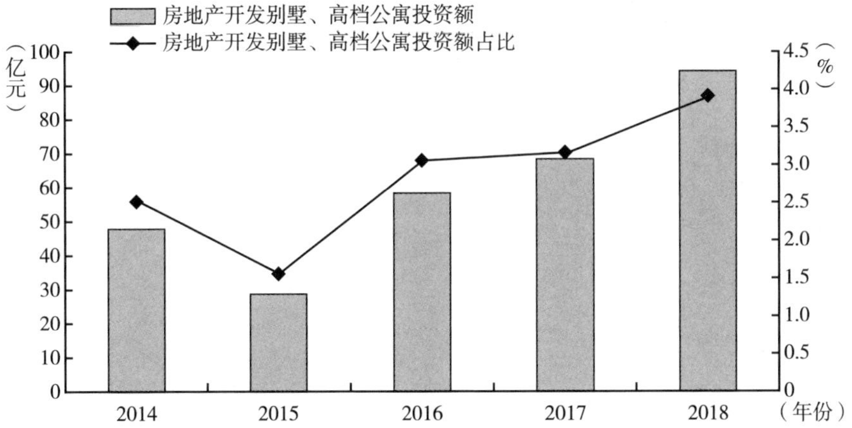

图5　2014～2018年陕西省房地产开发别墅、高档公寓投资额及占比

三　陕西省房地产开发企业经营情况分析

（一）陕西省房地产开发企业销售情况

2018年，陕西省商品房销售面积为4118.56万平方米，同比增长5.9%；2019年1～11月陕西省商品房销售面积为3811.62万平方米，同比增长9.7%。2018年和2019年1～11月陕西省商品房销售面积六成左右属于西安市，但西安市占全省商品房销售面积的比重在下降（见表5）。

表5　2018年至2019年11月陕西省各市（区）商品房销售面积情况

地区	2018年			2019年1～11月		
	总量（万平方米）	增速（%）	占全省比重（%）	总量（万平方米）	增速（%）	占全省比重（%）
陕西省	4118.56	5.9	—	3811.62	9.7	—
西安市	2713.46	8.1	65.9	2253.01	-1.5	59.1
铜川市	54.63	32.6	1.3	50.79	3.4	1.3
宝鸡市	251.59	-19.2	6.1	225.02	42.8	5.9
咸阳市	150.95	-14.3	3.7	183.58	33.0	4.8
渭南市	252.98	22.5	6.1	288.28	31.1	7.6
延安市	92.76	-28.0	2.3	121.55	38.0	3.2
汉中市	206.46	22.5	5.0	217.90	16.0	5.7
榆林市	106.62	33.3	2.6	163.10	77.9	4.3
安康市	152.35	5.4	3.7	167.80	28.2	4.4
商洛市	75.13	1.7	1.8	66.80	-0.5	1.8
杨凌示范区	61.65	24.3	1.5	73.79	25.9	1.9

资料来源：陕西省统计局。

从各市（区）来看，2018 年宝鸡市、咸阳市和延安市的销售面积同比下降；2019 年 1～11 月，西安市和商洛市商品房销售面积同比下降，榆林市销售面积增速较高，显示出各市（区）的不平衡。

2018 年，陕西省商品房销售额为 3407.45 亿元，同比增长 28%；2019 年 1～11 月陕西省商品房销售额为 3432.67 亿元，同比增长 20%。如图 6、图 7 和表 6 所示，2018 年住宅商品房销售面积占全省商品房销售面积的 85% 以上，住宅商品房销售额占全省商品房销售额的 80% 以上，但 2017 年和 2018 年所占比重不断下降；办公楼商品房销售面积和销售额增长较快，所占比例逐年上涨，说明陕西省房地产供给侧结构不断调整，与“一带一路”倡议对陕西商业及办公物业的需求相适应。

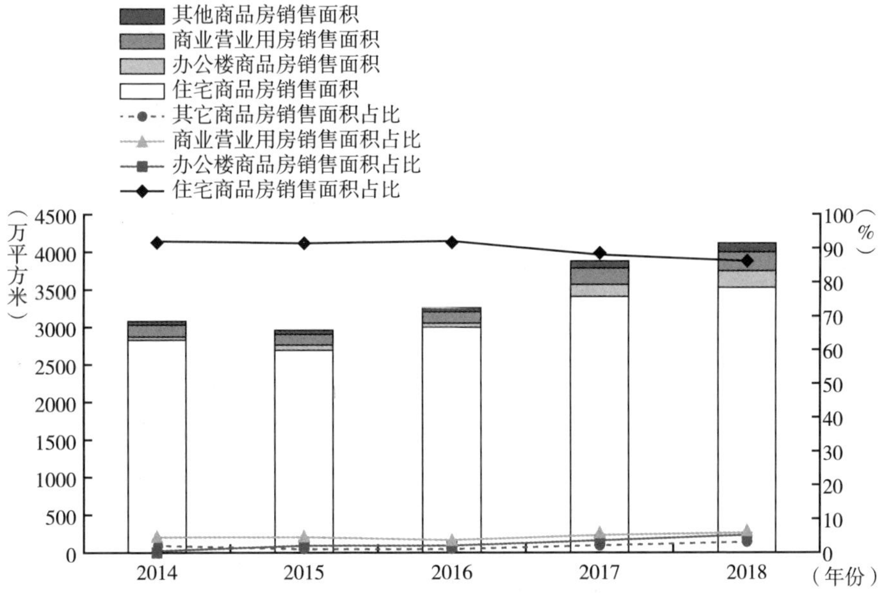

图 6　2014～2018 年陕西省各类用途的房地产销售面积及占比

商品房销售额和房地产开发投资额的比值，是房地产投入与产出的效益指标，表明房地产开发企业的总体效率。如表 6 所示，2017 年和 2018 年，陕西省房地产开发企业总体效率有较大幅度的提高。

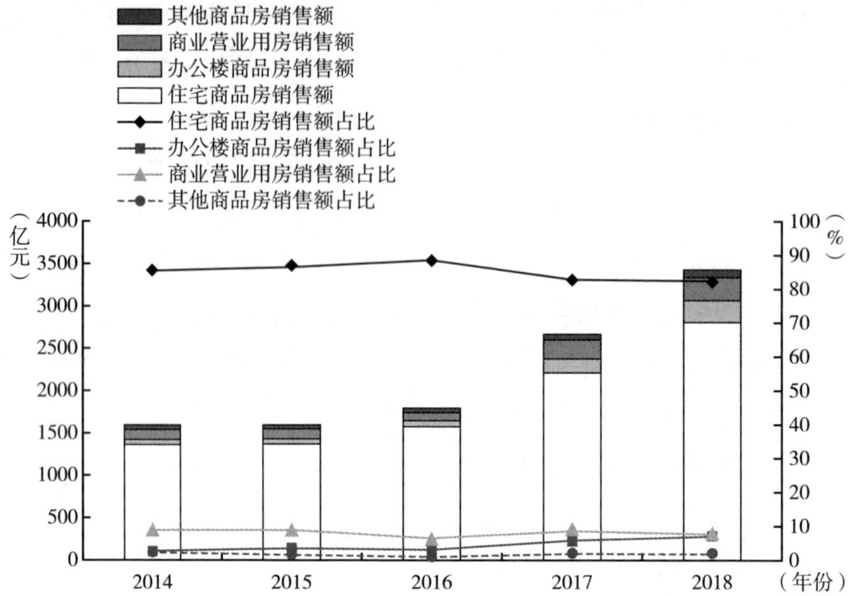

图 7　2014～2018 年陕西省各类用途的房地产销售额及占比

表 6　2014～2018 年陕西省房地产开发企业的总体效率

单位：亿元

指标	2014 年	2015 年	2016 年	2017 年	2018 年
商品房销售额	1598.04	1597.44	1785.17	2661.08	3407.45
房地产开发投资额	2426.49	2494.29	2736.75	3101.97	3534.67
销售额/投资额	0.66	0.64	0.65	0.86	0.96

（二）陕西省房地产开发企业主营业务收入

房地产开发企业的主营业务收入包括土地转让收入、商品房销售收入、房屋出租收入和其他经营收入。2018 年陕西省房地产开发企业收入为 1782.35 亿元，同比下降 7.42%。2014～2018 年陕西省房地产开发企业各项业务收入情况如图 8 所示，可以看出房地产开发企业收入主要来源于商品房销售收入，占比 90% 以上，土地转让收入、房屋出租收入和其他经营收入所占比例很低。

表 7　2014～2018 年陕西省房地产开发企业业务收入对比

收入类型	2014 年	2015 年	2016 年	2017 年	2018 年
房地产开发企业土地转让收入	1. 62	4. 58	6. 81	1. 12	6. 07
房地产开发企业其他经营收入	37. 85	55. 39	44. 06	44. 96	71. 44
房地产开发企业房屋出租收入	11. 73	11. 16	15. 57	11. 12	15. 96
房地产开发企业商品房销售收入	1332. 69	1288. 45	1692. 08	1868. 09	1688. 88

如图 8 所示，2014～2018 年 5 年里，2017 年陕西省房地产开发企业主营业务收入、营业利润和主营业务利润率最高。虽然陕西省房地产开发企业投资完成额、商品房销售额逐年增加，但 2018 年房地产开发企业土地购置费用大幅上涨，使得土地成本上升，是造成 2018 年房地产开发企业营业利润和主营业务利润率同比下降的原因之一。

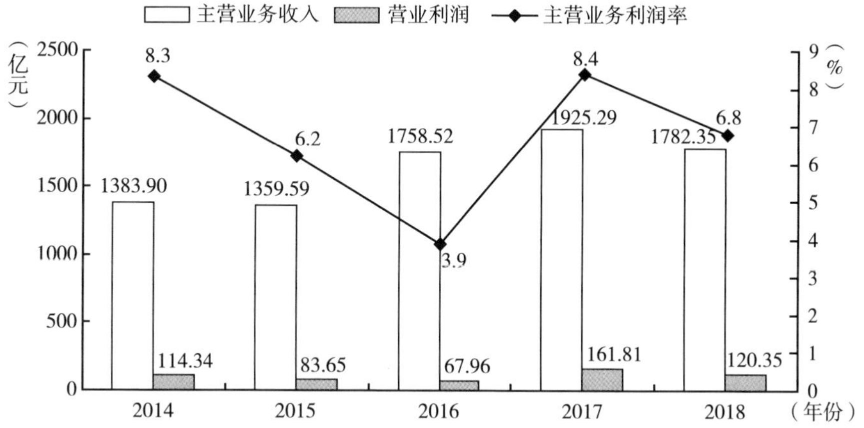

图 8　2014～2018 年陕西省房地产开发企业经营情况

四　陕西省房地产开发企业面临的形势

（一）城镇人口数量和城镇化水平稳步提升

随着户籍制度改革的深入推进，尤其是西安市人才户籍新政的进一步实施，以及移民搬迁政策的持续推进等，陕西省城镇化水平稳步提高。2018 年，全省城镇化率为 58.13%，比 2017 年提高 1.34 个百分点，增幅高于全国 0.28 个百分点。2018 年末，全省常住人口达到 3864.40 万人，比上年增加 28.96 万人，其中人口自然增长 17.06 万人，人口净流入 11.9 万人，人口净流入量位列全国第五。城镇人口数量的增长和城镇化是拉动经济增长的最大动力，陕西省常住人口的持续增长、城镇化水平的持续提升、人口净流入量的增长，都将推动陕西省房地产开发企业稳步发展。

（二）一线品牌房地产开发企业表现强劲，本土企业须寻求突破

从陕西省的房地产开发企业的分布、投资完成额和商品房销售面积来看，西安是陕西省房地产开发的主战场，因此下文以西安为例进行分析。2017 年本土房地产开发企业没能进入西安前十强，2018 年西安房地产开发企业的销售排名中，本土房地产开发企业依旧无一上榜。如表 8 所示，一线品牌房地产开发企业表现强劲，尤其是万科地产，2018 年在西安各房地产开发企业中在售项目最多，商品房销售额已经突破 200 亿元大关，且所占市场份额进一步扩大，拉开了与第二名的距离。2018 年房地产开发企业销售金额 TOP10 的市场集中度与 2017 年持平，为 31.5%。西安本土房地产开发企业，如天朗、紫薇、海荣、高科、龙安等，近些年发展缓慢，而且在融资能力、品牌认知度和人才储备等方面均与一线品牌房地产开发企业有差距，加之之前陕西省房地产市场价值的不足，西安本土房地产开发企业与一线品牌房地产开发企业的距离逐渐拉大。2017 年和 2018 年本土房地产开发企业在西安房地产开发项目销售中排名落后，需要谋求新的增长和转型。但是，本土房地产开发企业也有着自身的优势，外地房地产开发企业进驻西安房地产市场的初期，会寻求与本土房地产开发企业合作，因此之前西安房地产市场上出现了不少本土与一线品牌房地产开发企业合作开发的案例，通过良性合作实现共赢。除了合作共赢，目前雅荷、天朗、荣华、海荣和荣民等企业已涉足科技、农业、旅游、特色小镇等领

域，表明本土房地产开发企业与其他行业融合发展的趋势将进一步增强，以寻求新的突破。

表8　2018年西安市房地产开发企业商品房销售额及销售面积TOP10

排名	企业名称	商品房销售额（亿元）	市场占有率（%）	企业名称	商品房销售面积（万平方米）	市场占有率（%）
1	万科地产	201.36	7.6	万科地产	142.25	5.2
2	绿地控股	108.80	4.1	绿地控股	82.25	3.0
3	融创中国	95.09	3.6	保利发展	59.44	2.2
4	保利发展	84.84	3.2	碧桂园	59.08	2.2
5	碧桂园	82.22	3.1	融创中国	57.97	1.8
6	金辉集团	67.77	2.5	金辉集团	49.10	1.5
7	金地集团	58.23	2.2	华远地产	41.46	1.5
8	龙湖集团	48.54	1.8	金地集团	39.61	1.5
9	华远地产	48.15	1.8	龙湖集团	35.36	1.3
10	中海地产	45.84	1.7	中南置业	32.53	1.2

资料来源：国家统计局、CRIC。

（三）房地产开发企业融资难度加大

如表9所示，2018年陕西省房地产开发企业实际到位资金4563.76亿元，同比增长17.4%。从资金构成来看，国内贷款、个人按揭贷款、其他资金均同比下降，自筹资金、定金及预收款同比增长。到位资金除自筹资金外，其他构成部分相比2017年增速有大幅回落，尤其国内贷款回落幅度最大，说明2018年陕西省房地产开发企业更多依靠自身造血能力。2019年1～11月，陕西省房地产开发企业实际到位资金4523.48亿元，同比增长8.9%。随着个人按揭贷款和其他资金来源增速提高，全省房地产开发企业实际到位资金稍趋宽松，但自筹资金占比较高，说明房地产开发企业融资难度仍然较大。

表9　2018～2019年11月房地产开发企业到位资金情况

单位：亿元，%

指标	2018年			2019年1～11月		
	金额	占比	增速	金额	占比	增速
房地产开发企业实际到位资金	4563.76	—	17.4	4523.48	—	8.9
房地产开发企业国内贷款	386.38	8.5	-22.0	350.17	7.7	3.0
房地产开发企业自筹资金	2146.52	47.0	31.6	2094.05	46.3	6.9
房地产开发企业个人按揭贷款	485.58	10.6	-3.4	535.67	11.8	19.9
房地产开发企业其他资金来源	189.43	4.2	-25.0	236.18	5.2	25.5
房地产开发企业定金及预收款	1355.85	29.7	35.0	1307.41	28.9	7.2

资料来源：陕西省统计局。

（四）土地成本增长，营业利润下降

如表10所示，2018年陕西省房地产开发企业待开发土地面积为1195.05万平方米，说明房地产开发后续土地储备充足。2018年陕西省房地产开发企业购置土地面积同比增长41.9%，土地购置费用同比增长111.9%。土地成本的快速上涨，是2018年房地产开发企业营业利润和主营业务利润率同比下降的原因之一。利润的缩减对房地产开发企业的成本控制提出了更高的要求，房地产开发企业必须采取有效的措施加强成本控制。

表10　2014～2018年房地产开发企业土地开发及购置情况

指标	2014年	2015年	2016年	2017年	2018年
房地产开发企业待开发土地面积(万平方米)	604.02	591.71	1122.93	874.63	1195.05
房地产开发企业购置土地面积(万平方米)	487.52	447.59	357.28	560.14	794.76
房地产开发企业土地成交价款(亿元)	157.31	134.79	77.89	227.01	237.25
房地产开发企业土地购置费用(亿元)	185.31	226.76	177.96	344.79	730.49

资料来源：国家统计局。

五　陕西省房地产开发企业发展趋势分析

（一）陕西省人口结构变化对住房需求的影响

陕西省统计局发布的2018年陕西省常住人口发展概况指出，陕西省人口年龄结构延续了两头增加、中间减少的整体趋势。陕西省老龄化程度进一步加深，其中60岁及以上人口674.77万人，比上年增加29.92万人，占常住人口的17.46%，占比比上年提高0.65个百分点（其中65岁及以上人口439.72万人，比上年增加25.49万人，占常住人口的11.38%，占比比上年提高0.58个百分点）。由于当前的养老模式主要是“家庭养老”，人口老龄化对住房结构及功能的影响相对较小。但是，随着人们居住理念的变化，老年人与子女分开居住的情况会不断增多，未来适老性住房的需求将不断增加。针对需求的变化，房地产开发企业应当加大对老年住宅、老年公寓等适老性住宅项目的投资力度，社区应加强针对老年人的生活服务、医疗保健、文化活动和安全保障等基础服务配套设施的建设，以满足老年人的日常生活和精神文化生活需求。

2018年陕西省出生人口规模依然较大，二孩仍是全省出生人口的主体。随着家庭人口规模发生变化，住宅结构也发生着变化。如表11所示，2018年和2019年1～11月，90平方米及以下普通住宅销售面积同比下降，占住宅销售面积的比例不断减少；90～144平方米（含144平方米）普通住宅销售面积同比增长，占住宅销售面积的70%以上，为主力面积段；144平方米以上普通住宅同比增长，占住宅销售面积的比例也有所提高。房地产开发企业需要适当调整不同结构住房市场的供给策略，以适应对住房需求的变化。

（二）住房品质须进一步提升

陕西省2018年人均GDP为63477元，比上年增长7.5%。从人均GDP

表 11　陕西省住宅结构对比表

单位：平方米，%

时间	住宅销售面积	增速	90 及以下			90～144（含）			144 以上		
			销售面积	增速	占比	销售面积	增速	占比	销售面积	增速	占比
2018 年	3545.61	3.7	518.33	-19.7	14.6	2486.82	11.5	70.1	540.46	-0.9	15.2
2019 年 1～11 月	3324.63	11.1	291.16	-38.3	8.8	2440.23	18.3	73.4	593.24	30.1	17.8

资料来源：陕西省统计局。

与房地产发展的关系来看，根据世界银行研究报告，当人均 GDP 达到 8000 美元左右，房地产开发企业将进入平稳发展期，以改善需求为主，房地产市场由数量驱动向品质驱动转变，并寻求综合发展。因此，随着陕西省人均 GDP 的不断增高，人们对住房品质的要求日益提高。

2000 年以来陕西省的住房品质整体上有了较大提升，但在住宅建筑风格、室内空间布局、教育和医疗配套、室外活动空间、适老服务设施、智能化设施配备与管理等方面满意度较低。随着消费者对住宅品质和服务需求的不断提升，房地产开发企业必须走高品质开发模式，以客户为中心，从建筑设计、户型设计、周边配套、适老性、社区文化、社区管理等多个方面精细化提升产品品质，为客户创造更大的产品价值和良好的人居环境。

（三）全装修交付或加剧行业分化

2019 年，西安市推行新建住宅全装修成品交房，全装修交付是未来房地产行业的发展趋势，但该政策可能会进一步加剧行业内分化，带来强者越强的局面。因为一线品牌房地产开发企业在建材资源采购、装修体系等方面的经验更为充足，对于缺乏实操的中小房地产开发企业而言，不仅要控制好成本与利润的关系，同时也要面临市场的考验，将面临更大的竞争压力。因此在全装修交付的背景下，房地产开发企业应积极开展“产学研”研究，延伸产业链条或借助品牌装饰企业增强企业精装修竞争优势；运用 BIM 技术提升全装修住宅技术水平，同时应在内部加强成本管理意识，降低全装修住宅的开发成本，提升收益水平；此外应综合考虑消费者的个性化需求，运用 VR 等技术为其提供菜单式装修服务。

（四）拓宽房地产开发企业融资渠道

2019 年，房地产开发企业资产负债率高达 85% 以上，房地产行业的高杠杆特点决定了企业间竞争很大程度上取决于融资能力的比拼。2018～2019 年，陕西省房地产开发企业本年实际到位资金主要由房地产开发企业国内贷款（占 8%～10%）和房地产开发企业自筹资金（占 40%～60%）组成。2019 年国家出台宏观调控政策 600 多次，陕西省房地产开发企业传统融资渠道受阻，必须创新融资模式，通过委托贷款、信托融资、信用债券、并购贷款、上市融资、海外融资和资产支持证券等方式融资。

参考文献

陕西省统计局：《2019 年 1—11 月全省房地产开发投资和销售增速持续小幅回升》，2020 年 1 月。

陕西省发展和改革委员会：《2018 年全省房地产市场调整中趋稳》，2019 年 2 月 20 日。

谢宇婷、曹园园：《重庆市房地产业与国民经济相关性的研究》，《工程经济》2016 年第 11 期。

申雯：《西安市商品住宅品质提升问题研究》，西安科技大学硕士学位论文，2019。

陕西省统计局：《2018 年陕西省常住人口发展概况》，2019 年 5 月 15 日。

韩雪冰：《人口结构与住房需求结构关系研究》，西安建筑科技大学硕士学位论文，2017。

刘晓君、成亚静：《全装修住宅开发行为影响因素》，《土木工程与管理学报》2019 年第 1 期。

B.10
陕西绿色建筑及其评价与标识的发展

任 娟 刘启波*

摘 要： 我国目前已经迎来绿色建筑全面提升发展阶段。新时期的发展目标定义了绿色建筑的新内涵和新要求，也为绿色建筑的实施推广带来了更广阔的前景与挑战。近些年，陕西省积极推进绿色建筑规划设计和项目建设，形成了单体建筑、居住小区、生态城区三个层级协同推进、规模化发展的态势，但在具体绿色建筑技术应用方面仍有待完善。本文从当今绿色建筑的发展与变革出发，系统阐述了绿色建筑评价工作在陕西省的新发展，以及绿色建筑技术在陕西省房地产开发中的实践与应用。

关键词： 绿色建筑 居住建筑 建筑技术

一 绿色建筑及其发展概况

（一）绿色建筑的源起及新时代定义

2019年新版《绿色建筑评价标准》（GB/T50378－2019）给予绿色建筑新时代的定义：在全寿命周期内，节约资源、保护环境、减少污染，为人们

* 任娟，博士，长安大学建筑学院讲师，主要研究方向为绿色建筑理论与设计、可持续人居环境；刘启波，博士，副教授，硕士生导师，长安大学建筑学院副院长，主要研究方向为人居环境与绿色建筑、地域文化与地域建筑。

提供健康、适用、高效的使用空间，最大限度地实现人与自然和谐共生的高质量建筑①。我国绿建标准自 2006 年第一版实施以来，经过了“三版两修”，对于绿色建筑的定义也从关注建筑物本身的“四节一环保”转到侧重“以人为本”提升建筑品质、以建筑健康高质量性能为目标、增加建筑使用者对绿色建筑的体验感和获得感，其中绿色建筑技术的发挥与实施尤其重要。因此，大力发展绿色建筑及促进建筑产业转型升级是推行我国新时代发展战略的必然道路和重要内容。

（二）绿色建筑的发展概况

进入 21 世纪，全球范围绿色建筑的研究与实践得到空前的发展，绿色建筑的设计、评价、运营管理等快速成为建筑研究与发展的新领域。随着绿色建筑从最初的理念逐步发展到大范围的设计实践，其特点和重要性日益彰显，与之相关的新技术、新材料、新方法不断涌现。许多国家的绿色建筑发展已初见成效，正在向着更深层次发展。

我国建筑节能工作历经 30 年的发展，建筑节能 65% 的设计标准已经全面普及。各省份也立足自身发展状况，制定了相应的绿色建筑标准及相关推动措施。2006 年我国颁布首部绿色建筑方面的国家标准《绿色建筑评价标准》，并形成了绿色建筑认证标识体系——“中国绿色建筑三星认证”，近些年绿色建筑三星标识认证项目的面积迅速逐年增加（见图 1）。

一些房地产开发企业，如万科集团、当代置业、朗诗集团、中国金茂等已开始向绿色地产方向转型，招商蛇口、绿城中国、华润置地、中国铁建等企业成为装配式建筑发展的主力军。国家及地方政府也出台了一系列政策，引导和鼓励绿色建筑发展，绿色地产项目也逐渐开始普及②。

但住建部的数据及相关研究表明，截至 2017 年 12 月，全国取得绿色建

① 中华人民共和国住房和城乡建设部：《绿色建筑评价标准》（GB/T50378－2019），中国建筑工业出版社，2019。

② 楚峰：《我国房地产行业绿色建筑的现状与未来方向》，《住宅与房地产》2019 年第 23 期，第 51～57 页。

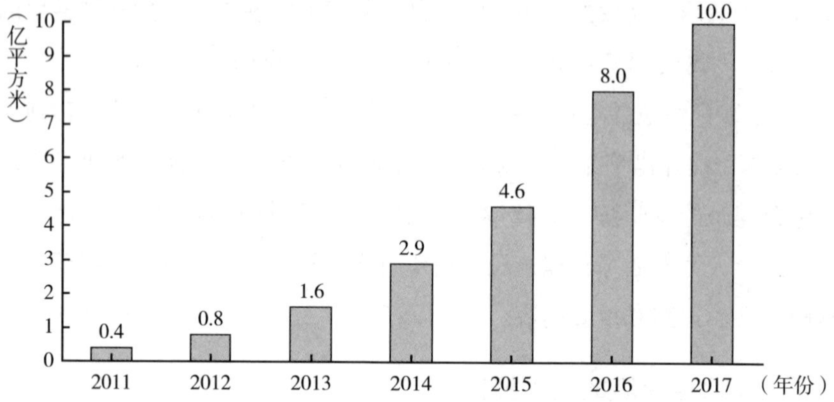

图1　2011～2017 年全国累计绿色建筑面积

资料来源：智研咨询集团编《2018～2024 年中国绿色建筑材料市场竞争态势及未来发展趋势报告》，中国产业信息网，2019 年 11 月 1 日。

筑评价标识的项目中取得运行标识的项目数量不足 5%。根据测算，建筑行业在运行阶段的碳排放量占其全生命周期总排放量的 60%～80%，可以看出，我国绿色建筑的发展看似繁荣，但实际质量并不高。值得指出的是，自我国推行绿色建筑标识以来，中国绿色建筑项目获得的多为设计标识，真正被评为运行标识的项目数量非常有限①。因此，2019 年新版《绿色建筑评价标准》（GB/T50378－2019）规定在建工程施工图设计完成后，可进行预评价，其目的就是引导绿色技术的实施落地，将绿色建筑评价的节点设定在建筑工程竣工后，推动绿色建筑获得运行标识。

二　绿色建筑技术在陕西省房地产开发中的应用

（一）陕西省绿色建筑发展概况

近年来，陕西省绿色建筑发展由点到面，形成了单体建筑、居住小区、

① 《2019 中国绿色地产指数 TOP30 报告》，新华网，2019 年 7 月 19 日，http：//www.xinhuanet.com//globe/2019－07/19/c_ 138240770. htm。

生态城区三个层级协同推进、规模化发展的态势。

早在2007年，《陕西省建筑节能条例》便颁布实施，同时启动的还有《陕西省建设领域节能减排工作实施方案》，自此陕西省掀起绿色建筑发展大潮。《陕西省城镇住房发展“十三五”规划》要求，到“十三五”期末，全省绿色建筑占新建建筑的比重达到50%以上，推进绿色小区建设，创建省级绿色生态小区50个以上；同时要求推进成品住房建设工作，新供地中成品住房占比逐步达到100%，并推进住宅产业化发展，要求装配式建筑占新建建筑比例达到15%以上。

根据陕西省住房和城乡建设厅官方网站公布的数据，2019年陕西省深入贯彻实施《陕西省民用建筑节能条例》《陕西省新型墙体材料发展应用条例》，按照“放管服”、优化营商环境等政策要求，助推装配式建筑、绿色建筑发展，绿色建筑申报数量再创新高，生态小区建设工作有序开展，民用建筑能耗与节能信息统计工作提速扩面，建筑节能与墙材革新调研工作全面展开。截至2019年11月底，全省发展、建设绿色建筑项目507个，总建筑面积为5779.2万平方米，申报数量同比增长56%，申报面积同比增长98.08%；累计申报生态小区项目18个，获批在建生态小区项目15个[①]。

2019年，陕西省住房和城乡建设厅出台了多项文件加强绿色建筑相关规范标准在全省的实施。在《关于贯彻实施国家〈严寒和寒冷地区居住建筑节能设计标准〉（JGJ26－2018）的通知》中强调，为了落实好新标准《严寒和寒冷地区居住建筑节能设计标准》（JGJ26－2018），建筑工程设计2019年8月1日起，应严格执行《严寒和寒冷地区居住建筑节能设计标准》（JGJ26－2018），2019年7月31日以前委托设计且于10月1日以前取得施工图审查合格书的项目可执行原标准。同时要求坚持建筑供热的集约化、清洁化。建筑采暖方式要因地制宜，采用地热能、太阳能等清洁能源。严格执

① 陕西省住房和城乡建设厅：《2019年度全省建筑节能宣贯培训暨主任座谈会召开》，2019年12月13日，http：//js. shaanxi. gov. cn/zixun/2019/12/109167. shtml，2019年12月13日。

行《陕西省蓝天保卫战2019年工作方案》，关中地区具备条件的新建建筑积极采用地热能供暖，西安市和西咸新区具备条件的新建建筑全部采用地热能。新建单体建筑面积2万平方米以上，有集中供暖制冷需求的，应采用地热能供暖制冷①。

为深入贯彻《陕西省民用建筑节能条例》，提升绿色生态居住小区规划建设水平，强化绿色、集成技术产品的应用，提高绿色生态居住小区的性能品质、舒适感，从2019年起要坚持高标准建设绿色生态居住小区，加强绿色集成技术的应用，加强绿色生态小区建设管理。其中要全面执行绿色建筑标准，绿色建筑占比应达到95%，二星级及以上绿色建筑的要求，执行项目所属地规定②。

关于新版绿标在陕西省的推广实施，省住建厅要求各级住房和城乡建设行政主管部门认真贯彻实施新版绿标，加强管理，规范和引导绿色建筑的健康发展。《陕西省民用建筑节能条例》规定，执行绿色建筑标准的四类建筑工程项目，应达到新版绿标基本级以上。对取得设计文件绿色建筑专项审查合格意见的，可认定为基本级绿色建筑。一、二、三星级绿色建筑应委托评价机构进行预评价。省级财政奖励补助政策，对一、二、三星级仍然按照《关于加强和规范绿色建筑管理工作的通知》（陕建发〔2017〕98号）要求给予奖励补助，对达到基本级绿色建筑标准的项目不予补助③。

与全国绿色建筑的发展概况相比，陕西省的绿色建筑占比过小，发展潜力巨大。

---

① 陕西省住房和城乡建设厅：《关于贯彻实施国家〈严寒和寒冷地区居住建筑节能设计标准〉（JGJ26 - 2018）的通知》，http：//js. shaanxi. gov. cn/zcfagui/2019/7/108137. shtml？t = 2031），2019年7月31日。

② 陕西省住房和城乡建设厅：《关于加强绿色生态居住小区建设的通知》，http：//js. shaanxi. gov. cn/zcfagui/2019/1/106684. s陕西省绿色建筑行动实施方案html？t = 2031，2019年1月6日。

③ 陕西省住房和城乡建设厅：《省住建厅要求贯彻实施国家〈绿色建筑评价标准〉》，http：//js. shaanxi. gov. cn/zixun/2019/7/108050. shtml. 2019/7/24，2019年7月24日。

（二）绿色建筑技术在陕西省房地产开发中的应用

1. 陕西省房地产开发中绿色建筑技术应用实例

西港·碧水湾Ⅱ期（6#楼、7#楼、8#楼、部分车库及一期扩建车库先行施工）是陕西获得二星级绿色建筑标识的示范项目。该项目总建筑面积为20万平方米，位于西安市国际港务区滨河东路以东、水流路以北。碧水湾Ⅱ期项目通过合理的规划与总体设计、节能高效的建筑单体设计，让建筑项目与周边生态环境系统达到动态平衡，减少污染排放，节约了资源，提高了居住者的环境舒适度，也将可持续的理念贯穿于项目规划、设计、施工、运营管理的全生命周期。

在碧水湾Ⅱ期项目中有效地综合应用了相关绿色建筑技术。

（1）在可再生能源利用方面

①太阳能：确保每户可配置太阳能光伏设施，后续可将太阳能直接转化为电能服务于住户。②地热能：碧水湾Ⅱ期采用西安市首个采灌结合达到同层全回灌、取热不取水的地热井，钻井深度达到3000多米。该站供热能力为100万平方米，供冷能力为15万平方米，在能源结构方面采用地热能、天然气、电能等多种清洁能源构成复合能源结构，通过能源互联互通，实现多能同输、多能互补，安全性、稳定性和环保性均优于单一能源结构。该技术可综合提供热水、电力与供冷等服务，全方位满足用户能源需求①。

（2）在节水措施方面

碧水湾Ⅱ期项目1~5层用户的生活给水由市政管网直供，5层以上用户由不锈钢水箱结合变频加压供水装置加压供水。项目均采用节水卫生洁具，生活给水超压楼层均设置支管减压阀，使用中水进行绿化灌溉及道路冲洗。

---

① 王荣忠：《秦华热力绿源地热　开创西安市政供暖新时代》，《西安晚报》2018年4月，第3版。

（3）在 BIM 技术使用方面

碧水湾Ⅱ期项目使用 BIM 技术进行数字化设计及信息编辑。特别是在管道线路的设计与铺设安装方面，通过 BIM 软件建立数字化信息模型与模拟，可以有效避免不同工种管道之间的冲突，提高效率。

（4）在绿色施工方面

碧水湾Ⅱ期项目遵循绿色建筑中关于施工管理方面的要求，具体措施包括：全部硬化的施工现场道路，在车辆冲洗台附近满铺钢板，而钢板材料可循环再利用达到节材的目的；施工电梯在保证安全施工等条件下靠近主楼安装，尽量减少搭设距离；电气管线一次埋设到位，减少二次开槽施工；采用定型化铝模快拆体系施工；使用定型化围挡、防护棚、加工棚、休息厅等。通过以上绿色施工措施的保障，该项目结构热工性能的权衡判断结论为建筑的各项指标均已达到《陕西省居住建筑节能设计标准》（DBJ61－65－2011）的要求①。

（5）在经济效益方面

①碧水湾Ⅱ期项目实施绿色二星级项目标准增加成本 100 万元，占总产值的比重为 0.97%，其中一次性耗损成本为 40 万元，可多次使用成本为 60 万元。

②碧水湾Ⅱ期项目实施绿色二星级项目标准节约成本为 520 万元，占总产值的比重为 5.0%，其中环境保护措施节约成本 10 万元，节材措施节约成本 490 万元，节水措施节约成本 5 万元，节能措施节约成本 10 万元，节地措施节约成本 5 万元②。

2. 绿色建筑技术在陕西省房地产开发中的应用

现阶段，我国房地产开发中绿色建筑的发展水平与发达国家相比仍存在较大差距：建筑能耗仍然较大，特别是建筑材料耗能高；预制构件及装

---

① 田天、杜迪：《西安西港“碧水湾Ⅱ期”绿色建筑二星级示范项目的实践与思考》，《建设科技》2019 年第 7 期，第 48～53 页。

② 田天、杜迪：《西安西港“碧水湾Ⅱ期”绿色建筑二星级示范项目的实践与思考》，《建设科技》2019 年第 7 期，第 48～53 页。

配式建筑数量较少；施工工艺水平仍较为落后，这也造成建筑绿色性能的不足。

结合陕西省房地产发展现状，建筑节能与能源的合理利用仍然是绿色建筑发展的主要内容。然而目前结合全省不同地域特征及资源状况发展合理建筑能源的实践仍有待补充。在陕西省城市能耗构成中，可再生能源如太阳能、风能、地热能等的实际应用率还比较低。在建筑项目中，其相关房屋保温性能提高、热损失降低、碳排放减少仍是业界关注的重点问题。另外，陕西省房地产开发中对被动式绿色技术重视程度不足。目前在建筑项目中较为重视依靠人工设备的主动式绿色技术，而对于较多依靠设计的被动式绿色技术使用要求较少。其原因有建筑相关单位在从规划到设计过程中对被动式设计的忽视，也存在开发商为迎合人群非环保消费而增加主动式设备。

从碧水湾Ⅱ期二星级绿色建筑项目中，我们看到了一些常见绿色建筑技术的应用，但是并不够完善，适宜性与系统性、地域性未全面体现。对此，在今后的发展中应注重以下几个方面。

（1）提高绿色建筑技术在前期规划和设计方面的应用

在绿色建筑设计和规划阶段，就要加强对相关内容的把控，需要基于绿色建筑设计理念，明确绿色建筑设计的要点。在建筑造型设计时，控制体型系数，通过减少体型系数达到节能的目的。同时，良好的设计规划非常重要。进行小区规划时，需在可持续的理念下平衡好各方面的条件要求。项目选址要综合分析地形、地貌和风向等要素，优先考虑满足日照、通风等要求，统筹优化考虑整体开发项目的朝向、密度、层数、容积率等，减少能源消耗与环境污染（见表1）。

（2）因地制宜选择合理的绿色建筑技术

绿色建筑技术在房地产开发中要注重结合项目所在地的自然环境，充分考虑当地自然资源条件（如地形、风、光照、水、植被等），并结合当地文化风俗与社会经济发展的状况选择合理适宜的绿色建筑技术。特别值得指出的是，当前绿色建筑中使用者的健康与舒适已成为关注重点。因此，建筑材料及装饰的选择、室内环境质量会是以后绿色建筑品牌的关键。需要合理选

表1 住宅建筑日照标准

建筑气候区划	Ⅰ、Ⅱ、Ⅲ、Ⅳ气候区		Ⅳ气候区		Ⅴ、Ⅳ气候区
城区常住人口(万人)	≥50	<50	≥50	<50	无限定
日照标准日	大寒日			冬至日	
日照时数(h)	≥2	≥3		≥1	
有效日照时间带(当地真太阳时)	8时~16时			9时~15时	
计算起点	底层窗台面				

注：底层窗台面是指距室内地坪0.9m高的外墙位置。

资料来源：中华人民共和国住房和城乡建设部：《城市居住区规划设计标准：GB50180~2018》，中国建筑工业出版社，2018。

用绿色建材与家具，减少对室内空气的污染及对人体的损害。在建筑施工及运用管理中，也要注重降低对人体健康的不良影响，减少对环境的污染。

（3）推动可再生能源的利用及建筑智能化

可再生能源的利用是当前房地产开发中关注的一大热点，其中应用较多的可再生能源包括太阳能、风能和地热能等。绿色建筑中针对太阳能的利用最为广泛，特别是在日照资源丰富的地区，太阳能热水系统、太阳能光伏系统的综合应用是开发热点。另外，地源热泵技术由于节能效果显著也是房地产项目应用的另一大热点。在地热资源丰富地区，将地源热泵技术与建筑智能信息系统相结合，可以充分合理地利用地表层储能提高建筑节能性能与热舒适度，实现建筑智能化与绿色化的结合。

三 展望与建议

据陕西省住房和城乡建设厅《建筑节能工作三年专项行动方案》，到2020年，全省工程建设模式有效转变，绿色建筑占比达到50%，重点地区装配式建筑占新建建筑的比例达到20%，建筑能源利用效率有效提升，清洁可再生能源应用增长15%以上。

陕西省国家机关办公建筑和政府投资的学校、医院、博物馆、科技馆、体育馆等公益性建筑、大型公共建筑、建筑面积10万平方米以上的居住小区、城市新区及绿色生态城区的民用建筑，严格按照绿色建筑标准进行建设，其中西安市2万平方米以上的新建公共建筑、政府财政性资金投资的新建改建扩建建筑、20万平方米以上新建居住小区，要把二星级绿色建筑作为基本要求。预计2020年，绿色建筑占新建建筑的比例，西安市、宝鸡市、咸阳市、杨凌示范区达到60%，西咸新区达到70%。

我们需要借鉴国内外成功的绿色建筑技术与开发经验，结合陕西省自身的经济发展水平与房地产开发市场状况，在合理适当地引进先进绿色建筑技术的同时，加大开发适宜陕西省的绿色建筑技术与品牌，建立自己完整的绿色建筑产业链条，盘活绿色建筑产业市场，以绿色建筑产业市场引领绿色建筑革命，实现在技术上由引进到研发再到弯道超车的目的。

在陕西省绿色建筑发展的进程中，首先，需要构建高效的绿色建筑市场机制。在政府政策的宣传推动下，可以利用金融、税收、补贴相结合的方式来提高建筑业界相关参与者的积极性。可以通过有效的奖惩激励方案对表现好的单位进行荣誉授予和经济扶持，对表现差的单位给出相应的处罚以示警告。同时也需要根据当地特点出台相应的扶持政策，结合其实际情况，对其绿色建筑开发成本予以适当调整①。

其次，因地制宜，根据陕西省特有资源环境和经济发展条件，加大绿色建筑产品的开发力度。结合不同地域特征，促进当地绿色建筑发展，提出绿色建筑产品相关概念，明确开放产品的市场定位，并积极结合当今信息时代大数据背景下的方法流程，将绿色品牌作为整个产品开发设计产业链的重点和研发方向，实现绿色建筑产品的经济收益提升。

再次，结合BIM与装配式建筑的发展，延伸陕西省绿色建筑相关产业链。可以将预制装配式混凝土技术引入绿色建筑的BIM之中，促进全省装配式建筑的发展，实现BIM技术与装配式建筑工程建设的融合。有效支持

---

① 张爱芳、蒋春霞：《绿色建筑的发展与挑战》，《住宅与房地产》2017年第32期，第76，179页。

建筑装配化技术企业的发展，大力倡导传统开发建设生产企业以装配式建筑产业化为目标的转型升级①。

最后，强化对绿色建筑相关产品标准的研发及推广，引导企业标准与地方行业标准的接轨。在相关产品的概念研发阶段就引入了可持续理念，强化绿色标签对品牌效应的影响，并加大相关产品标准的研究与市场宣传推广力度，推动绿色建筑行业标准化与规范化发展。

绿色建筑开发能否在陕西省真正全面推广，房地产开发企业的绿色转型能否成功，需要建筑相关不同背景人群对于绿色可持续观念的认同与正确理解，需要营造良好的市场与社会氛围，创造出绿色舒适健康的生活。

① 王攀：《陕西绿色建筑现状分析及发展措施建议》，《陕西水利》2019 年第 2 期，第 210 ~ 211，214 页。

B.11 陕西省房地产市场不确定性分析

任洪浩　袁小静　张　婷*

摘　要： 房地产业对陕西省经济的发展起着举足轻重的作用。本文从陕西省及各市商品房销售面积、销售均价和房地产投资额出发，以陕西省年鉴的数据为基础，以波动离差率为衡量指标对陕西省房地产市场不确定性进行分析。结果表明，2013～2018年陕西省房地产市场不确定性较低。政策的不确定性、经济发展的不确定性及人口的波动是房地产市场不确定性的主要影响因素。应审慎调整政策以保持房地产市场稳定。

关键词： 房地产市场　不确定性分析　波动离差率

一　房地产市场的不确定性

不确定性是指经济主体对于未来的经济状况（尤其是收益和损失）的分布范围和状态不能确知。对这一概念进行延伸，本文将房地产市场的不确定性定义为房屋作为一种商品，其市场情况波动变化，使房地产开发公司、相关金融机构和商品房购买者未来的收益和损失产生不确定性。分析房地产市场的不确定性，有助于房地产开发公司、相关金融机构和商品房购买者有

* 任洪浩，博士，西北工业大学副教授，主要研究方向为房地产经济、城市经济；袁小静，西北工业大学硕士研究生，主要研究方向为公共经济学；张婷，博士，西北工业大学副教授，主要研究方向为公共经济学。

效规避风险，最大化收益。同时，分析房地产市场的不确定性，有助于减少地方经济发展的波动性，促进经济平稳健康发展。本文从商品房销售面积、商品房销售均价以及房地产投资额等三个方面着手，以波动离差率表征房地产市场的不确定性，对2009～2018年的陕西省房地产市场进行评价，并提出对策建议。

波动离差率的计算分为两部分。首先，以4年移动平均增长率表示房地产的变动率，估计商品房销售面积、商品房销售均价以及房地产投资额的预期值，其计算方式如下：

$$I_t' = I_{t-1} * (1 + w_t)$$

其中，I_t' 表示第 t 年商品房销售面积、商品房销售均价或房地产投资额的预期值；I_{t-1} 表示第 $t-1$ 年商品房销售面积、商品房销售均价或房地产投资额实际值；w_t 表示第 t 年预期增长率。

其次，在计算得到预期数值后，以实际值和预期值的差值表示预期之外的波动，并将这一差值定义为波动离差。进而将波动离差除以预期值，计算得出波动离差率，其计算方式如下：

$$R_t = (I_t - I_t')/I_t'$$

二　陕西省房地产市场的不确定性

（一）商品房销售量的不确定性

1. 陕西省及各市（区）商品房销售量

2009～2018年陕西省商品房销售面积总体呈上升趋势。商品房销售面积从2009年的2086.92万平方米上升到2018年的4118.56万平方米，上涨幅度达97%。2012年、2015年出现两次小幅下降，分别较前一年下降了296.18万平方米和104.70万平方米。2009～2011年及2016～2018年商品房销售面积以较高的速度增长（见图1）。

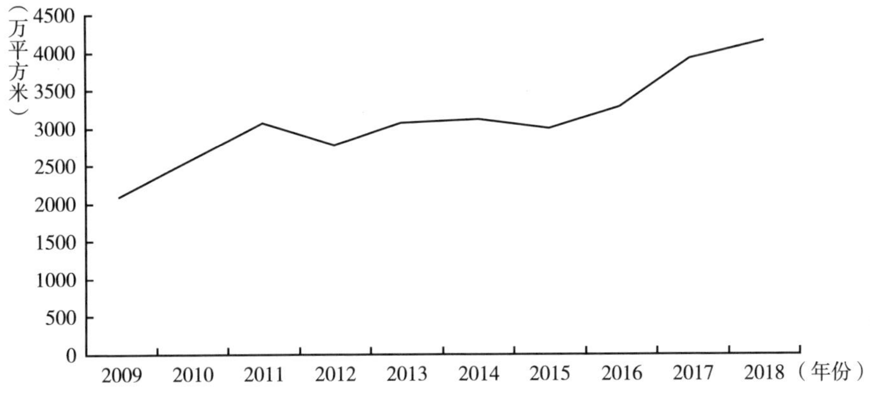

图 1 2009～2018 年陕西省商品房销售面积

资料来源：《陕西省统计年鉴》（2010～2019）。如无特殊说明，本文资料均来源于此，不再赘述。

与陕西省商品房销售趋势相同，2009～2018 年陕西省各市（区）商品房销售面积在波动中上涨。西安市商品房销售面积从 2009 年的 1256.02 万平方米上升到 2018 年的 2713.46 万平方米，上涨了 116%。相较于 2011 年，2012 年西安市商品房销售面积下降 239.11 万平方米，其余年份呈稳定增长趋势（见表 1）。

表 1 2009～2018 年陕西省各市（区）商品房销售面积

单位：万平方米

地区	2009 年	2010 年	2011 年	2012 年	2013 年	2014 年	2015 年	2016 年	2017 年	2018 年
西安市	1256.02	1587.81	1778.02	1538.91	1662.75	1707.71	1763.68	2047.67	2509.78	2713.46
宝鸡市	149.05	198.37	199.37	220.53	242.72	263.19	262.40	287.76	311.38	251.59
咸阳市	129.40	164.51	215.74	139.83	203.90	218.58	225.46	204.75	176.13	150.95
铜川市	36.36	44.02	51.76	26.68	28.28	32.06	30.47	34.77	41.20	54.63
渭南市	100.38	139.72	243.49	257.17	320.96	325.26	220.99	174.48	206.49	252.98
杨凌示范区	17.76	24.21	37.01	49.36	44.80	40.50	39.66	40.40	49.61	61.65
延安市	83.54	20.28	23.98	41.51	52.16	58.44	55.58	66.57	128.87	92.76
安康市	103.13	119.05	133.14	121.69	120.63	133.39	127.26	135.98	144.57	152.35
汉中市	145.17	165.34	216.45	185.02	164.35	127.16	124.70	141.83	168.54	206.46
榆林市	83.54	92.32	96.82	121.95	139.10	106.76	52.01	55.79	79.98	106.62
商洛市	27.41	34.56	43.60	52.95	66.07	75.61	76.72	72.59	73.87	75.13

2. 陕西省及各市（区）商品房销售面积的不确定性

（1）陕西省 2013～2018 年商品房销售面积的不确定性

根据前文所述波动离差率的计算公式，计算得到陕西省 2013～2018 年商品房销售面积的不确定性。陕西省 2013～2018 年商品房销售面积的不确定性呈现无规律的波动。2013 年陕西省商品房销售面积的不确定性最低，为 -0.002。2014 年与 2015 年均呈现向下的风险，分别为 -0.044 与 -0.045，2016 年与 2017 年则呈现向上的风险。尤其是 2017 年，商品房销售面积的不确定性达到 0.164。2018 年不确定性变为 -0.023。除 2017 年外，陕西省房地产销售面积的不确定性在正负 0.100 以内，这表明陕西省在这些年份商品房销售面积与预测值相差甚微，市场不确定性较低，市场潜在风险较小（见表 2）。

表 2　2013～2018 年陕西省商品房销售面积的不确定性

年份	商品房销售面积预测值（万平方米）	商品房销售面积实际值（万平方米）	不确定性
2013	3051.64	3045.71	-0.002
2014	3234.98	3093.64	-0.044
2015	3118.36	2978.94	-0.045
2016	3062.30	3262.70	0.065
2017	3343.09	3890.40	0.164
2018	4215.33	4118.56	-0.023

（2）陕西省各市（区）商品房销售面积的不确定性

2013～2018 年，陕西省各市（区）商品房销售面积均存在不确定性，且不确定性存在较大的区域性差异。在 11 个市（区）中，西安市、安康市、商洛市商品房销售面积稳定性最高。2013～2018 年，其不确定性波动较小，且不确定性的绝对值均小于 0.200。宝鸡市、咸阳市、铜川市、渭南市、杨凌示范区、汉中市 6 市（区）商品房销售面积的不确定性呈现较大幅度的波动，但其不确定性的最高值始终小于 0.500。榆林市和延安市房地产销售面积的不确定性波动幅度最大。其中，榆林市商品房销售面积的不确定性在2015年为 -0.539，但在2017年达到0.848。延安市商品房销售面积的不确定性在2017年达到0.776，在2018年变为 -0.471（见表3）。

表3　2013~2018年陕西省各市（区）商品房销售面积的不确定性

地区	2013年	2014年	2015年	2016年	2017年	2018年
西安市	-0.002	0.005	0.042	0.109	0.142	-0.051
宝鸡市	-0.041	0.013	-0.091	0.034	0.021	-0.237
咸阳市	0.354	-0.059	-0.026	-0.235	-0.143	-0.082
铜川市	0.096	0.236	0.052	0.089	0.102	0.214
渭南市	-0.107	-0.249	-0.386	-0.195	0.430	0.386
延安市	0.194	-0.194	-0.305	0.080	0.776	-0.471
安康市	-0.067	0.097	-0.049	0.051	0.019	0.025
汉中市	-0.193	-0.240	0.169	0.291	0.233	0.111
榆林市	0.002	-0.332	-0.539	0.343	0.848	0.336
商洛市	0.002	-0.078	-0.156	-0.167	-0.017	0.024
杨凌示范区	-0.356	-0.281	-0.066	0.095	0.269	0.156

（二）商品房销售价格的不确定性

1. 陕西省及各市（区）商品房销售价格

2009~2018年，陕西省商品房销售价格总体呈上升趋势。商品房销售价格经历了两次快速上涨。第一次为2009~2011年，销售价格由3223元/平方米上涨到4949元/平方米，上涨54%。第二次为2016~2018年，销售价格由5471元/平方米上涨到8273元/平方米，上涨51%。2011~2016年，陕西省商品房销售价格相对稳定，变化幅度较小（见图2）。

2009~2018年，陕西省各市（区）商品房销售价格总体呈上升趋势。其中，安康市商品房销售价格涨幅最大，2009~2018年上涨了183%。其次为西安市、渭南市与杨凌示范区，三市（区）涨幅均大于160%。宝鸡

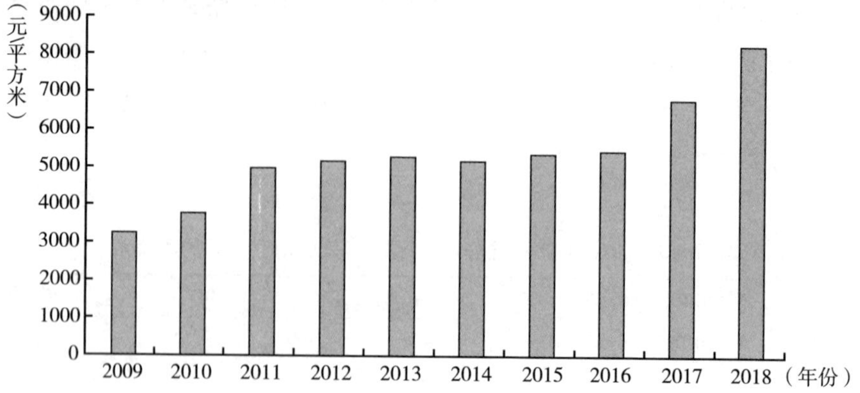

图2　2009～2018年陕西省商品房销售价格

市商品房销售价格涨幅最小，10年间商品房销售价格上涨72%。此外，咸阳市、延安市、榆林市、商洛市等4市商品房销售价格上涨幅度均小于95%。铜川与汉中市商品房销售价格增幅分别为126%和128%。2018年西安市商品房销售价格为10146元/平方米，远高于陕西省其他市（区）（见表4）。

表4　2009～2018年陕西省各市（区）商品房销售价格

单位：元/平方米

地区	2009年	2010年	2011年	2012年	2013年	2014年	2015年	2016年	2017年	2018年
西安市	3890	4453	6138	6613	6693	6446	6502	6579	8460	10146
宝鸡市	2616	2721	3397	3074	3536	3370	3639	3560	3889	4523
咸阳市	2735	3073	3803	3819	4121	4229	4480	4197	4269	5232
铜川市	1785	2288	2823	3081	3181	3122	2811	3284	3353	4027
渭南市	1583	1767	2842	3417	3518	3700	3519	3147	3645	4247
延安市	3193	2849	4264	3330	3165	3173	3968	3375	3972	5786
安康市	1800	2637	3302	3135	3703	3410	3542	3355	3886	5089
汉中市	1918	2594	3010	2927	3216	3169	3287	3533	3622	4379
榆林市	3193	3715	4528	4010	4289	4655	4701	5326	5356	5835
商洛市	1764	2544	2758	3148	2763	2719	2919	3085	3213	3307
杨凌示范区	1419	1751	2782	2842	2575	2779	3237	3240	3511	3804

2. 陕西省及各市（区）商品房销售价格的不确定性

（1）陕西省2013～2018年商品房销售价格的不确定性

2013～2018年陕西省商品房销售价格的不确定性呈现较大幅度的波动变化。2013～2014年，陕西省商品房销售价格的不确定性分别为-0.128和-0.133，房价有向下的风险。2017年则呈现较高的向上的风险（0.235）。2015年、2016年及2018年，销售价格的不确定性较低。尤其是2016年，销售价格的不确定性仅为0.007。整体来看，2013～2018年商品房销售价格的不确定性的绝对值大多小于0.150，表明陕西省商品房销售价格整体比较稳定，只有在2017年商品房销售价格的不确定性高于0.200（0.235），房地产市场的不确定性较高（见表5）。

表5　2013～2018年陕西省商品房销售价格的不确定性

年份	商品房销售价格预测值（元/平方米）	商品房销售价格实际值（元/平方米）	不确定性
2013	6057	5280	-0.128
2014	5953	5159	-0.133
2015	5233	5362	0.025
2016	5435	5471	0.007
2017	5539	6840	0.235
2018	7547	8273	0.096

（2）陕西省各市（区）商品房销售价格的不确定性

与商品房销售面积相似，2013～2018年陕西省各市（区）商品房销售价格均存在不确定性，且不确定性存在较大的区域性差异（见表6）。在11个市（区）中，延安市商品房销售价格的不确定性波动幅度最大。2016年延安市商品房销售价格的不确定性为-0.203，但在2015年达到0.372。榆林市商品房销售价格的不确定性最低。2013～2018年，其不确定性波动幅度较小，且不确定性的绝对值均小于0.080。西安市、杨凌示范区、商洛市等3市（区）商品房销售价格的不确定性呈现较大幅度的波动，其不确定性的最高值接近0.300。渭南市商品房销售价格的不确定性始终保持在较高的水平。2013～2018年，渭南市商品房销售价格的不确定性的绝对值始终在0.110～0.220波动。

陕西省各市（区）商品房销售价格的不确定性在时间上呈现一定的规律性。2013年与2014年，分别仅有宝鸡市与榆林市商品房销售价格均呈现向上的不确定性，其他各市（区）均呈现向下的不确定性。而在2017年，仅有汉中市和榆林市呈现向下的不确定性，其余各市（区）均呈现向上的不确定性。2018年，除商洛市外，其他各市（区）均呈现向上的不确定性（见表6）。

表6　2013～2018年陕西省各市（区）商品房销售价格的不确定性

城市	2013年	2014年	2015年	2016年	2017年	2018年
西安市	-0.157	-0.167	-0.009	0.017	0.293	0.088
宝鸡市	0.080	-0.134	0.077	-0.078	0.088	0.108
咸阳市	-0.038	-0.073	0.022	-0.112	0.010	0.220
铜川市	-0.141	-0.123	-0.130	0.203	0.004	0.166
渭南市	-0.213	-0.178	-0.131	-0.115	0.199	0.164
延安市	-0.100	-0.068	0.372	-0.203	0.138	0.333
安康市	-0.034	-0.183	0.021	-0.095	0.196	0.249
汉中市	-0.054	-0.085	0.018	0.033	-0.007	0.156
榆林市	-0.018	0.026	-0.003	0.074	-0.065	0.038
商洛市	-0.282	-0.049	0.072	0.080	0.003	-0.026
杨凌示范区	-0.293	-0.079	0.162	-0.047	0.002	0.001

（三）陕西省房地产投资的不确定性

1. 陕西省房地产投资

2009～2018年，陕西省房地产投资呈逐年上升的趋势。2009～2013年，陕西省房地产投资增速最高，年均增长速度大于20%。其中，2012年房地产投资增速最快，为30%。2012年之后，房地产投资增速快速回落。2014

年房地产投资增速降为8%。2015年房地产投资增速进一步回落，增速不足3%。自2016年起，房地产投资增速逐年回升。2018年，房地产投资增速达到14%，总投资额为3534.67亿元。

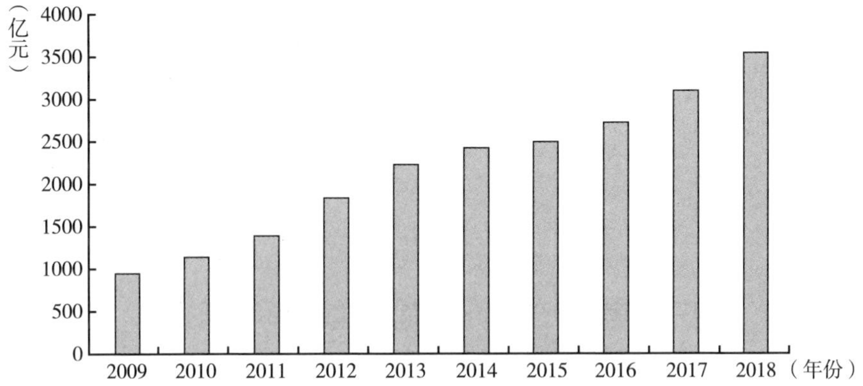

图3　2009～2018年陕西省房地产投资额

2. 陕西省房地产投资的不确定性

2013～2016年，陕西省房地产投资呈现向下的不确定性。其中，2015年不确定性最高（-0.144），2016年不确定性最低（-0.012）。2017～2018年陕西省房地产投资呈现向上的不确定性，不确定性分别为0.060和0.049。总体而言，陕西省2013～2018年房地产投资不确定性均在0.150以内，该结果表明陕西省房地产投资相对稳定（见表7）。

表7　2013～2018年陕西省房地产投资不确定性

年份	陕西省房地产投资预测值（亿元）	陕西省房地产投资实际值（亿元）	不确定性
2013	2292.89	2240.17	-0.023
2014	2791.46	2426.49	-0.131
2015	2915.51	2494.29	-0.144
2016	2769.73	2736.76	-0.012
2017	2926.80	3101.97	0.060
2018	3369.36	3534.67	0.049

就商品房销量面积、销售价格、投资的不确定性而言，2013～2018年陕西省房地产市场的不确定性呈现无规律的波动变化，房地产市场不确定性较低。在11个市（区）中，宝鸡市与商洛市在2013～2018年商品房销售面积和销售价格的不确定性波动范围最小，房地产市场最为稳定。延安市、渭南市、榆林市等三市的不确定性波动范围较大，与其他市（区）相比，房地产市场的不确定性较强。2018年，商洛市房地产市场最为稳定，延安市房地产市场不确定性最高，需要进行调控。

三 房地产市场不确定性的影响因素

（一）政策因素

在房地产市场发展过程中，相关政策的变动导致房地产市场产生不确定性。对房地产市场发展影响最显著的政策包括货币政策、税收政策和房地产政策。税收政策主要是契税和物业税，不同的征收制度和税率在一定程度上影响着房地产市场的发展。税率不确定性导致房地产销售量和销售价格的不确定性。房地产政策的实施也会影响市场的不确定性。例如西安市2017年进行公积金贷款比例调整，加强了居民购买二套房和多套房的条件限制，增加了住房需求的不确定性，进而导致房价和销售量的不确定性。

（二）经济因素

房地产市场作为经济的重要组成部分，在影响经济发展的同时，也受到经济发展的影响。经济发展速度较快，居民用于购买住房的资金较为充裕，房地产市场需求较大，房地产市场发展繁荣。反之，当经济增长速度较慢，房地产市场就相对低迷。因此，经济发展的不确定性导致了房地产市场的不确定性。除此之外，居民收入增长速度的不确定性也会影响房地产市场的发展。居民可支配收入增长速度较高时，居民支付能力强，住房需求增加，带动住房供给，刺激房地产开发商进一步增加商品房的供应量，从而促进房地产市场的进一步发展。而当居民可支配收入增速较低时，对商品房需求量减小，房价、房地产投资额大幅度降低，房地产市场不景气。

（三）社会因素

人口、居民心理等社会因素也会导致房地产市场的不确定。首先，人口规模的不确定性导致住房需求不确定，进而影响房价和房地产投资。人口的流入有效推动住房需求增加、房价上涨，而人口的流出则导致需求和房价的下降。在各地竞相推出人才落户政策后，各地人口规模的变化具有一定的不确定性，导致房地产市场存在不确定性。其次，居民心理也会影响房地产市场的不确定性。不同的主体在不同的经历、年龄、教育、性格、生活环境下，以及由于对房地产市场的了解程度不同，对于房地产市场的发展有着不同的心理预期。当实际水平与自身预期水平相符时，需求和供给更易达到均衡状态，房地产市场发展稳定，而当实际水平与预期相差甚远时，房地产市场的不确定性增加。

四　政策建议

房地产业的平稳健康发展不仅关系着区域经济的健康发展，同时也关系着居民的切身利益。因此，房地产市场是社会各界关注的焦点，也是政府调控的重点。鉴于陕西省房地产市场的不确定性具有地区差异性，各地应采取不同的策略。房地产市场不确定性较低的城市，政府应当保持当前的调控强度，防止政策的不确定导致市场的不确定。同时，适时适当地调整保障性住房建设、增加存量房、保障房地产业信息披露，为房地产业的健康稳定发展保驾护航。而房地产市场不确定性较高的城市，应当调整当前的政策，协调供需双方的关系，稳定市场预期。

参考文献

胡成春、陈迅：《经济政策不确定性、房地产市场与宏观经济波动——基于 GVAR 模型的区域差异研究》，《经济问题探索》2019 年第 8 期，第 26 ~ 36 页。

惠之瑶、闫泽文：《房地产经济不确定性的量化分析研究》，《基建管理优化》2018 年第 4 期，第 44 ~ 48 页。

刘金全、毕振豫：《不确定性会影响货币政策对房价的调控效应吗？——基于 LT - TVP - VAR 模型的实证检验》，《财经论丛》2018 年第 10 期，第 35 ~ 44 页。

王纯刚：《房地产投资不确定性研究分析》，《住宅与房地产》2016 年第 3 期，第 11 页。

吴佳：《预期、政策不确定性与上海房价波动》，《上海经济》2019 年第 4 期，第 34 ~ 46 页。

Ren H. , Folmer H. , Van der Vlist A. J. , "What role does the real estate-construction sector play in China's regional economy?", *The Annals of Regional Science*, 2014, 52 (3): 839 - 857.

区 域 篇

Regional Reports

B.12 2018~2019年西安市房地产业发展报告

陈英 王峰*

摘 要： 随着西安市房地产不断深化供给侧改革，房地产业保持了平稳较快的发展，同时也带动与之相关的消费主体发展变化，市场结构、管理方式、产业链条等发生了深刻变化。本文就2018年西安市房地产业的投资环境、供求结构、发展现状对西安市经济的影响展开分析，并对2019年西安市房地产市场发展需求趋势进行预测。

关键词： 西安市 房地产业 商品住宅

* 陈英，西安市统计局投资处处长，主要研究方向为投资、房地产开发、建筑业；王峰，西安市统计局一级主任科员，主要研究方向为房地产开发。

一　房地产发展现状

从2016年开始，西安房地产市场表现活跃，投资量、施工面积、销售面积、到位资金等指标快速增长，商品房“去库存”取得显著成效。2018年，根据支出法GDP核算，房地产业实现增加值643.18亿元，占GDP比重为7.7%，成为支撑全市经济稳定增长的重要产业之一，有效带动了工业、建筑业、金融保险业等相关行业不断发展壮大。随着房地产供给侧结构性改革的不断深入和完善，当前及今后一段时期，西安市继续坚持中央“房子是用来住的，不是用来炒的”和“坚决遏制房价上涨”发展观念，按照“稳地价、稳房价、稳预期”的目标，因城施策，分类指导，推进房地产业健康发展。

（一）房地产开发企业状况

1. 房地产开发企业基本情况

2018年以来，在各项利好政策助力下，西安市房地产业蓬勃发展，房地产开发企业数量和开发项目不断增加。2018年，西安市具有开发项目的房地产开发企业为（以下简称房地产开发企业）1129家，较上年增加85家，同比增长8.1%；开发项目达1241个，较上年增加58个，同比增长4.9%。2019年1～9月，西安市房地产开发企业达1152家，同比增长0.6%；开发项目为1195个，同比增长1.9%。

从企业资质情况看，三级资质及以下企业占主导。2018年房地产开发企业中，一级资质企业为21家，二级资质企业为144家，三级资质及以下企业为964家，较2017年分别增加2家、1家和82家，占比分别提高0.1个百分点、下降0.9个百分点和提高0.9个百分点。2019年1～9月，房地产开发企业中，一级资质企业为20家，二级资质企业为137家，三级资质及以下企业为995家。

从企业规模情况看，中型、小型及微型企业占九成以上。2018年房地产开发企业中，大型企业为4家，占比为0.4%；中型企业为451家，占比为39.9%；小型企业为100家，占比为8.9%；微型企业为574家，占比为50.8%，较2017年分别增加1家，减少59家，减少5家，增加121家（见表1）。2019年1～9月，房地产开发企业中，大型企业为5家，中型企业为424家，小型企业为87家，微型企业为636家。

表1　2018年西安市房地产开发企业基本情况

企业分类	企业总数	一级	二级	三级及以下
企业个数(家)	1129	21	144	964
占比(%)	—	1.9	12.8	85.4
期末从业人员(人)	45911	5629	9391	30891
占比(%)	—	12.3	20.5	67.3
企业分类	企业总数	大型	中型	小型及微型
企业个数(家)	1129	4	451	674
占比(%)	—	0.4	39.9	59.7
期末从业人员(人)	45911	527	26776	18608
占比(%)	—	1.1	58.3	40.5

从企业控股来看，民营企业成为主力。2018年房地产开发企业中，国有控股185家，同比增长22.5%，占比为16.4%；集体控股16家，下降5.9%，占比为1.4%；私人控股821家，同比增长4.7%，占比为72.7%；港澳台商控股18家，同比增长12.5%，占比为1.6%；外商控股8家，下降27.3%，占比为0.7%；其他控股81家，同比增长24.6%，占比为7.2%。2019年1～9月，房地产开发企业中，国有控股188家、集体控股13家、私人控股843家、港澳台商控股18家、外商控股7家、其他控股83家。

2. 企业人员构成情况

随着西安市房地产业的快速发展，从业人员有所增加。2018年，房地产业城镇非私营单位从业人员为78113人，较2017年增长3.5%。房地产业从业人员占第三产业全社会从业人员的比重为2.1%，与2017年基本持平。其中，女性从业人员32799人，较2017年增长5.9%。女性从业人员占全部房地产业城镇非私营单位从业人员的比重为42.0%，较2017年提高0.9个百分点。

3. 企业经营情况

2018 年房地产开发企业经营数据显示，房地产开发企业资产总计为 11691.27 亿元，较 2017 年增加 2482.75 亿元，同比增长 27.0%，增速较 2017 年同期回落 5.2 个百分点。企业负债总计为 10180.27 亿元，同比增长 27.9%，负债占总资产比重为 87.1%，较 2017 年提高 0.7 个百分点，企业负债占比增加，经营风险加大。主营业务收入为 1260.35 亿元，同比下降 16.0%，增速较 2017 年同期回落 28.1 个百分点，其中商品房销售收入为 1201.51 亿元，下降 17.3%，增速较 2017 年同期回落 29.3 个百分点，下拉主营业务收入 16.7 个百分点。完成利润总额 93.12 亿元，同比下降 39.5%，增速较 2017 年同期回落 152.5 个百分点。

（二）房地产开发市场状况

城市化进程加快，尤其是 2017 年以来，“三大新政”为西安市引资引智、聚力聚智，“三大革命”和“三个年活动”明显改善西安市营商环境，增强“西引力”，人口、资金、项目、市场主体等要素快速聚集，2018 年西安市常住人口总量首超千万，为西安市房地产业持续健康发展增添了新动力。2019 年，受经济下行压力影响，以“稳地价、稳房价、稳预期”为目标的房地产市场调控步入调整期。

1. 开发土地供应情况

2018 年，西安市土地交易量持续保持热度，其中，中心城区上半年土地市场供应受政策影响出现短期缩量，下半年逐月补量，年末出现“翘尾”。西安市（大西安全域，含中心城区、远郊区及西咸新区）招拍挂市场成交各类建设用地 458 宗 33925.97 亩。其中，商业用地 5907.87 亩、居住用地为 11594.52 亩。2019 年 1 ~ 9 月，西安房地产供应住宅用地 211 宗 11490 亩。其中，普通商品供应住宅用地 157 宗 8010 亩。

2. 房地产开发投资情况

2013 ~ 2018 年西安市房地产开发投资总量稳步递增，增速呈现“先降后稳再趋缓”的态势。2018 年完成投资 2518.01 亿元，同比增长 7.9%，增速较上年回落 11.4 个百分点。从 2013 年开始，房地产开发投资占西安市投资的比重均超过三成，是西安市投资活动中最活跃、最重要的部分（见图 1）。

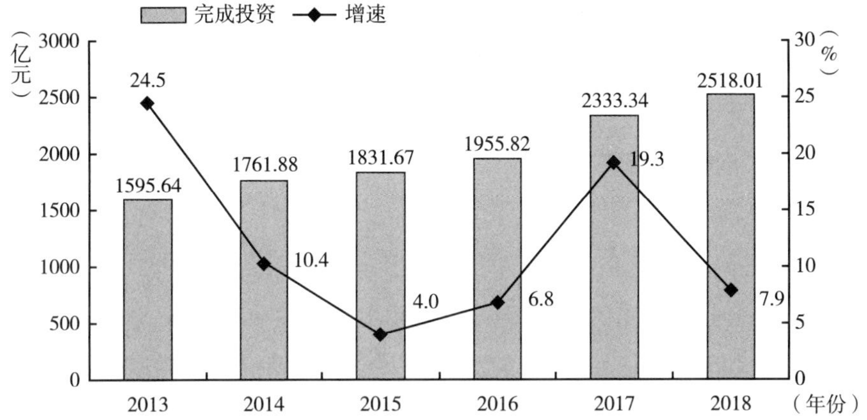

图 1　2013～2018 年西安市房地产开发投资总量及增速

2019 年，受经济下行压力影响，西安市房地产开发投资结束了连续 31 个月的增长，同比增速从 6 月开始出现下降，平均降幅在 3.0 个百分点上下。1～9 月，西安市房地产开发完成投资 1813.50 亿元，同比下降 2.4%，增速较上年同期回落 14.0 个百分点。其中，建安工程完成投资 1328.56 亿元，增长 2.1%，增速较上年同期提高 4.9 个百分点；以土地购置费为主的其他费用完成投资 464.27 亿元，下降 12.1%，增速较上年同期回落 97.7 个百分点，下拉房地产开发投资 3.4 个百分点，下拉明显。

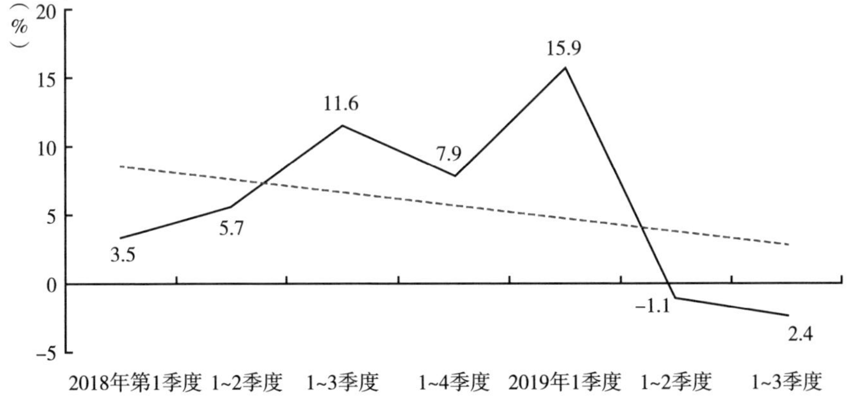

图 2　西安市房地产开发投资增速趋势

3. 民营企业投资情况

2018 年，参与西安市房地产开发的民营企业为 991 家，较上年同期增加 120 家，同比增长 13.8%，占全市房地产开发企业的比重为 87.8%，较上年提高 4.4 个百分点。民营房地产开发企业完成投资 2041.05 亿元，增长 18.5%，占全市房地产开发投资的比重为 81.1%，占比较上年提高 7.3 个百分点。民间投资占比逐步提升，表明民间资本参与房地产市场开发程度日渐加深。

2019 年 1 ~9 月，参与西安市房地产开发的民营企业为 927 家，占全市房地产开发企业的比重为 80.5%，占比较上年同期回落 0.6 个百分点。完成民间投资 1299.85 亿元，下降 6.1%，增速较上年同期回落 22.6 个百分点，下拉全市房地产开发企业完成投资 4.6 个百分点。

（三）商品房销售状况

1. 销售量情况

伴随着房地产开发投资的稳步增长，商品房销售市场日趋活跃。2016 年在全国楼市热带动下，当年销售面积超过 2000 万平方米（2047.67 万平方米）；2017 年，在“人才新政”等利好政策下，商品房销售火爆，销售面积突破 2500 万平方米（2509.78 万平方米）。步入 2018 年，西安从“限购、限贷、限价、限售、限商”等方面加大房地产市场调控力度，房地产开发市场进入“调控限购”后时代，商品房销售市场逐步趋于理性，达到 2713.46 万平方米，创历史新高，较 2016 年和 2017 年分别增长 32.5% 和 8.1%（见图 3）。

在经历了 2017 ~2018 年的商品房销售旺季后，2019 年西安商品房销售市场趋向理性。2 月开始商品房销售面积出现负增长，虽然 3 月有所回暖，但随后各月均呈现负增长趋势。1 ~9 月，商品房销售面积为 1781.93 万平方米，下降 5.1%，增速较上年同期回落 16.3 个百分点，增速分别低于全国、全省 5.0 个和 10.1 个百分点。从期现房销售面积情况看，期房销售面积为 1662.97 万平方米，增长 3.7%，增速较上年同期回落 9.6 个百分点，

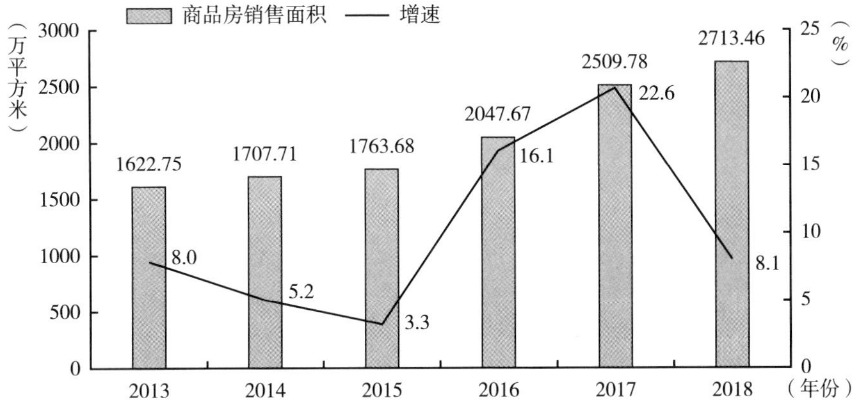

图3　2013~2018年西安市商品房销售面积及增速趋势

占全市商品房销售面积的比重为93.3%，占比较上年同期提高7.9个百分点。现房销售面积为118.96万平方米，下降56.5%，增速较上年同期回落73.4个百分点（见图4）。

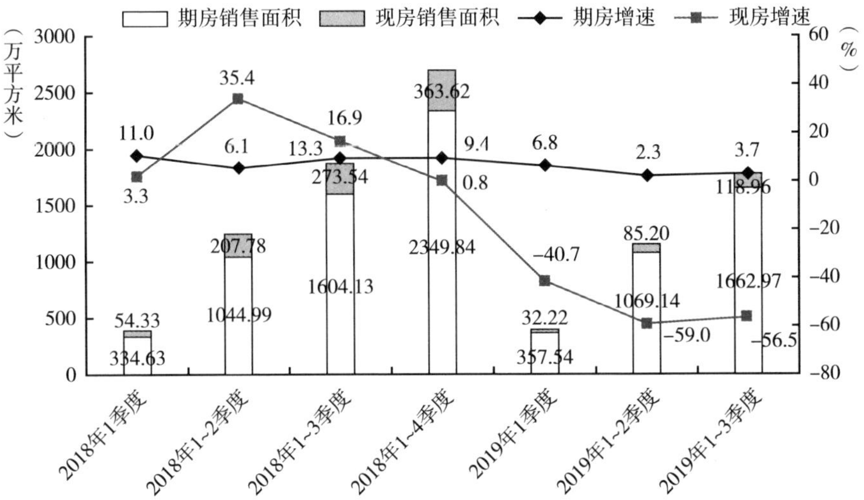

图4　2018年至2019年第三季度西安市期现房销售面积及增速趋势

2. 销售额涨幅情况

随着市场起伏，年度间涨幅波动使住宅建设用地地价水平值扩大。西安市住宅建设用地地价水平值从 2015 年的 5484 元/平方米提高到 2017 年的 6563 元/平方米和 2018 年的 8205 元/平方米。地价增长率从 2015 年的 3.0%左右提高到 2017 年的 17.3%和 2018 年的 25.0%。2018 年 10 月，房地产开发市场严格调控的效果显现，商品房销售额增速开始回落，从 2017 年 50% ~60%的月度平均涨幅，回落到 2018 年 30% ~45%的月平均涨幅。2018 年商品房销售额同比增长 27.0%，增速较上年回落 25.7 个百分点。

2019 年 1 ~9 月，西安市商品房销售额为 2048.66 亿元，增长 7.4%，增速较上年同期回落 33.9 个百分点。其中，商品住宅销售额较 2018 年回落 33.0 个百分点，增速较上年同期回落 21.2 个百分点。

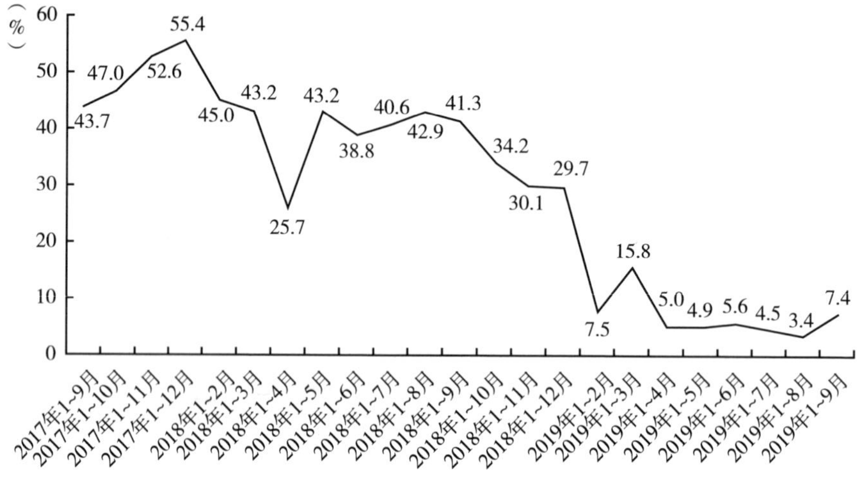

图 5　2017 年 9 月至 2019 年 9 月西安市商品房销售额增速趋势

（四）投资和销售结构状况

从投资和销售结构看，住宅仍占主导地位。2018 年，住宅投资为 1655.39 亿元，占房地产开发投资的 65.7%；其次是商业营业用房和其他，均占 13.0%；办公楼占 8.3%。商品住宅销售面积为 2221.27 万平方米，占全部房地产销售面积的比重为 81.9%；其次是办公楼占比为 7.8%；商业营业用房和其他分别占比 6.2%和 4.2%。以商品住宅为主的多种经营格局基本形成。

2018 年长安区投资总量首次过百亿元，蓝田县投资增速超过 300%；临潼区、蓝田县商品房销售面积增长加速，增速分别为 57.1% 和 37.3%，居各区县前两位。开发区域已由主城区、开发区为主开始逐步向远郊区、县域拓展（见表 2）。

表 2　2018 年西安市各地区房地产开发投资和销售情况

地区	完成投资额			商品房销售面积		
	总量(亿元)	增速(%)	占比(%)	总量(万平方米)	增速(%)	占比(%)
西安市	2518.01	7.9	—	2713.46	8.1	—
新城区	27.76	-73.5	1.1	42.43	-10.4	1.6
碑林区	37.02	-52.1	1.5	72.16	-32.8	2.7
莲湖区	160.79	-0.9	6.4	121.59	-5.2	4.5
灞桥区	82.80	46.8	3.3	126.55	25.7	4.7
未央区	105.63	24.1	4.2	103.12	-11.6	3.8
雁塔区	143.25	11.8	5.7	187.19	36.6	6.9
阎良区	12.22	-6.0	0.5	23.43	2.1	0.9
临潼区	25.71	13.2	1.0	46.68	57.1	1.7
长安区	111.41	27.5	4.4	178.83	5.0	6.6
高陵区	50.73	-11.5	2.0	104.40	1.2	3.8
鄠邑区	15.29	-6.9	0.6	38.23	-16.4	1.4
蓝田县	10.18	307.8	0.4	18.95	37.3	0.7
周至县	4.02	-47.1	0.2	9.78	-12.8	0.4
西咸新区	519.39	104.4	20.6	237.35	115.6	8.7
高新区	283.62	-17.6	11.3	275.44	15.0	10.2
经开区	172.70	-36.2	6.9	274.35	-3.3	10.1
曲江新区	319.68	19.6	12.7	357.18	-7.9	13.2
航空基地	25.30	15.1	1.0	8.84	39.0	0.3
航天基地	97.33	1.4	3.9	112.37	7.7	4.1
浐灞生态区	238.62	3.7	9.5	308.83	1.9	11.4
国际港务区	74.56	164.4	3.0	65.74	62.4	2.4

2019 年 1～9 月，商品住宅完成投资 1327.85 亿元，增长 7.0%，增幅较上年同期回落 2.9 个百分点，占房地产开发投资的比重由上年同期的 66.8%提高到 73.2%。商品住宅销售面积为 1458.06 万平方米，下降

5.3%，增速较上年同期回落8.9个百分点，占商品房销售面积比重由上年同期的82.0%提高到86.5%。

（五）房屋施工进展状况

随着西安市房地产开发市场环境不断向好，2018年，房屋新开工面积为2899.24万平方米，增速从第一季度的负37.7%提高到第三季度末的3.6%，直到全年的10.6%，增速较上年提高21.9个百分点。房屋施工面积为16044.57万平方米，增长1.3%，房屋施工面积增速也结束了连续10个月的负增长。

2019年1~2月，受冬防期“禁土令”影响，房屋新开工施工面积进度减缓，随着房地产开发市场恢复常态，增速开始加快。1~9月，西安市房屋施工面积总量达16400.32万平方米，同比增长9.4%，增速较上年同期增长8.0个百分点。其中房屋新开工面积2149.94万平方米，增长10.4%，增速较上年同期提高6.8个百分点。从施工结构看，房屋住宅施工面积增速均高于房屋施工面积增速，房屋住宅施工面积同比增长12.7%，高于全市房屋施工面积增速3.3个百分点（见图6）。

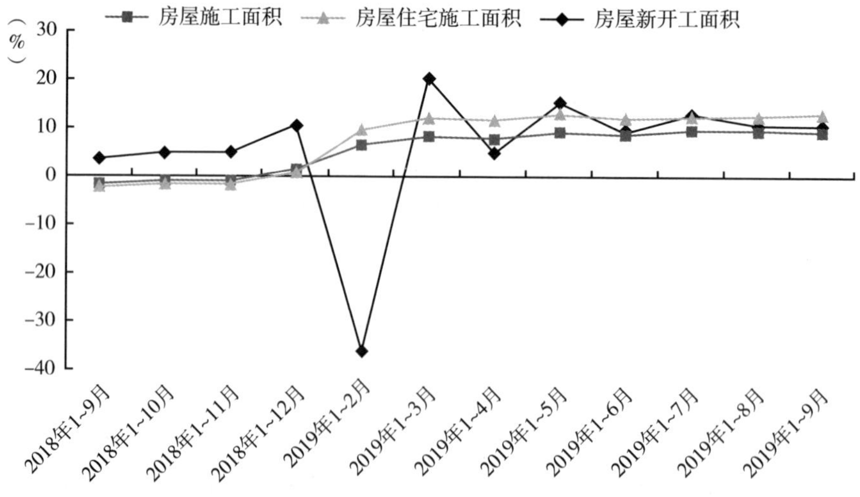

图6　2018年9月至2019年9月西安市房屋施工面积增速趋势

（六）资金保障状况

近几年，西安市房地产开发实际到位资金逐年增加。2017 年突破 3000 亿元，2018 年达到 3426.40 亿元。从资金来源看，2018 年，自筹资金与定金及预收款增长快、占比高，成为西安房地产开发最主要的资金来源。自筹资金为 1506.35 亿元，同比增长 22.3%，占比增长 44.0%；定金及预收款为 1118.67 亿元，同比增长 34.9%，占比增长 32.6%。国内贷款 277.77 亿元，同比下降 15.3%，仅占本年实际到位资金的 8.1%，以前年份占比均在 10% 以上。此外，个人按揭贷款、其他到位资金均出现负增长，同比分别下降 10.5% 和 39.7%。

从资金保障度看（反映房地产市场资金充裕程度，即本年资金来源/本年开发投资），随着房地产市场升温，房地产市场的资金供应面明显好转，2017 年西安市资金保障度为 1.30，2018 年提高到 1.36（见图 7）。2019 年 1~9 月，西安资金保障度为 1.39，较为充裕的资金有力地保障了房地产开发投资。

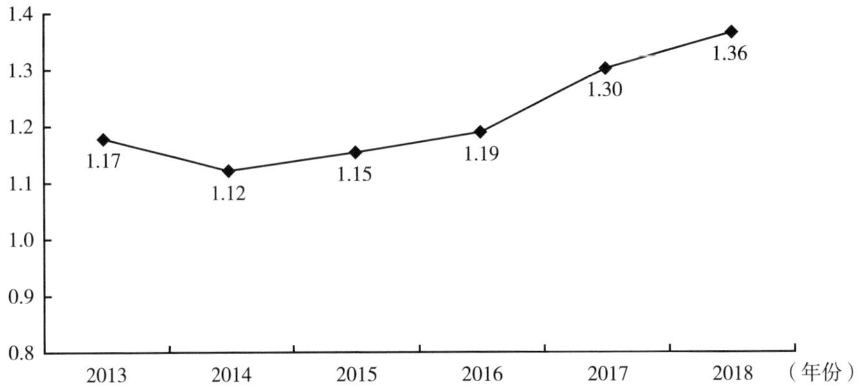

图 7　2013~2018 年西安市资金保障度趋势

定金及预收款和个人按揭贷款是房地产开发企业资金回笼的主要方式。2019 年 1~9 月，西安房地产开发企业本年实际到位资金 2515.11 亿元，同比下降0.4%，增速较上年同期回落17.9个百分点。其中，受利率上浮、公积金贷款审批时间延长、货币化安置鼓励政策取消等影响，定金及预收款下降12.4%，增速同比下降53.8个百分点；个人按揭贷款下降3.0%，降幅同比扩大2.7个百分点（见图8）。

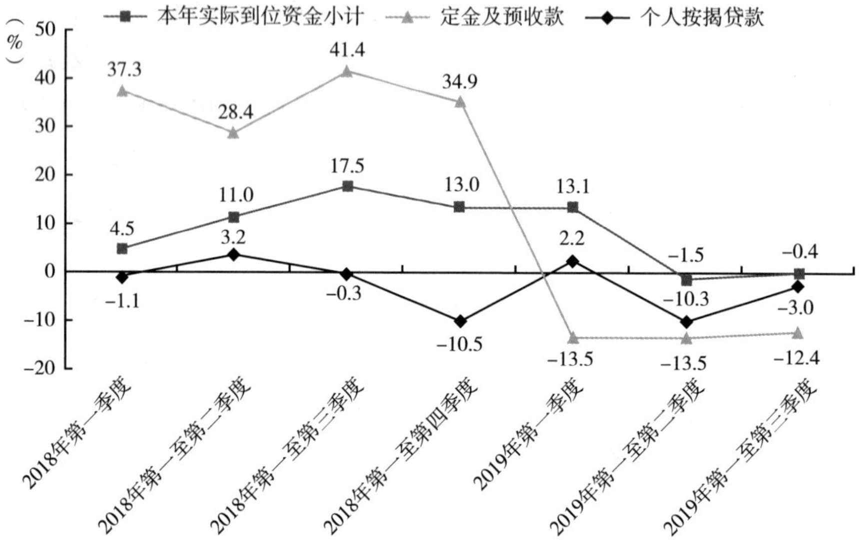

图8 西安市到位资金增速趋势

二 房地产首位情况分析

（一）省内首位优势明显

2018年，西安市房地产开发投资占全省比重为71.2%，商品房销售面积占全省比重为65.9%，商品房销售额占全省比重为80.8%，房屋施工面积占全省比重为65.2%，有效支撑了陕西省房地产开发市场的平稳发展（见表3）。

2019年1~9月，西安市房地产开发投资占全省比重为65.0%，商品房销售面积占全省比重为59.4%。

表3　2018年陕西省各市（区）房地产开发投资、销售、施工比重情况

单位：%

地区	投资比重	商品房销售面积比重	商品房销售额比重	房屋施工面积比重
西安市	71.2	65.9	80.8	65.2
铜川市	0.8	1.3	0.6	2.0
宝鸡市	5.7	6.1	3.3	5.0
咸阳市	3.4	3.7	2.3	3.1
渭南市	4.4	6.1	3.2	5.9
延安市	3.7	2.3	1.6	4.2
汉中市	3.3	5.0	2.7	4.4
榆林市	2.6	2.6	1.8	4.4
安康市	3.7	3.7	2.3	3.6
商洛市	0.6	1.8	0.7	1.5
杨凌示范区	0.6	1.5	0.7	0.7

（二）副省级城市首位靠前

2018年，15个副省级城市中西安市房地产投资总量居第5位，占比为15个副省级城市投资总量之和的9.4%，较杭州约少550亿元，较哈尔滨约多1933.02亿元。商品房销售面积总量居第3位，占比为15个副省级城市总量之和的10.9%，较成都约少969.06万平方米，较厦门约多2184.04万平方米。商品房销售额总量居第6位，占比为15个副省级城市总量之和的7.6%，较武汉约少2027.37亿元，较大连约多1857.2亿元。房屋施工面积总量居第2位，占比为15个副省级城市总量之和的11.5%，较成都约少3469.99万平方米，较大连约多11824.75万平方米。西安以重大项目为招引，不断推进建设进度，为地区经济发展提供坚实底盘（见表4）。

2019年1～9月，在15个副省级城市中西安市房地产开发投资居第7位，占比为15个副省级城市总量之和的8.2%；商品房销售面积居第3位，占比为15个副省级城市总量之和的10.9%。

表4　2018年副省级城市房地产开发总量位次情况

单位：位

城市	房地产开发投资	商品房销售面积	商品房销售额	房屋施工面积
西安	5	3	6	2
杭州	1	5	2	4
武汉	2	2	1	3
广州	3	7	5	5
深圳	4	14	3	11
南京	6	11	7	8
成都	7	1	4	1
宁波	8	6	8	9
青岛	9	4	9	6
济南	10	10	10	7
沈阳	11	8	11	12
厦门	12	15	12	14
长春	13	9	13	10
大连	14	13	15	15
哈尔滨	15	12	14	13

三　房地产发展特征分析

（一）信心指数不断提升

房地产企业景气指数和房地产企业家信心指数是反映房地产市场状况好坏的指标，企业景气指数和企业家信心指数在100以上，表明房地产行业处于景气区间，企业家对房地产行业前景看好。从监测的两大指数看，2016年房地产市场经济向好，两大指数开始提升，超过100.0；2018年第一季度创出新高，企业景气指数和企业家信心指数分别达到132.6和137.9；2019年第三季度，企业景气指数和企业家信心指数分别为128.3和129.4，前三季度基本在130.0左右浮动（见图9）。

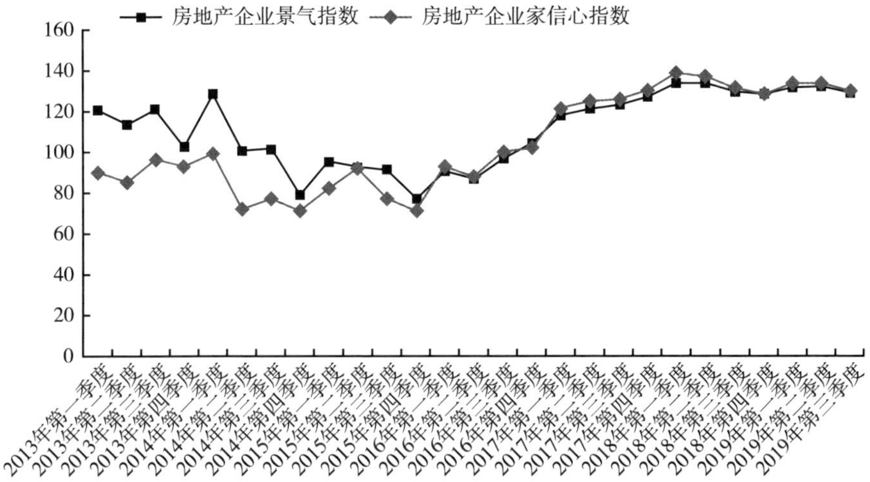

图9　2013年至2019年第三季度西安市房地产市场信心状况趋势

（二）房地产业贡献度提升

随着经济的快速发展，西安市房地产业逐步发展为支撑全市经济增长的重要产业之一，2018年实现增加值643.18亿元，占全市GDP比重为7.7%。2019年1～9月，实现增加值529.51亿元，占全市GDP比重为8.3%，较2018年提高0.6个百分点。房地产业与国民经济许多行业都有着密切的关联性，带动了上下游水泥、钢材、家具、家用电器和音像器材、建筑及装潢材料、房地产物业管理和房地产中介服务等众多产业的发展。2018年，从销售额来看，西安市水泥、家用电器和音像器材增幅较大，分别增长46.0%和15.1%；其次是钢材、建筑及装潢材料，分别增长8.4%和4.4%；家具同比下降0.5%。2019年1～9月，水泥同比增长29.8%；家具同比增长20.8%；家用电器和音像器材同比增长3.1%；钢材同比增长0.4%；建筑及装潢材料同比下降0.9%。2019年1～9月，西安市规模以上物业管理企业为164家，营业利润2.58亿元，同比增长19.5%；规模以上房地产中介服务企业为10家，营业利润0.36为亿元，同比增长4.7%。在带动产业发展的同时，房地产业为社会提供了大量不同层次的就业岗位，有效拉动社会就业。2018 年房地产业从业人员 13.71 万人，较 2017 年增加 1.4 万人。2018 年房产地产业实现税收 162.11 亿元，其中，土地增值税为 64.96 亿元，土地出让收入对地方财政的贡献度明显提升。

（三）房地产开发企业集中度提升

一方面是房地产开发热，孕育了一批新企业；另一方面，在趋严的宏观调控下，房地产行业门槛、集中度进一步提升。截至 2018 年末，西安市具有开发项目的房地产开发企业达 1129 家，在库项目 1241 个。对《西安地产视线》发布的 2018 年商品房销售金额 TOP10 数据粗略计算，前十强房地产开发企业（集团）销售金额占全市比重达 43.2%，商品店销售面积占 30.5%，集中度较 2017 年均有所提高（见表 5）。2019 年 1 ~6 月，西安前十强房地产开发企业实现销售金额 580.92 亿元，前十强的入门门槛是 38.26 亿元，万科集团居首位，实现销售金额 141.69 亿元；其次是绿地控股和金辉集团。前十强房地产开发企业实现销售金额占西安商品房销售金额的 44.5%。本土房地产开发企业“榜上无缘”。

表 5　2018 年西安市商品房销售前十强房地产开发企业

名称	销售金额（亿元）	销售面积（万平方米）	销售套数（套）
万科集团	207.89	165.28	19376
融创中国	181.44	116.41	17823
绿地集团	114.74	100.72	10176
碧桂园集团	108.16	82.6	7224
中海地产	88.64	63.62	6862
中南置地	85.74	79.77	7782
阳光城集团	82.45	69.19	6188
保利地产	81.09	65.71	8016
金辉集团	72.19	52.7	7089
龙湖地产	55.54	40.67	4904

（四）商品房品质明显提升

随着西安市2014年人均GDP突破1万美元，达到中等偏高收入水平，百姓对生活质量需求也不断提升。从住宅开发类型看，改善性大户型住房市场需求旺、销售好，2018年144平方米及以上住宅投资占全部住宅投资的比重为22.1%，其中别墅、高档公寓投资占比为2.4%。2019年1～9月，144平方米及以上住宅投资占全部住宅投资的比重为21.0%，其中别墅、高档公寓投资占比为2.3%。从小区环境及配套看，更加注重绿色、教育等生活品质提升，购房者更青睐环境优美、交通便捷、名校集聚的区域。

（五）区域聚集度进一步凸显

2018年，高新区、曲江新区凭借较为成熟、优越的宜居、宜业环境成为房地产开发投资热土，商品房销售面积总量居前2位；2019年高新区、曲江新区商品房销售热度不减，继续保持在前2位。与之相邻的长安区、航天基地，2018年商品房销售面积均过百万平方米，2019年，长安区、航天基地商品房销售面积合计达285万平方米。浐灞生态区以优美的生态环境、经开区打造城市新北城，以及地铁线路开通后便利的交通氛围，受到改善性购房者青睐，房地产开发投资总量持续增加，销售向好，2019年商品房销售面积为284万平方米。西咸新区自纳入大西安以来，加快推进建设步伐，成为大西安新的开发高地，2018年商品房销售面积达到237.35万平方米，是2017年的1.2倍；2019年1～9月商品房销售面积达到353.98万平方米，较2018年全年多销售116.63万平方米。

（六）房地产去库存效果明显

西安积极推进供给侧结构性改革，房地产“去库存”成效明显。2018年，销售逐步火热，全市商品房待售面积逐月减少，截至年末为

240.04 万平方米，同比减少 139.62 万平方米。其中，商品住宅待售面积减少较快，较上年同期减少 116.92 万平方米。截至 2019 年 9 月末，商品房待售面积为 188.52 万平方米，其中商品住宅待售面积仅为 38.09 万平方米，占全部商品房待售面积的 20.2%，占比较上年同期回落 4.9 个百分点（见图 10）。

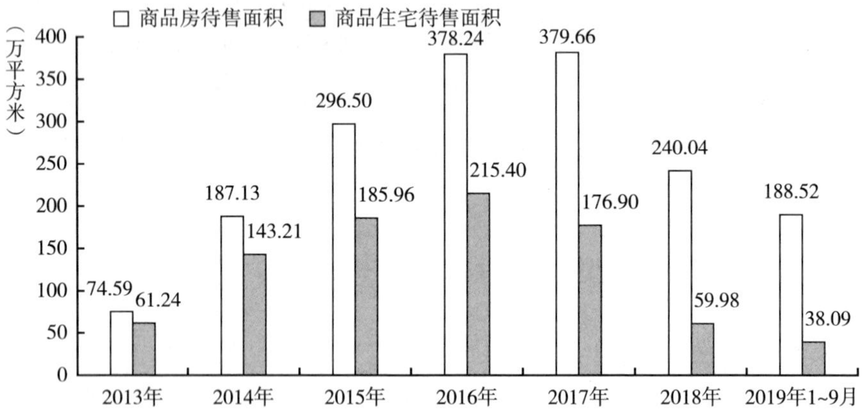

图 10　2013 年至 2019 年 9 月西安市商品房及商品住宅待售面积

（七）商品住宅价格上升

受一手商品住宅价格上涨因素影响带动，二手商品住宅价格上升也很明显，交易价格逐年增加。2018 年西安价格指数攀升加快，一手商品住宅市场价格指数为 122.4、二手商品住宅市场价格指数为 115.0；2019 年 1～9 月一手商品住宅市场价格指数为 116.0、二手商品住宅市场价格指数为 104.4。指数上涨趋势同全国基本一致，但从上涨时期来看，滞后京沪穗等一线城市 1～2 年，房价洼地投资价值凸显。从 6 个城市一手商品住宅销售价格指数看，2013～2016 年，西安一手商品住宅销售价格指数基本低于其他 5 个城市，从 2017 年起，受资本逐利驱动，投资性房产需求迅速增加（见表 6）。

表6　6城市一手、二手商品住宅销售价格指数（上年同月＝100）

日期	北京		上海		广州		杭州		成都		西安	
	一手住宅	二手住宅	一手住宅	二手住宅	一手住宅	二手住宅	一手住宅	二手住宅	一手住宅	二手住宅	一手住宅	二手住宅
2013年	116.0	119.7	118.2	113.9	120.1	112.3	111.0	102.9	109.6	105.2	109.8	105.0
2014年	97.3	95.9	96.3	98.2	95.3	98.3	90.1	94.9	95.4	95.9	96.6	94.3
2015年	108.3	120.8	115.5	111.7	109.1	111.7	105.6	103.7	100.6	99.3	100.0	94.8
2016年	125.9	136.7	126.5	132.8	124.1	125.9	128.4	121.7	105.5	105.7	106.6	98.5
2017年	99.8	98.4	100.2	100.3	105.5	109.8	99.4	107.2	99.4	104.6	112.2	108.8
2018年	102.3	98.1	100.4	97.3	108.3	102.3	105.6	104.6	112.7	105.8	122.4	115.0
2019年1～9月	104.8	100.5	102.7	101.0	109.0	97.6	106.7	102.1	112.8	102.2	116.0	104.4

四　房地产业存在的问题及原因分析

（一）供需缺乏平衡问题

随着西安城市化进程不断加快，2017年西安推出户籍新政新举措，从降低落户门槛、保障人才住房需求、人才奖励、子女入学以及解决配偶工作六大方面入手，两年新增户籍人口100多万人，常住人口在2018年突破千万人，达到1000.37万人。人口的激增在短期内刺激了房地产市场的刚性需求，初步测算，2017年人口净增20.16万人（不含西咸新区），住房需求（净增人口×城镇居民人均房屋建筑面积）约为673万平方米。2018年全市净增户籍人口（含西咸新区）81.19万人，测算住房需求约为2886万平方米。“井喷”现象在带动繁荣经济的同时，也带动房地产市场的供需变化，2017～2018年新增住宅施工面积与商品住宅销售面积脱节，出现倒挂现象。预计2019年落户40万人，按照2018年城镇居民人均房屋建筑面积34.4平方米测算，需求商品住宅面积约为1376万平方米（见表7）。2017～2019年新增商品住宅施工面积合计6256万平方米，商品住宅销售面积合计6524万平方米，新增商品住宅施工面积小于销售面积358万平方米，说明供需不平衡问题没有得到明显改善，压力犹存。

表7　2009～2018年西安市城镇人口住宅理论需求、成交与供给情况

年份	城镇人口数量（万人）	城镇常住居民家庭人均住房建筑面积（平方米）	当年理论需求住宅面积（万平方米）	商品住宅竣工面积（万平方米）	理论需求量占竣工量比例（%）	当年新增住宅施工面积（万平方米）	商品住宅销售面积（万平方米）	占当年新增住宅需求的比重（%）
2009	370.66	28.4	1929	453	426	1467	1202	81.9
2010	374.64	28.7	225	412	55	1771	1523	86.0
2011	391.31	28.9	557	565	99	2004	1675	83.6
2012	398.4	33.0	1838	904	203	2314	1384	59.8
2013	409.82	33.4	541	663	82	2314	1523	65.8
2014	418.16	32.1	-265	1308	-20	1810	1526	84.3
2015	545.95	32.1	4102	767	535	1458	1584	108.6
2016	552.21	33.4	919	1259	73	1997	1878	94.0
2017	567.26	33.7	673	1282	52	1892	2148	113.5
2018	639.62	34.4	2886	623	463	2130	2221	104.3

（二）收入比偏高问题

房价收入比是指家庭住房总价与居民家庭可支配收入的比值，其合理范围没有严格界定。一般而言，发达国家房价收入比超过6就可视为泡沫区。但根据我国的实际情况，6.5～7.5属于合理区间，低于6.5属于偏低区间，高于7.5属于偏高区间。

2013～2016年西安市新建商品住宅房价收入比约在6.0～6.5偏低区间；2017年房价收入比超过7.0；2018年同全国一样，超过8.0，处于偏高区间。2019年前三季度，继续保持在8.0以上。西安房价收入比上升的主要原因，一是在全国重点城市房价普遍上涨的大趋势下，西安房价一直偏低，房价“洼地”效应显现；二是土地、建筑材料和人工成本上涨，以及销售房屋品质提升带动楼面均价上涨；三是非限购区域房价涨幅较高带动。

（三）房地产开发企业资金风险攀升问题

通常企业资产负债率低于75%被认为是安全的，西安房地产开发企业2016年资产负债率为84.7%，2017年和2018年资产负债率上升至86.4%和87.1%，风险不断攀升。中央警惕房地产金融风险，房地产金融监管不断收紧，尤其是收紧“地王”融资，部分房企债券、ABS发行暂停，银行机构对房地产开发贷款的额度收紧，房企项目开发建设资金获取难度加大，资金供给减少，资产负债率不断增加。2019年1～9月，企业的负债率保持在85%左右。

五　房地产信贷运行状况

2018年，西安金融机构房地产贷款余额为6483.13亿元，同比增长18.0%，增速同比回落4.5个百分点，除第一季度房地产贷款增长保持高位运行外，在调控政策持续巩固以及部分重点城市楼市降温的情况下，西安市辖区金融机构对房企开发贷款的审批有所收紧，房地产贷款增长逐步回落。

2019年1～9月，西安金融机构房地产贷款余额为7379.55亿元，同比增长15.9%。一是房地产开发贷款有所增加。西安房地产开发贷款余额2614.12亿元，同比增长8.4%。其中地产开发贷款余额为38.61亿元，同比下降57.8%；房产开发贷款余额为2575.51亿元，同比增长11.0%。二是个人住房贷款增速保持高位趋缓。西安金融机构个人购房贷款余额为4628.81亿元，同比增长20.3%。具体来看，个人住房贷款余额为4424.10亿元，同比增长20.8%。其中，新建房贷款余额为3832.33亿元，同比增长18.7%。

六　保障性住房建设现状

深化住房制度改革，全面贯彻落实十九大报告关于住房制度改革精神。随着2017～2018年房地产开发市场趋热、销售加快，西安市委、市政府在积极抑制非理性需求的同时强调扩大并落实有效供给，出台了《深化住房供给侧结构性改革实施方案》，落实居住用地“两个20%”原则，提出了“六大供给主体、四类保障渠道、三类住房、两类补贴、租购并举”举措，大力实施住房领域供给侧结构性改革。据了解“十三五”时期西安城改、棚改目标任务为85万套保障房，其中，40%的配建部分已基本完成，60%的新建部分初步完成了建设前的准备工作。西安市保障机构发布数据显示，2019年计划分配公租房项目15个，约2.9万套。计划4年建设共有产权住房15万套，逐步取代经济适用房和限价房。据了解，截至2019年，已立项未上市交易销售的存量经济适用房和限价房项目约15个，占地1976亩，建筑面积约413万平方米。

七　房地产业发展对策建议及趋势预测

2018年12月，中央经济工作会议强调“构建房地产市场健康发展长效机制，坚持‘房子是用来住的、不是用来炒的’定位，因城施策、分类指导，夯实城市政府主体责任，完善住房市场体系和住房保障体系”。2019年，西安在“稳房价、稳地价、稳预期”的调控主基调下，因城施策，进一步优化刚需优先选房、全装修监管政策，细化各项监管措施，市场整体呈现持续收紧的态势。在限购、限价政策持续高压下，“千人摇、零登记、零去化”等现象错综复杂，上半年房价涨幅位居全国前列，“620新政”后，市场逐渐回归，但性价比高的产品还是“一房难求”，为稳定房产市场健康发展，还需从“政策端、供应端、供给端”入手加大调控力度。

（一）严把调控政策，防止投资投机“卷土重来”

严格认真贯彻落实国家房地产宏观调控政策，在坚持“房住不炒”定位的同时，把“稳地价、稳房价、稳预期”落到实处，积极构建促进房地产开发市场健康发展的长效机制，规范完善住房供应体系和保障体系，防止投资投机“卷土重来”。

（二）合理调控土地供应，防止地价过快上涨

从土地供应端入手，坚持分区域分类调控，构建土地供应量与房价、土地供应量与常住人口之间的联动机制，从土地供应端落实房地产调控。对于住房供求矛盾突出、房价上涨压力大的区域，适度增加住宅用地供应规模，确定灵活的土地拍卖竞价方式，针对土地价格上涨过快区域设定土地溢价率上限，防止土地价格过快上涨。

（三）多渠道增加有效供给，大力实施住房供给侧改革

深化住房制度改革，全面贯彻落实十九大报告关于住房制度改革精神，在积极抑制非理性需求的同时强调扩大并落实“有效供给”。一是积极构建和完善住房供应与保障体系，调整户型结构，增加中小户型普通商品住房有效供应，满足首次购房者需求；二是积极推进保障性住房建设，满足城镇低保对象、低收入家庭住房需求；三是积极探索适合西安市自身发展的住房租赁市场融资和运营管理模式，满足广大人民群众的住房需求。

展望2020年，面对世界经济增长放缓、中美经贸摩擦升级扩大、宏观经济环境日趋复杂的形势，整体房地产增长格局将出现调整，预计西安房地产调控政策仍以稳为主，房地产行业融资限制仍会较严，房价或将在历经凌厉涨势后理性回稳，主要指标高位运行压力增加，房地产市场运行会有所放缓，出现承压的趋势。随着大西安城市骨架的拉伸，城市发展区域的扩大，多条轨道交通的建成开通，为迎接全运会市政配套的逐步完善，城市价值的进一步上升，落户人群的不断增加，加之西安已步入“一带一路”、自贸区、国家中心城市、国际化大都市等诸多机遇叠加的黄金发展期，大西安美好未来可期。

参考文献

西安市统计局：《西安统计年鉴（2018～2019）》，2018年、2019年。

西安市统计局：《基于供给侧结构性改革下西安房地产业发展研究》，2019年8月。

房天下：《西安地产视线》，2018年、2019年6月。

B.13

2018~2019年咸阳市房地产业发展报告

周　华*

摘　要： 2018~2019年，咸阳市房地产市场在西安市场的带动下总体向好，土地供给增加，房地产投资增长，房价上扬，销售量增长，显示出土地市场火热、西安市场外溢、品牌房产项目引领的特征。2019年末咸阳房地产市场各项指标有所收缩，在省内外经济环境和房地产市场的影响下，预测会表现出市场收缩、价格横盘的总体趋势。

关键词： 咸阳市　房地产业　土地市场

一　城市建设

2018年，咸阳市城市建设以"大西安（咸阳）文体功能区"为导向，形成文体功能的基本框架。156个城建项目进展顺利，完成秦皇路等10条道路街景改造和6条道路绿化，彩虹北路北延段等9条城市道路建成通车，城市雨污分流率比上年提高6.7个百分点。城市精细化管理水平进一步提升，全国文明城市、国家园林城市、国家卫生城市通过复审。

2019年，咸阳市出台《关于保持基础设施领域补短板力度实施办法》，

* 周华，长安大学建筑学院讲师，主要研究方向为城市与区域发展、城市经济等。

带动道路、公共设施、水利等行业投资平稳增长，为房地产业发展提供良好基础。1～6月，咸阳市基础设施投资同比下降5.9%，降幅较1～5月收窄13.4个百分点。西安地铁1号线延伸段贯通，串起西咸新区沣东新城，机场城际开通运营，共同助力西咸一体化进程。

二 咸阳市房地产业现状

（一）土地供求状况

从2018年到2019年，咸阳市房地产市场热情高涨，土地供求均高位运行。为了缓解土地需求旺盛的局面，2019年咸阳市增加了市本级住宅用地和商服用地的供应量，成交量和成交价格也相应上涨，土地收入大幅增加。

1. 土地供应

2018年，咸阳市本级计划供应土地834.13公顷，比上年增长77.02%，其中住宅用地和工业用地的计划供应量分列前两位。2019年，在“调整住房供应结构、稳定住房价格、促进房地产市场健康发展”的宏观政策指导下，咸阳调整土地市场供求关系，加大土地供应，计划供地1194.32公顷，较2018年增长43.18%，较前一个谷值年份2012年高出851公顷，较前一个峰值年份2011年高出115公顷。

2019年，咸阳市本级土地供应中住宅用地增长绝对数量最多，商服用地增幅最高，极大地调节了咸阳土地市场的供求关系。住宅用地供应量增加129.74公顷，同比增加32.87%；商服用地增长80.45公顷，但较上年增加824.28%；工矿仓储用地计划供应203.74公顷，基本与上年持平，减少7.23公顷（见表1）。

2. 土地成交

自2018年起，西咸新区土地成交情况不再统计在咸阳市区内，咸阳市土地招拍挂成交量与成交金额均出现大幅下滑。全年土地招拍挂总计成交49

表1　2018年、2019年咸阳市本级建设用地计划供应情况

单位：公顷，%

	计划供应总量	按用途					
		工矿仓储用地	商服用地	住宅用地	公共管理与公共服务用地	交通运输用地	特殊用地
2019年	1194.32	203.74	90.21	524.41	113.83	262.13	0.00
2018年	834.13	210.97	9.76	394.67	210.93	0.00	7.80
增减面积	360.19	-7.23	80.45	129.74	-97.10	262.13	-7.80
增长率	43.18	-3.43	824.28	32.87	-46.03	—	—

资料来源：咸阳市自然资源局。如无特殊说明本章资料均来源于此，不再赘述。

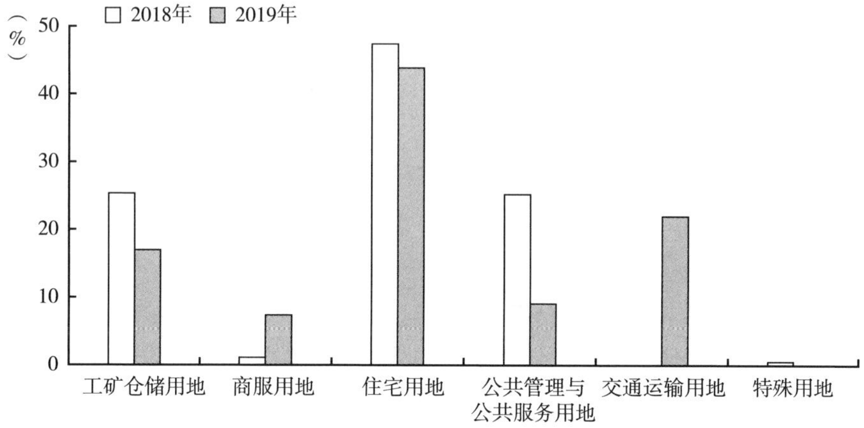

图1　2018年、2019年咸阳市本级建设用地供应结构

宗，出让土地面积共计260.37公顷（2017年成交80宗、435.5公顷），降幅达40%；其中商住用地成交29宗，成交面积为88.66公顷，占全年成交土地面积的47.25%。全年土地出让金收入为44.47亿元，商住类用地成交金额为35.5亿元，占土地出让收入的79.8%，成交单价为266.94万元/亩；商服用地成交单价为128.09万元/亩。

2019年1～11月，咸阳市土地成交总量持续下滑，商住用地成交量逆势上涨，土地成交收入整体提升。土地成交面积总量为169.65公顷，比

2018 年下降 34.84%；其中商住用地成交面积为 141.31 公顷，比 2018 年增长 52.65 公顷，增幅为 59.28%，占比为 83.33%。土地成交金额方面，全年土地出让金收入为 82.24 亿元，涨幅达 84.95%，单位地价成交金额为 323 万元/亩，涨幅高达 184.00%。其中，商住用地成交 75.67 亿元，占全部土地出让金的 92.00%，平均地价为 357 万元/亩，比上年增长 34.19%；商服用地成交金额从 2018 年的 0.21 亿元增加到 5.44 亿元，平均地价为 600 万元/亩，涨幅达 369.00%（见图 2）。

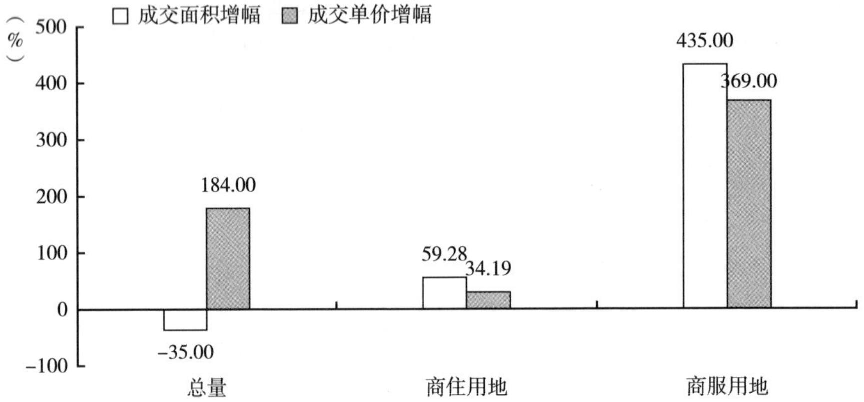

图 2　2019 年 1～11 月咸阳市土地成交面积及成交单价增幅

资料来源：咸阳市自然资源局 2019 年 1～11 月土地招拍挂成交信息。

（二）房地产开发企业

1. 房地产开发企业概况

伴随着住宅用地成交量的高涨，咸阳市房地产开发企业数量和建筑企业数量显著增加。2019 年 1～9 月咸阳市住房和城乡建设局审核通过 50 家房地产开发企业资质和 321 家建筑企业资质，比上年同期分别增长了 36% 和 65.6%（见图 3）。值得注意的是，碧桂园、龙湖、绿地等房地产开发企业均是首次进军咸阳市，开发项目先后亮相，不可忽视其强大的产品力和品牌号召力。

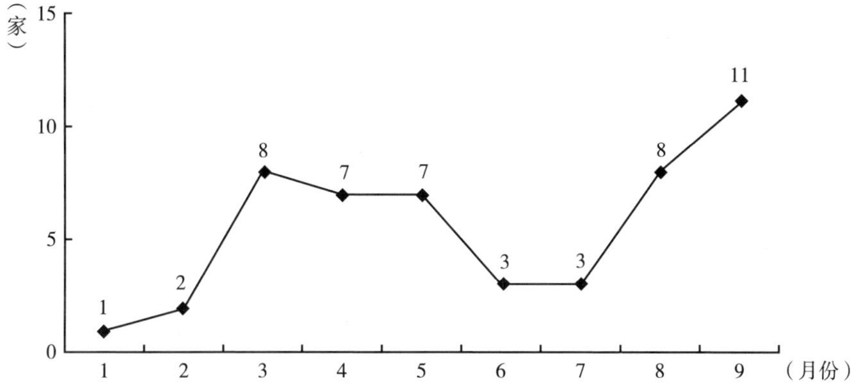

图3　2019年1～9月咸阳市新增房地产开发企业数量

2. 经营情况

在西安市房地产市场的带动下，咸阳市房地产开发企业经营状况不断好转，资金回收率不断提升。2018年，咸阳市房地产开发企业本年实际到位资金127.43亿元，比上年同期增长10.40%。资金来源主要依赖自筹，企业自筹资金为84.10亿元，占本年到位资金的66.00%；定金及预收款为18.85亿元，占本年到位资金的14.79%，占比较去年同期提高4.7个百分点；国内贷款、个人按揭贷款和其他到位资金共计24.48亿元，占本年到位资金的19.21%。

2019年，房地产定金及预收款占比不断提高。1～6月，咸阳市房地产开发企业本年实际到位资金92.9亿元，比上年同期增长61.70%。企业自筹资金为73.70亿元，占本年到位资金的79.33%；定金及预收款达6.40亿元，占本年到位资金的6.9%（见表2）。

表2　2018年至2019年6月咸阳市房地产开发企业本年实际到位资金情况

	2018年			2019年1～6月		
	金额(亿元)	比重(%)	增长(%)	金额(亿元)	比重(%)	增长(%)
本年实际到位资金	127.43	100.00	10.40	92.90	—	61.70
国内贷款	6.21	4.87	4.45	—	—	—
自筹资金	84.10	66.00	11.82	73.70	79.33	—

续表

	2018年			2019年1~6月		
	金额(亿元)	比重(%)	增长(%)	金额(亿元)	比重(%)	增长(%)
定金及预收款	18.85	14.79	61.61	6.40	6.90	—
个人按揭贷款	11.60	9.10	3.56	—	—	—
其他到位资金	6.67	5.23	-41.59	—	—	—

（三）房地产开发

1. 项目及投资情况

2018年，咸阳市房地产开发投资增速逐月攀升，房地产开发项目个数不断增加。至12月底，房地产开发项目85个，同比增长13.5%，增速较上半年提高13.6个百分点。全社会固定资产投资完成达1969.01亿元，比上年增长9.0%，其中房地产开发投资完成118.62亿元，比上年增长13.5%，本年新增项目完成投资61.4亿元，拉动全市房地产开发投资增长58.8%。

2019年以来，咸阳市房地产开发投资呈现高增长态势。2月房地产投资完成5.4亿元，同比增长46.60%。3~5月，全市房地产投资增速逐渐下降，但仍保持较高增速。6月受龙湖·彩虹郦城等新增项目的投资拉动影响，增速达98.80%。1~6月，咸阳市房地产开发投资达91.7亿元，同比增长98.80%，增速较1~3月提高73.3个百分点。1~9月，全市固定资产投资同比增长2.2%，较上半年提高1.9个百分点；其中房地产开发项目110个，完成投资额同比增长72.70%（见图4）。

2. 投资结构

2018年，咸阳房地产开发投资仍以商品住宅为主导，土地购置费大幅提高。全年商品住宅投资达103.7亿元，占全部房地产开发投资的87.4%，同比增长6.0%；商业营业用房投资达9.5亿元，同比增长66.9%；办公楼投资达1.3亿元，同比增长168.0%。从投资构成类型看，建安工程投资达101.6亿元，占全部房地产开发投资的85.7%；土地购置费为12.2亿元，占全部房地产开发投资的10.3%，购置费较2017年的0.42亿元增长28倍。

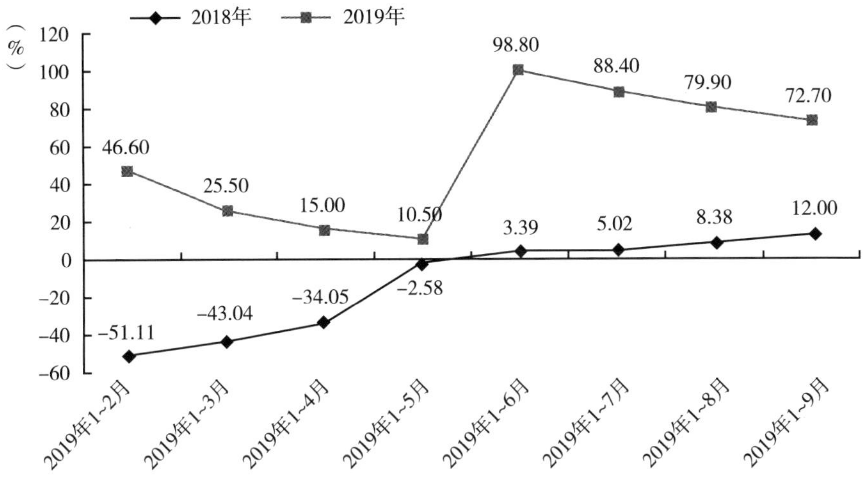

图4　咸阳市房地产开发投资增速

资料来源：陕西省统计局。

2019 年 1 ~6 月，咸阳市住宅类开发和商业类房地产开发增长迅猛。商品住宅开发投资达 83. 4 亿元，占全部房地产开发投资的 90. 9%，同比增长 101. 2%；商业营业用房投资 5. 1 亿元，同比增长 147. 5%；办公楼投资 0. 5 亿元，同比下降 42. 3%。

3. 施工与竣工

2018 年，咸阳市房地产开发企业房屋施工面积为 768. 42 万平方米，增长 5. 5%，其中住宅施工面积为 660. 13 万平方米，下降 0. 65%。竣工房屋面积为 25. 29 万平方米，同比下降 24. 84%，导致房屋价值仅为 5. 63 亿元，比上年下降 35. 95%，房屋竣工平均造价为 2227 元/平方米，同比每平方米下降了 384 元。

2019 年 1 ~6 月，新开工面积增长势头较快。截至 6 月底，全市房屋施工面积为 694. 8 万平方米，同比增长 9. 9%。其中新开工面积为 177. 6 万平方米，同比增长 53. 6%。新增房地产开发项目增多，是拉动本年新开工面积快速增长的主要因素，本年新增项目共增加新开工面积 142. 9 万平方米，拉动全市新开工面积增长 57. 6 个百分点。

4. 商品房销售面积与销售价格

2018 年，咸阳市商品房在大西安市场带动下销售价格持续上涨，全年商品房销售面积为 151 万平方米，同比下降 14.3%；商品房销售额为 78.98 亿元，同比增长 5.0%；商品房销售价格为 5232 元/平方米，分别较 2017 年同期和上半年提高 963 元和 438 元。

2019 年，咸阳市商品房销售面积震荡拉升，年末销售面积小幅收窄。1～6 月，商品房销售面积为 75.7 万平方米，同比增长 15.7%，较第一季度提高 4.9 个百分点；1～11 月，销售面积为 83.58 万平方米，同比增长 33.0%，较上半年增长 17.3 个百分点（见图 5）。

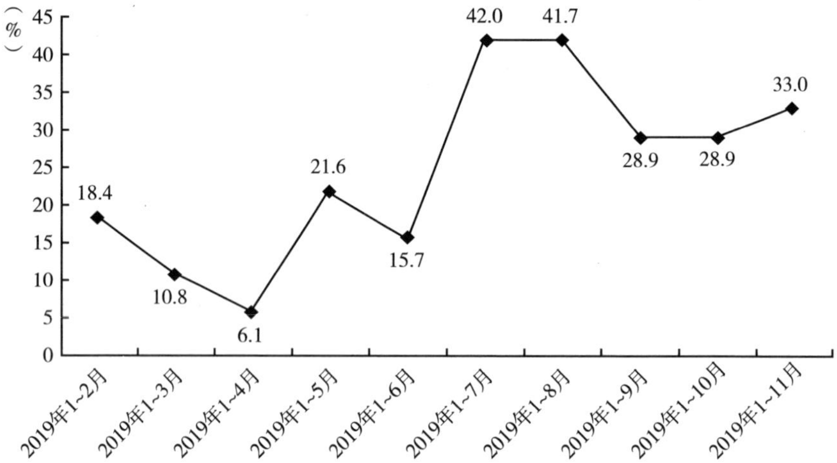

图 5　2019 年 1～11 月咸阳市商品房销售面积增速

资料来源：陕西省统计局。

销售额方面，在大西安市场带动下咸阳市商品房销售总额持续上涨，平均价格增幅较高。2019 年 1～6 月，商品房销售额为 57.7 亿元，同比增长 84%；全市商品房销售价格 7625 元/平方米，较上年同期增加 2831 元/平方米，较第一季度增加 742 元/平方米。

2019 年，咸阳市商品房销售火爆，根据腾讯网公布的信息数据，商品房销售面积排前 15 位的房地产项目全年累计销售面积为 183.87 万平方米，销售额排在前 15 位的房地产项目累计销售额为 163.54 亿元，销售价格为

8894 元/平方米。值得注意的是融创中央学府、碧桂园秦都府、龙湖彩虹郦城的销售面积和销售额均获前三名，且前五位均为品牌开发商。

（四）保障性安居工程

2016 年起，棚改项目成为咸阳市保障性安居工程的主要部分。2018 年咸阳市棚改区改造开工 9.8 万套，基本建成 1.93 万套，发放补贴 5.65 万户。咸阳市发展和改革委员会 2018 年共批复 6 个棚改项目，涉及拆迁群众 6225 户，拆迁面积为 114.05 万平方米，筹措资金达 49.85 亿元。2019 年 1~8 月，共批复 3 个棚改项目和 1 个公租房项目新开工建设，棚改项目涉及拆迁户数 1068 户，回迁安置面积为 1.39 万平方米，筹措项目资金达 5.88 亿元；新建公租房 413 套，总建筑面积为 2.48 万平方米，总投资达 8650 万元。批复项目数和拆迁面积较 2018 年大幅减少。

分配方面，从 2015 年起，申请公租房的户数每年变化不大，申请廉租房的户数减少较多，表明廉租房审批制度逐渐严格、保障群体覆盖面不断提高。2019 年咸阳市共有 1468 户申请租住公租房，比上年减少 4.42%；18 户申请租住廉租房，比上年减少 48.57%（见表 3）。

表 3　2015~2019 年咸阳市申请公租房、廉租房户数

单位：户

	2019 年	2018 年	2017 年	2016 年	2015 年
公租房	1468	1536	973	1562	1085
廉租房	18	35	37	101	178

资料来源：咸阳市住房和城乡建设局。

（五）二手住宅市场

1. 二手住宅供需情况

根据中国房价行情网资料，咸阳市二手住宅销售价格一路走高，2019 年末有所趋缓。2018 年，二手住宅销售价格为 6173 元/平方米，2019 年销售价格为7586元/平方米，比上年增长22.89%。从2018年1月到2019年12月，二手住宅的销售价格涨幅高达60.23%（见图6）。

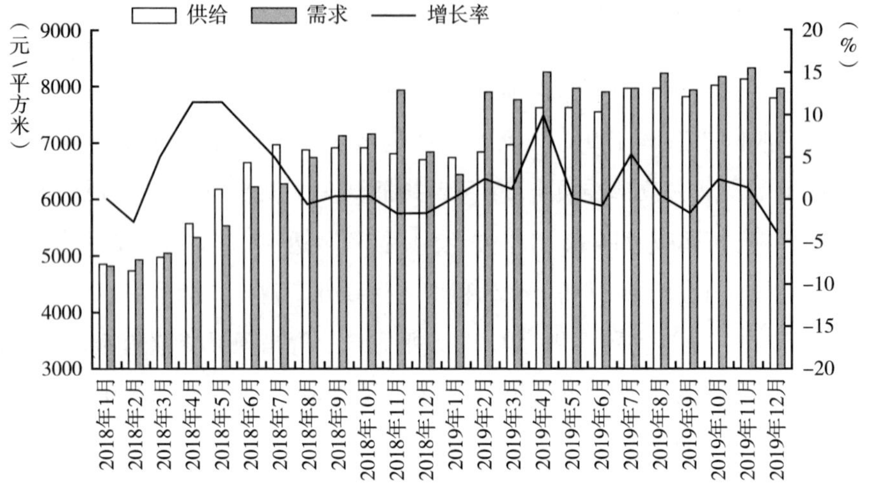

图6　2018～2019年咸阳市二手住宅销售价格供求趋势

资料来源：中国房价行情网。

咸阳市二手住宅的销售价格一路走高，但不同单价的市场供需出现明显分异。从2018年起，市场供给的二手住宅绝大部分的销售价格集中在5000～11000元/平方米，占到全部二手住宅的89.71%，其中6000～7000元/平方米的供给最高，为23.03%，7000～8000元/平方米的供给比例位居第二，为19.17%。从供给和需求的比例看，销售价格8000元/平方米以下的二手住宅供给高于需求，8000～11000元/平方米以上的二手住宅需求高于供给，表明咸阳市居民对高价位住房的需求较大，高端住宅市场供给不足（见图7）。

2. 二手住宅租售比

售租比是指房屋单位销售价格与单位月出租价格之间的比值，房屋的售价租金比是用来判断某一区域房产是否存在价值泡沫、具有投资价值的一个衡量指标。一般认为售租比超过300∶1的房产投资价值相对变小，房产泡沫已经显现。咸阳市从2018年起售租比增长迅猛，超过300∶1，2019年更

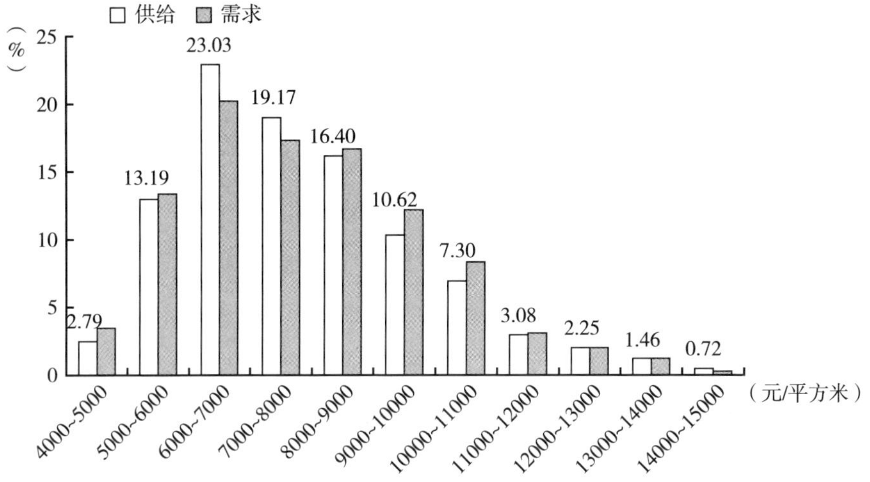

图7　2018～2019年咸阳市二手住宅销售平均价格供需结构

资料来源：中国房价行情网。

是高位盘旋，趋势渐缓，投资价值持续变小。2019年12月，售租比下降为444∶1，环比下降7.5%，是前期价格迅速增长的短期回调；同比增长2.8%，较2018年末的增长率下降21个百分点，从长期来看处于上升区间（见图8）。

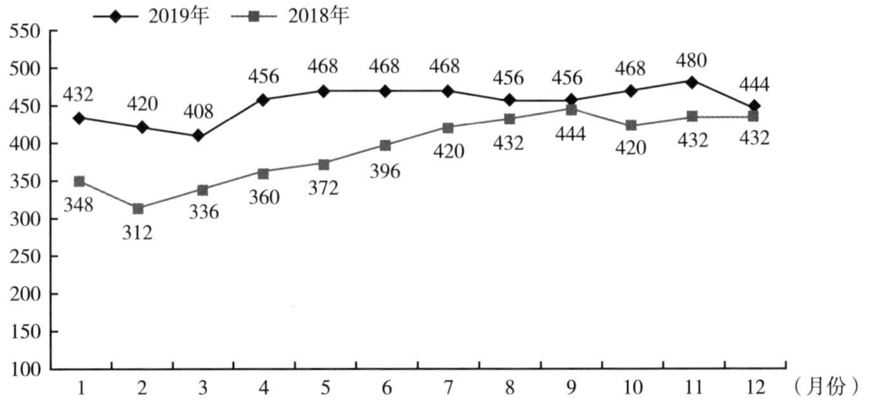

图8　2018年、2019年咸阳市二手住宅售租比

资料来源：中国房价行情网。

三　2019年咸阳市房地产业的主要特征

2018～2019 年，咸阳市楼市可谓一路高歌，价格不断上涨，究其原因，主要有以下几方面：一是土地成交价格的高涨助推房价成本；二是品牌房地产开发企业推出高端楼盘推动市场需求升级，拉升了房价；三是西安政策外溢，“落户满一年才能购房”的新政和严格的市场监管使相当数量的西安客户选择在咸阳购房，支撑市场需求的进一步扩大。2019 年末房价有所下降，既是针对前期高房价的调整，又给咸阳房地产市场走势带来一丝信号。

（一）土地市场热情高涨，助推房地产价格提升

2019 年，为调整房地产市场的供需关系，咸阳市土地计划供应量达到 2011 年以来的最高值，为 1194.33 公顷。其中住宅用地的计划供应量比上年增长 32.87%，成交量增长 59.00%，显然，增长的土地供应量依然无法满足市场的需求，房地产市场的热情依旧高涨。商住用地的成交量净增 52.65 公顷，平均成交地价为 357 万元/亩，每亩比上年提高 90 万元；商服用地成交地价从 2018 年的 128 万元/亩增加到 600 万元/亩，增长 369%，不仅增加了城市财政，也助推了房地产价格的进一步拉升。

（二）品牌楼盘引领房地产市场，居民住房需求升级

2019 年，咸阳市房地产市场最显著的变化就是外地房地产开发企业的涌入，催生了一批品牌楼盘。品牌楼盘在销售额和销售面积上均稳居咸阳市房地产项目的前三位，融创、碧桂园、龙湖项目销售面积总和达 75.15 万平方米，销售额达 69.05 亿元，在销售量前 15 位的楼盘中销售量分别占到 40.87% 和 42.2%。与 2018 年和 2017 年的本地房地产开发企业相比，外地房企营销势头强劲，销售规模激增。

从居民需求方面看，之前购房者几乎都是刚需自住，2019 年起一些洋房别墅、平层跃层开始出现在咸阳市场，高品质住房需求、改善型住房需求

表现显著。在二手住宅交易方面也表现出居民需求升级的特征，2019 年咸阳价格在 8000 元/平方米以上的二手住宅市场需求大于供给，8000 元/平方米以下的二手住宅供给大于需求也验证了这一趋势特征。

（三）西安房地产市场外溢，商品房价格紧随大西安

除了土地价格助推房价外，西安房地产市场带动也是咸阳房价拉升的又一原因。2019 年，咸阳市房价震荡上涨，受到西安市房价的影响，虽然增长速度较 2018 年放缓，但涨幅仍高于全省平均水平和西安市，特别是与西安和西咸新区临近的地带，房价更是不断攀升（见图 9）。根据中国房价行情网住房市场监测指标显示，2019 年 12 月底，咸阳市渭城区渭滨公园附近的新商品住宅最高单价已经超过 20000/平方米，而同期西安市商品住宅平均价格为 13700 元/平方米，咸阳市商品住宅平均价格约为 9600 元/平方米。

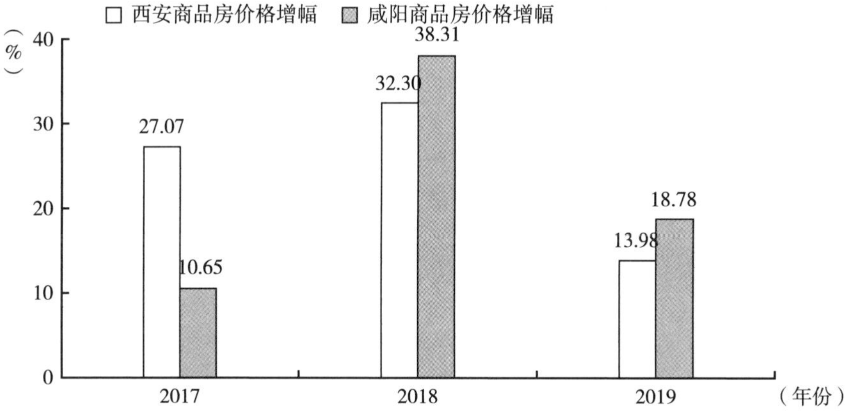

图 9　2017～2019 年咸阳、西安商品房价格增幅

资料来源：中国房价行情网。

（四）2019年末房地产市场降温回调显现

2019 年末，咸阳市房地产市场出现了一些微小变动：房地产投资额 11 月增速为 62.2%，比 6 月下降 36.6 个百分点，新商品住宅价格和二手住宅价格小幅下滑 4.09%，商品房销售面积较 6 月下降 9%，更有碧桂园、恒大

出现打折促销等现象种种迹象表明咸阳房地产市场已经出现高位回调的趋势（见图10）。

咸阳属于三四线城市，紧跟大西安的步伐也意味着价格对市场的反应滞后。西安市房地产投资和销售情况在2017年和2018年达到高峰（房地产投资增速分别为16.5%和7.9%，商品房销售面积增速高达59.39%和8.1%），在2019年出现双双回落，并呈现负增长；咸阳市2017年和2018年在这两个指标上都为负值（分别是-0.6%和-0.5%），在2019年1~9月的投资增速和销售面积增速才突然爆发，分别为72.7%和28.9%，再加上政策、人口规模、产业驱动力的差异。总体看来，咸阳市比西安市房地产市场变动趋势迟缓1年左右，年末的价格回调很有可能开启了深度调整的窗口（见表4）。

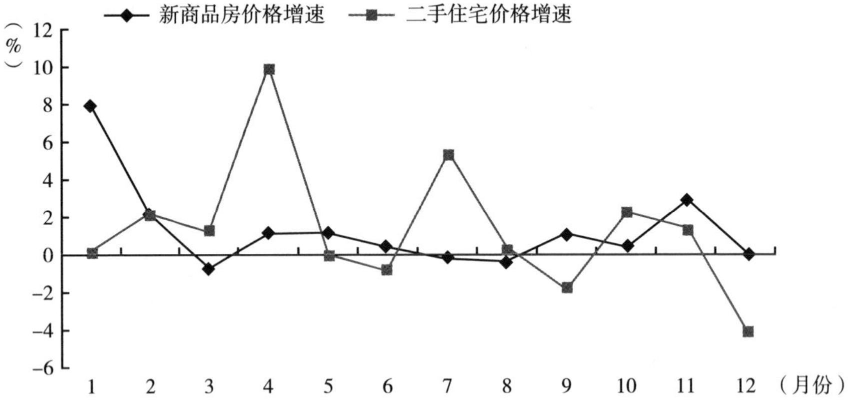

图10　2019年咸阳市住房价格变动趋势

资料来源：中国房价行情网。

表4　2017年至2019年9月西安市、咸阳市商品房开发投资增速、销售面积增速

单位：%

	指标	2017年	2018年	2019年1~9月
咸阳	房地产投资增速	-0.6	13.5	72.7
	商品房销售面积增速	-0.5	-14.3	28.9
西安	房地产投资增速	16.5	7.9	-2.4
	商品房销售面积增速	59.39	8.1	-5.1

资料来源：陕西省统计局。

四　咸阳市房地产发展展望

（一）全国房地产市场对咸阳的影响

2019 年，中国房地产市场运行的政策环境整体偏紧，房地产金融抑制政策贯穿全年，房地产投资增速、商品房价格增速均持续收窄，与国民经济增速基本保持在一个区间。其中一线城市在供需改善及低基数的影响下累计涨幅小幅提升，二、三、四线城市价格累计涨幅延续回落态势。

展望2020 年，中美关系逐渐修复，制造业投资有望低位反弹，促消费政策将继续出台，金融监管将保持较为严苛的态势，房地产调控将更为注重多方平衡，因城、因区、因时施策将继续执行以保证各市房地产市场稳定，从而保障房地产市场与国民经济的平衡、住房供给与需求的平衡、自住群体购房需求与抑制非理性需求的平衡。对于咸阳这个三四线城市，前期热点在宏观政策持续收缩的形势下会快速降温，本地人口支撑不足，2019 年大量成交的土地会进一步增加库存，供大于求的局面会愈加明显。

（二）大西安房地产市场对咸阳的影响

西安市与咸阳市既是相邻的两个地级市，又是不可分割的整体。在“一带一路”中心城市重点建设的态势下，咸阳市与西安市愈加趋向同城化和一体化。2019 年通车的西安地铁1 号线延伸段和机场城际线，以及 2020 年计划通车的西安地铁 5 号线，不断推动着区域一体化进程。但是咸阳市房地产市场的规模偏小（2019 年 1～11 月，咸阳市商品房成交量仅占西安市成交量的 7.89%），人口规模也不足以继续拉升本地市场，总体可将其看成与西安市房地产市场有政策差异的城区，相当于于西安市域的一个热点区域板块。

在上述对咸阳市市场定位分析的基础上，判断2020年将会沿袭西安市楼市前期趋势。预计2020年咸阳市将继续承接西安市市场的外溢效应，在西安市被限购、需要改善住房、寻求高性价比的住房人群是咸阳市房地产市场的有力支撑。高品质住房成为与西安市相邻地域的比较优势，西安地铁5号线的通车会进一步刺激该区域的房地产价格提升。需要注意的是，西安市外溢的住房需求是呈下降趋势的，主要是2017年和2018年西安市人口的暴增在2019年没有出现，毕竟整个楼市的需求是有限的，当投资性购房需求被抑制之后，整体数据也会下滑，在需求萎缩的情况下，咸阳市房地产的价格会进一步震荡下降。

（三）咸阳市房地产市场展望

综上所述，2020年全国房地产市场以多方平衡为政策导向，在以促消费为导向的经济环境下，西安市房地产紧缩政策可能趋缓，金融监管持续严苛，咸阳市房地产热点因素逐步被市场消化，预测2020年咸阳市房地产市场将出现以下几方面趋势。

咸阳市土地市场的供给可能大幅下降。2011年和2019年为咸阳市土地计划供应量的峰值年份，2012年的咸阳市土地供应量为两个峰值之间的最低值，比2011年下降了68%。在经历了2019年1194.33公顷的大量供地后，市场消化需一段时期，预测2020年的土地供应量会大幅减少。

咸阳市商品房的价格将出现横盘态势。在前期热点逐渐被市场消化的情况下，咸阳市本地人口规模不足，预计2020年商品房价格以横盘为主；如果西安市房地产政策放松，咸阳市市场规模会进一步萎缩，房价上涨空间越来越小，有小幅下降的可能。

改善型、高品质住房需求已经启动，未来一段时间品牌楼盘代表的高品质住宅仍会保持比较强势的姿态，引领咸阳房地产市场，市场分化日益显现。

随着西安市地铁线路与咸阳市的贯通，地铁沿线板块的商品房价格仍会保持持续抬升。

参考文献

咸阳市自然资源局：《咸阳市本级 2019 年度国有建设用地供应计划》，2019 年 5 月。

腾讯网：《咸阳市 2019 年房地产销售排行榜》，2020 年 1 月 3 日。

咸阳市统计局：《2018 年咸阳市国民经济和社会发展统计公报》2019 年 4 月 26 日。

咸阳市统计局：《2018 年咸阳市房地产投资增速回正》，2019 年 2 月 1 日。

陕西省统计局：《前三季度全省房地产开发市场运行情况》，2019 年 11 月 20 日。

B.14
2018 ~2019年渭南市房地产业发展报告

高敏芳　张　萍　赵　维*

摘　要： 本文首先对2018 ~2019 年渭南市房地产业的开发情况、投资情况、销售情况以及房地产业对渭南市经济发展的影响进行了系统分析，运用供求理论分析渭南市房地产业发展的趋势，发现渭南市房地产业在资金来源、保障房建设以及区域差异方面存在的主要问题，最后提出相应的对策建议并对渭南市房地产业发展走势进行了预测。

关键词： 渭南市　房地产业　保障房建设

一　渭南市房地产发展现状

随着渭南市经济的快速发展、城镇化进程的加快，渭南市房地产业也在蓬勃发展。作为西安周边的三线城市，渭南市在历史上就是一个创新高地。在黄河流域渭南有重要的历史地位，是中华民族的精神标识和自然标识。渭南市交通便利，具有良好的区位优势条件，是陕西省农业大市和人口第二大市，中原地区是通往陕西省乃至大西北的咽喉要道，

* 高敏芳，硕士，渭南师范学院教授，研究方向为产业经济；张萍，硕士，渭南师范学院教授，研究方向为产业经济；赵维，博士研究生，渭南师范学院讲师，研究方向为国际贸易、区域经济。

又是新欧亚大陆桥的重要地段，是丝绸之路经济带起点段的关键组成部分。受西安市房地产业发展的影响，渭南市也享受到了辐射红利。渭南城市建设力度不断加大，土地放出量大，政策支持较强，渭南市房地产也出现了新变化。2018 年第四季度至 2019 年第三季度渭南市房地产开发投资金额为 207. 71 亿元，同比增长 33. 6%，房地产开发投资仍保持较高速度的增长。

（一）房地产开发企业情况

2018 年渭南市房地产开发企业数量为 178 家，其中国有企业 12 家、集体企业 6 家、其他企业 160 家；当年共完成房地产投资 154. 15 亿元，其中商品住宅完成投资 110. 07 亿元，办公楼完成投资 1. 95 亿元，商业营业用房完成投资为 26. 38 亿元。截至 2019 年第三季度，渭南市房地产开发企业数量增加到 191 家，投资资金达 207. 71 亿元，较上年同期增长 25. 2%。房地产开发企业施工项目 191 个，比上年同期增长 6. 7%，其中亿元以上施工项目 159 个，比上年同期增长 13. 6%。

（二）房地产开发与投资情况

1. 土地规划和购置面积

在房地产开发中，土地作为非常重要的投入要素和生产资料，对房地产业的发展起到了推动作用。合理规划土地和利用土地是调控房地产行业的重要举措。土地作为不可再生资源，其供给是相当有限的，房地产开发对城市土地供应产生了较大需求，土地价格也日益上涨，造成了开发成本增加、房价上涨。为了保障低收入阶层的利益，解决低收入家庭住房问题，政府应合理规划建设用地，提高土地的利用效率，拓宽区域的城市建设用地，为不同收入人群提供多种形式的房屋，如经济适用房、保障房等。渭南市 2019 年前三季度房地产开发企业土地购置面积为 555700 万平方米，同比减少 26. 8%（见表 1）。

表1　渭南市房地产开发企业土地购置面积

单位：万平方米

	2018 年前三季度	2019 年前三季度
土地购置面积	758864	555700

2. 房地产开发资金来源

2018 年第四季度至 2019 年第三季度，渭南市房地产开发企业实际到位资金约为 194.87 亿元，企业信心增强，房地产开发企业投资热情高涨。2018 年第四季度至 2019 年第三季度渭南市房地产实际到位资金中，国内贷款占比为 4.95%，外资占比为 0，自筹资金占比为 54.1%，定金及预付款占比为 26.39%。数据表明，房地产开发企业获取资金的主要途径是自筹资金和购房者交付的房款，企业融资途径有待拓宽。从时间趋势来看，国内贷款的比重呈现先下降后增长的“U”形趋势，无论是银行贷款还是非银行金融机构的贷款均有明显的增长，渭南市房地产开发企业可以逐渐通过投资信托、住宅抵押贷款证券化、企业商业债券等金融创新方式进行融资，开发资金总体宽松，保障渭南市房地产开发企业稳定发展。

2019 年前三季度，渭南市房地产开发企业实际到位资金约为 155.36 亿元，比上年同期增长 26.69%。从资金构成来看，上年末结余资金为 36.75 亿元，同比增长 8%；购房者的个人按揭贷款总计 23.90 亿元，同比增长 85.1%；企业的国内贷款金额为 6.59 亿元，同比增长 41.13%；购房者交付的定金及预付款为 38.60 亿元，同比增长 16.5%；房地产开发企业自筹资金约为 82.08 亿元，同比增长 26.23%。从到位资金情况看，国内贷款、自筹资金和以定金及预付款为主的其他资金都保持稳定增长。企业自筹资金占比达到五成，仍是企业资金的重要来源渠道。2018 年第四季度至 2019 年第三季度渭南市房地产开发投资资金来源详细情况见表 2。

3. 房地产开发投资额

2019 年 1～10 月，渭南市房地产开发企业完成投资 194.36 亿元，同比增长 50%，增速较上月提高 24.8 个百分点，比全省平均增速高出 41.3 个

表 2　2018 年第四季度至 2019 年第三季度渭南市房地产开发企业投资资金来源

单位：万元

时间	实际到位资金	国内贷款			自筹资金	其他资金
			银行贷款	非银行金融机构贷款		
2018 年第四季度	395106	31254	30655	599	232950	0
2019 年第一季度	407845	24000	24000	0	232681	23749
2019 年第二季度	452283	6100	6100	0	218099	4840
2019 年第三季度	693451	35800	15800	20000	369994	13381

百分点。2019 年 2～9 月渭南市房地产企业完成投资依次增长 47.8%、57.7%、47.6%、27.3%、29.0%、26.4%、21.6% 和 25.2%。2019 年前三季度，房地产开发投资 151.66 亿元，同比增长 25.2%。从工程用途看，商业营业用房投资额为 15.94 亿元，同比减少 20.3%；办公楼投资额为 1.54 亿元，同比减少 4.5%；商品住宅投资额为 119.60 亿元，同比增长 40.8%。各大知名品牌入驻渭南，投资力度持续增大，产品类型逐渐丰富。总体来看，住宅投资仍为企业的投资重点，渭南市房地产虽保持较高的增速，但是增速收窄。陕西省和渭南市房地产开发企业投资增长情况如图 1 所示。

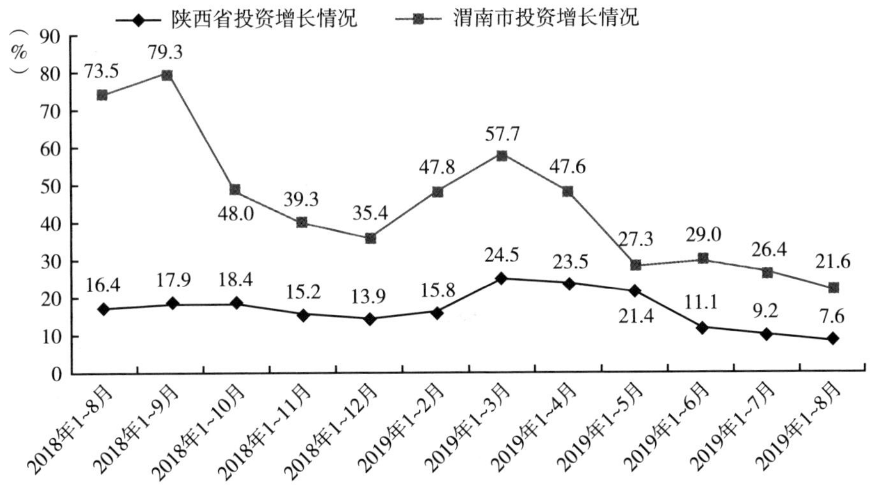

图 1　陕西省和渭南市房地产开发企业投资增长率

4. 房地产施工面积

渭南市2018年第三季度至2019年第三季度房地产施工面积为1689万平方米。其中，2018年第四季度房屋施工面积为58.38万平方米，2019年前三季度房屋施工面积为1630.62万平方米，同比增长16.6%。其中本年新开工面积为474.93万平方米，同比降低20.6%。2019年渭南市房屋施工面积情况，如表3所示。

表3　2019年前三季度渭南市房屋施工面积情况

	本年实际	较去年同期增减(%)
房屋施工面积(万平方米)	1630.62	16.6
其中:本年新开工(万平方米)	474.93	-20.6
计划总投资(亿元)	1095.81	20.2
其中:亿元以上	1078.47	21.1
本年施工项目数量(个)	191	6.7
其中:亿元以上项目(个)	159	13.6

5. 房屋竣工面积及价值

2018年渭南市房屋竣工面积为130.43万平方米，同比增长2.1%。其中房屋竣工面积为89.48万平方米，同比下降9.1%。房屋竣工价值为32.88万元，其中住宅竣工价值为18.95万元。

2019年第三季度房屋竣工面积为61.90万平方米，同比降低24.8%，房屋竣工价值为15.99亿元，同比减少29.3%。2018年第三季度至2019年第三季度房地产竣工面积为109.96万平方米，竣工价值为26.25亿元。2019年渭南市房屋竣工面积情况，如表4所示。

表4　2019年渭南市房屋竣工面积情况

	房屋竣工面积(万平方米)	同比增减(%)	房屋竣工价值(亿元)	同比增减(%)
2019年第一季度	12.14	-75.5	2.43	-84.2
2019年前二季度	35.87	-41.8	6.81	-61.2
2019年前三季度	61.90	-24.8	15.99	-29.3

（三）房地产销售情况

1. 商品房销售面积与销售额情况分析

2018 年第四季度至 2019 年第三季度渭南市房地产销售面积为 281.89 万平方米，同比下降 1.05%。2019 年 1～10 月，渭南市商品房销售面积为 244.03 万平方米，同比增长 22.4%，增速较上月回升 6.1 个百分点，比陕西省平均增速高 13 个百分点。其中，现房销售面积为 32.63 万平方米，同比下降 17.6%，占商品房销售面积的 13.4%；期房销售面积为 211.41 万平方米，同比增长 32.4%，占商品房销售面积的 86.6%。从住宅结构看，90 平方米及以下普通住宅销售面积为 7.70 万平方米，占住宅销售面积的 3.4%，同比下降 56.1%，降幅较上月收窄 2.8 个百分点；90～144 平方米（含 144 平方米）普通住宅销售面积为 182.01 万平方米，占住宅销售面积的 81.2%，比去年同期增长 42.1%，较上月扩大 6.4 个百分点；144 平方米以上普通住宅销售面积为 33.66 万平方米，占住宅销售面积的 15.0%，比去年同期增长 3.4%，较上月扩大 5.1 个百分点；别墅、高档公寓销售面积为 0.89 万平方米，占住宅销售面积的 0.4%，同比增长 39.6%，较上月收窄 7.1 个百分点。可以看出，渭南市房地产市场仍以改善型需求为主，刚性需求不断降低。2019 年 1～10 月渭南市房地产销售面积情况如表 5 所示。

2018 年第四季度至 2019 年第三季度商品房销售额为 130.07 亿元。2019 年1～10 月商品房销售额为 113.82 亿元，同比增长 37.3%，增速较上月提高 6.4 个百分点。其中，商品住宅销售额为 103.96 亿元，同比增长 47.6%，与上月相比增速提高 6.4 个百分点。

表 5　2019 年 1～10 月渭南市房地产销售面积情况

单位：万平方米，%

指标	销售面积	同比增长
商品房	175.48	37.7
现房	26.29	-4.6
期房	149.19	49.3

续表

指标	销售面积	同比增长
90 平方米及以下普通住宅	6.13	-51.4
90~144 平方米(含 144 平方米)普通住宅	128.48	64.8
144 平方米以上普通住宅	25.62	5.8
别墅、高档公寓	0.79	56.5

2. 商品房待售面积情况分析

2018 年以来，国有大型房地产开发企业纷纷入驻渭南市，渭南市房地产市场发展势头良好，商品房销售稳定向好，待售面积持续下降。2018 年渭南市商品房销售面积为252.98 万平方米，增长22.5%，增速较2017 年提高4.2 个百分点。2019 年1~9 月渭南市商品房销售面积为205.79 万平方米，待售面积为55.27 万平方米，同比下降35.6%。10 月末，渭南市商品房待售面积为54.36 万平方米，同比下降34.4%，降幅比上月收窄1.2 个百分点，待售面积比上月减少0.91 万平方米。

3. 分县（市）区商品房销售情况

从商品房销售面积和销售额来看，2018 年临渭区、韩城市、富平县、大荔县销售面积较大，分别为78.76 万平方米、68.71 万平方米、29.56 万平方米、26.96 万平方米；潼关县销售面积较小，为0.17 万平方米。临渭区、韩城市、富平县销售额较高，分别为37.29 亿元、31.19 亿元、11.16 亿元；潼关县销售额较低，为0.05 亿元。渭南市各县（市）区商品房销售面积和销售额情况如表6 所示。

表6 2018 年渭南市各县（市）区商品房销售面积和销售额

单位：万平方米，亿元

县(市)区	商品房销售面积	商品房销售额	房屋施工面积	房屋竣工面积
渭南市	252.98	107.43	1457.18	130.43
临渭区	78.76	37.29	574.34	29.31
高新区	11.09	6.17	158.50	—
经开区	—	—	—	—

续表

县(市)区	商品房销售面积	商品房销售额	房屋施工面积	房屋竣工面积
华州区	3.53	0.00	42.19	4.32
潼关县	0.17	0.05	2.94	—
大荔县	26.96	9.20	52.88	11.77
合阳县	15.01	4.73	56.5	3.85
澄城县	3.85	1.27	19.6	3.31
蒲城县	5.12	1.81	63.69	5.57
白水县	3.25	1.23	10.75	—
富平县	29.56	11.16	274.28	36.64
韩城市	68.71	31.19	177.47	29.44
华阴市	6.97	2.45	24.00	6.23

注：表格中“—”表示数据缺失。

二 房地产发展趋势分析

（一）供给趋势

从房地产投资来看，2019年第三季度渭南市房地产开发企业数量已增加至191家，政府招商引资力度不断加大，大牌开发商纷纷入驻渭南。2018年第四季度至2019年第三季度渭南市房地产开发企业投资为207.71亿元，同比增长33.6%，房地产开发企业投资热情高涨。2019年1～8月，渭南市商品房销售面积为175.48万平方米，期房销售面积为149.19万平方米，现房销售面积为26.29万平方米；别墅、高档公寓销售面积为0.79万平方米；从住宅的销售面积可以看出，90平方米及以下普通住宅销售面积6.13万平方米；90～144平方米（含144平方米）的普通住宅销售面积为128.48万平方米；144平方米以上的普通住宅销售面积为25.62万平方米。2018年第四季度至2019年第三季度渭南市部分县（市、区）房地产供给占比情况如图2所示。

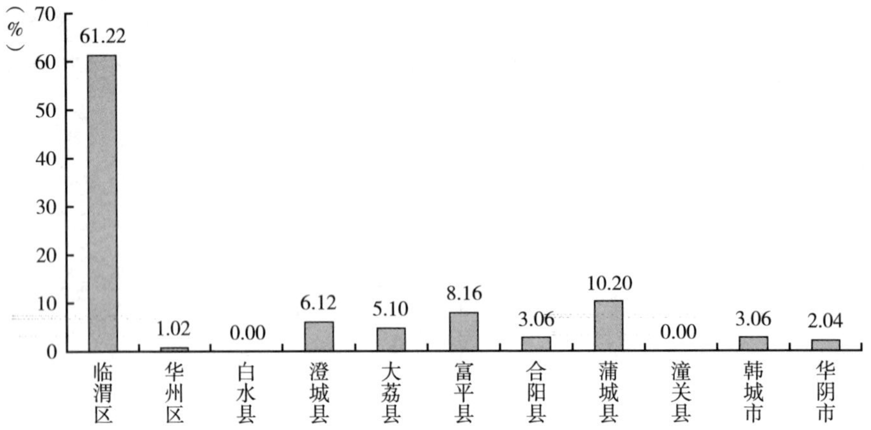

图2　2018 年第四季度至 2019 年第三季度渭南市部分县（市、区）房地产供给占比情况

（二）需求趋势

2018 年，西安市人民政府办公厅下发《关于进一步规范商品住房交易秩序有关问题的通知》，再加上价格疯涨以及摇号政策，市场需求不断由西安市转向周边城市，人口资源回流渭南市，拉动了人们对渭南市房地产的热情。而知名品牌的入驻也增强了购房者的购买欲望，带动了楼市的活跃度，增值空间日益明显。许多开发商积极调整政策，多家楼盘推出优惠政策，促进了房地产需求量的增加。与此同时，渭南市经济的迅速发展和城镇化进程的加快也带动了收入水平的不断提高，2018 年渭南市城镇居民人均可支配收入为 31133 元，较上年增长 8.3%。房地产市场也正在向追求高品质过渡，改善性住房需求增加。近年来的旧城区改造、房屋拆迁工作也拉动了房地产市场的刚性住房需求。

（三）价格趋势

综观 2018 年第四季度至 2019 年第三季度房地产价格变化趋势，可以看出渭南市房地产价格从 2018 年第三季度开始攀升，2019 年 9 月达 5422 元/平方米，较 2018 年增长 773 元/平方米，环比增加 0.71%，同比增长

16.6%。中海、碧桂园、宏帆广场、恒大等知名房地产开发企业陆续进驻渭南市，为渭南市房地产市场注入了活力，高端品牌源源入市，提供了更优质的楼盘项目，也带动了渭南市楼市整体水平的提升和房价的上涨。2018 年 9 月至 2019 年 9 月渭南市房地产成交均价情况如图 3 所示。

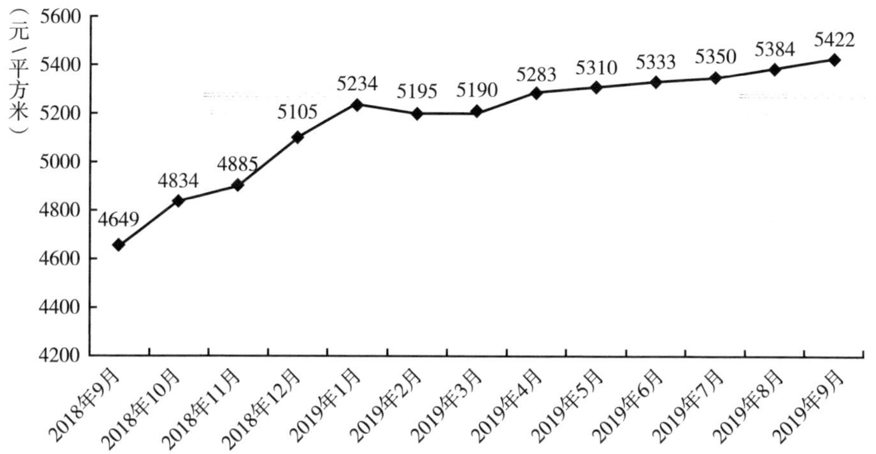

图 3　2018 年 9 月至 2019 年 9 月渭南市房地产成交均价情况

三　房地产发展存在的问题

（一）融资渠道狭窄，仍会抑制房地产的发展

2019 年前三季度，渭南市房地产业实际到位资金为 155.36 亿元，其中房地产开发企业从银行贷款金额为 4.59 亿元，占比为 2.95%；从非银行金融机构贷款金额为 2.00 亿元，占比为 1.29%；购房者支付的定金及预付款为 38.60 亿元，占比为 24.85%；房地产开发企业的自筹资金金额为 82.08 亿元，占比为 52.83%；个人按揭贷款为 23.90 亿元，占比为 15.38%；其他资金为 4.20 亿元，占比为 2.7%。由此可以看出，房地产开发企业主要依靠购房者支付的定金及预付款和自筹资金经营。由于渭南市金融市场、房

地产市场交易制度不完善，预计渭南市房地产开发企业融资渠道狭窄的问题不会有较大的改变，仍会抑制房地产开发企业的进一步发展。

（二）房地产投资在各县（市、区）有明显的差异

2018年，渭南市房地产开发投资额主要集中在临渭区、高新区、富平县和韩城市，华州区、潼关县和白水县投资额较低。房地产开发面积、销售面积和销售额数据显示，各县（市、区）的差异较为明显，如临渭区房地产开发面积较大，占总开发面积的39.41%，而潼关县仅占0.2%。区域经济发展特征以及房地产市场的作用形成了房地产市场的区域差异，不仅要考虑到房地产市场的发展，各县（市、区）房地产发展水平差异特征也需要重点考虑。

（三）保障安居工程建设问题突出

目前，渭南市的保障房形式主要有经济适用房、廉租房、公租房以及棚户区改造房。2012～2018年保障性住房建设套数分别为1.6万套、3.0万套、2.2万套、2.6万套、0.9万套、0.1万套和0.4万套，累计分配公租房约4.6万套、廉租房约9.7万套，发放租赁补贴1.9万户。渭南市公租房坚持以政府投资为主体，建设项目多分布在主城区周边。保障房由于经营利润较低，建设周期较长，企业投资的意愿较低，都是政府通过财政支出的形式参与建设。同时，地方财政对土地的依赖程度高导致政府建设保障房的主动性和积极性受到影响，保障房发展缓慢。

（四）物业管理制度不健全

物业管理人员因为物业管理制度的不健全，在处理具体工作中存在一些问题，如果不能规范地按照制度办事，会造成物业管理混乱的现象。由此，其处理问题的主观性较大，公正性和客观性无法保证，住户与物业的矛盾不断累积，纠纷事件频繁发生，且呈现纠纷难度大、纠纷周期长等特点。特别是业主委员会改选、物业公司选聘等时，物业管理公司和业主的矛盾就更加

突出，针对这种现状，部分城市试行了物业管理纠纷调解机制。渭南市在物业管理工作中，应充分发挥专业部门人才优势和专业法律知识优势，引入多元调解机制，搭建物业管理服务诉求主体沟通平台，实现人民调解、行政调解、司法调解在物业活动纠纷调处中的联动效应，促进物业活动纠纷的依法处理和物业矛盾的快速化解。

四 房地产发展对策及2020年房地产发展趋势预测

2019 年是渭南市“十三五”规划的第四年，“十三五”规划中，渭南市大力推进城镇化，建设中心区，加快城市基础建设，提升管理水平。2018 年第四季度至 2019 年第三季度渭南市房地产持续发展，房地产投资依旧火热，虽然投资放缓，但持续增长；开发资金总体放松，但资金增速有所放缓，商品房销售面积缩减，房价持续增长。渭南市房价居高不下，究其原因：一方面是渭南市政府大力引导“东扩西移”，城东区繁华再起，高新区吸引房地产开发企业入驻，增值空间日益凸显；另一方面是各大知名品牌营销方式、产品属性多样化，为房地产市场增添了不少活力。2019 年中央召开的经济会议中提出，要加强城市困难群众住房保障工作，加强城市更新和存量住房改造提升，做好城镇老旧小区改造，大力发展租赁住房。坚持“房子是用来住的、不是用来炒的”定位，并且要全面落实因城施策，稳地价、稳房价、稳预期的长效管理调控机制，促进房地产市场平稳健康发展。受国家调控政策的影响，预计 2020 年渭南市房价将稳步增长。

（一）拓宽企业融资渠道，完善交易制度

2019 年前三季度，渭南市房地产业实际到位资金为 155.37 亿元，同比增长 26.7%，其中房地产开发企业从银行贷款金额为 4.59 亿元，同比增长 18.3%；企业从非银行金融机构贷款金额为 2.00 亿元，同比增长 1122.5%；购房者的定金及预付款为计 38.60 亿元，同比增长 16.5%；企业自筹资金为 82.08 亿元，同比增长 26.2%；购房者的个人按揭贷款 23.90 亿元，同比增长

85.1%；其他到位资金4.20亿元，同比减少44.2%。由此可以看出，由于银行贷款申请门槛过高、放贷速度慢、贷款额度低等，无法满足企业的需求，企业更倾向于选择自筹资金及购房者的定金及预付款进行融资。融资渠道狭窄，抑制了房地产开发企业的进一步发展。政府、银行、房地产开发企业不仅要共同协调房地产经济，也要重视间接融资的信贷市场、直接融资的资本市场，可以建立健全房地产评估、房产保险等有效中介机构，促进市场交易环境不断优化，从而保证房地产业持续稳定健康发展。

（二）改善型住房需求推动房价稳步增长

随着渭南市经济的发展和城镇化的加速，房价持续攀升。2019年的经济会议中，中央多次强调“坚持房子是用来住的、不是用来炒的”定位，并且要求全面落实因城施策，稳地价、稳房价、稳预期的长效管理调控机制，促进房地产市场平稳健康发展。受国家调控策略和房地产供给双方发展态势的影响，预计渭南市房价将稳步增长。与此同时，推动房价上涨的又一因素是居民对改善型住房的需求逐渐上升，一代户和二代户是渭南市主要的家庭居住形态，且大多购房者选择二居室和三居室住房。随着“二孩政策”的实施，家庭人口增加，改善型住房需求将会提升。房企在加快建设普通商品房和保障性住房的同时，应为消费者提供多样化产品，如大平层、四室两厅等户型，同时完善小区周边购物、学校以及医院等配套设施，满足生活需要。

（三）加快推进保障性住房建设和棚户区改造

渭南市作为四线城市，经济总量较小。受到政府财力的限制，保障性住房建设投入资金不足，保障性住房任务的完成大部分是通过棚户区改造的形式实现的，体现了政府的无奈。随着保障性住房规模的不断扩大和新开工项目的增多，资金需求量不断增大，建成后的维护运营也需要一大笔资金，无论是上级补助资金还是地方预算均捉襟见肘。对此，针对保障性住房建设资金不足的问题，要引导社会资源参与进来，鼓励现有的供给主体合作，对有条件有意愿的供给主体给予适当的优惠，扩大房屋供给。与此同时，渭南市应抓好完善住房保障体系试点工作，争取形成可复制、可推广经验。进一步规范发展公租房，强化对环卫、公交等行业困难群体的精准保障；严格把握棚改范围和标准，稳步推进棚户区改造；总结推广试点经验，进一步完善支持政策，做好城镇老旧小区改造工作。此外，加快推进保障性住房建设还需要在国家层面上健全法规体制，从立法层面对保障房的实施对象、实施办法、惠及对象、供给标准、保障措施等进行明确界定，完善保障房准入、轮候和退出机制。

（四）进一步完善房地产信息，减少信息不对称

房地产市场信息系统的不完善会导致房地产信息不对称、不完整。对于购房者来说，失真的房地产信息会使房地产开发企业的引导作用和指导意义失效。为了保证房地产市场的健康发展，政府应对这一问题进行调控，如有关部门定期收集准确无误的房地产信息，并且按时公布给消费者，使消费者能够利用完整的房地产信息作出理性的选择，进一步促进房地产市场的发展。建议政府相关部门在已有平均房价、总开发量等信息的基础上，定期公布房地产市场的空置率、不同区位和功能商品房的房价等信息。

参考文献

陕西省统计局：《陕西统计年鉴（2018）》，2018年。

渭南市统计局：《渭南统计年鉴（2018）》，2018年。

渭南市统计局：《渭南市统计月报》2019年1～9月。

陕西省住房和城乡建设厅：《2018年全省住房城乡建设工作十大亮点》，2019年1月28日。

B.15

2018 ~2019年铜川市房地产业发展报告*

王赵民**

摘　要： 本文介绍了2018年第四季度和2019年前三季度铜川市房地产业发展状况。包括房地产开发企业、土地供应、房地产投资规模与建设、房屋销售、房地产中介市场、保障性住房建设以及物业管理等状况，全面客观分析了铜川市房地产业与经济社会的关系、存在的问题及原因，并对2020年房地产业发展走势进行预测。

关键词： 铜川市　房地产业　住房保障

铜川市位于陕西省中部，1958年建市，为关中城市群次核心城市，面积为3882平方公里，2018年末，全市户籍人口为80.37万人，常住人口为87万人，城镇化率为65.9%，是2018绿色发展典范城市之首批生态型城市，连续3年入选“中国最具幸福感城市”。以上社会经济条件为铜川市房地产业健康发展奠定了良好的基础。

---

* 在撰写本文时，铜川市统计局提供了有关房地产方面的资料；铜川市住房和城乡建设局提供了保障性住房、廉租房、物业管理及二手房交易等方面的资料；铜川市自然资源局提供了土地供应情况资料；中国人民银行铜川中心支行提供了房贷资料；铜川市税务局提供了房地产行业税收资料。对以上单位谨致谢忱。

** 王赵民，铜川市人民政府研究室原副调研员，研究方向为宏观经济、铜川地域文化。

一　房地产业发展现状

（一）房地产开发企业情况

1. 房地产开发企业基本情况

2018 年第四季度，铜川市审批房地产开发企业资质 9 批，共有铜川和聚源建设有限公司、铜川市新区建设开发公司等 16 家企业获得批准。

截至 2018 年底，铜川市有各类房地产开发企业 84 家（见表 1）。截至 2019 年 9 月，全市有房地产开发企业 89 家，同比增长 14.1%。其中，具有二级和三级资质的房地产开发企业共有 38 家，四级资质的有 40 家，四级资质以下的有 11 家。

表 1　2018 年铜川市房地产开发企业及项目统计

区县名称	企业数量(家)	项目数量(个)	有工作量项目(个)
铜川市	84	90	58
王益区	29	17	10
印台区	3	12	7
耀州区	9	21	9
新区	38	34	28
宜君县	5	6	4

资料来源：铜川市统计局。如无特殊说明，本文资料均来源于此，不再赘述。

2019 年 2 月 22 日，根据《房地产开发企业资质管理规定》《陕西省房地产开发企业资质管理办法》的规定，铜川市对在房地产开发企业资质证书有效期期满后未按规定办理核定资质等级手续的铜川市建旭房地产开发有限责任公司等 12 家房地产开发企业资质证书予以注销，确保房地产开发有序进行。

2019 年 1～9 月，铜川市共审批房地产开发企业 17 次，共有融锦（铜川）建设有限公司、铜川七彩置业有限公司等 28 家企业获得批准（见表 2）。

表2　2019 年 1 ~9 月铜川市房地产开发企业情况

区县名称	企业数量(家)		增长(%)
	2019 年	2018 年	
铜川市	89	78	14.1
王益区	29	27	7.4
印台区	3	3	0.0
耀州区	10	9	11.1
宜君县	6	3	100.0
新区	41	36	13.9

2. 房地产开发企业项目基本情况

2018 年，铜川市在统房地产开发企业 84 家，有户实项目数量 90 个，较上年减少 8 个。其中，有工作量的项目 58 个，较上年减少 5 个（见表 3）。

表3　2018 年铜川市房地产开发企业及项目统计

区县名称	企业数量(家)	项目数量(个)	有工作量项目(个)
铜川市	84	90	58
王益区	29	17	10
印台区	3	12	7
耀州区	9	21	9
新区	38	34	28
宜君县	5	6	4

2019 年 1 ~9 月，铜川市房地产开发项目共有 86 个，同比下降 1.1%；其中，有投资的项目 47 个，同比减少 9 个；无投资的项目 39 个，同比增加 8 个，占比为 45.3%，比重较上年同期提升 9.7 个百分点（见表 4）。

表4　2018 年和 2019 年 1 ~9 月铜川市房地产开发情况

有工作量项目(个)		2019 年增速(%)
2019 年	2018 年	
10	11	-9.1
4	7	-42.9
7	8	-12.5

续表

有工作量项目(个)		2019 年增速(%)
2019 年	2018 年	
3	3	0.0
23	27	-14.8
47	56	-16.1

3. 房地产开发企业存在的主要问题

除了铜川市本地房地产开发企业外，入驻铜川市的房地产开发企业多来自四川、河南、山西等地以及省内其他市县。上述企业的特点是资质高、规模大、资金雄厚、吸纳劳动力多、开发能力强，为铜川市的房地产市场注入了活力。

铜川市属国有、集体及私营企业中一级资质企业空缺，二级资质企业较少，三级以及以下资质企业占82%，规模小、资金短缺、房地产开发能力相对较弱。

（二）房地产开发与投资情况

1. 土地供应

2018 年 10 月，自然资源部发布的《全国城市区域建设用地节约集约利用评价情况通报》指出，铜川市列全国城市区域建设用地节约集约利用主要指标排名前 20 名，其中铜川市单位固定资产投资消耗新增建设用地 0.3 平方米/万元，排名全国第七。根据陕西省自然资源厅对全省土地供应及供后开发利用监测监管情况的通报，铜川市土地供应率连续 3 年稳居全省第一。

2018 年第四季度，铜川市供应住宅用地总面积为 21.73 公顷（含新增用地 17.77 公顷）。其中划拨 3 宗 5.65 公顷（新增 4.92 公顷，存量 0.73 公顷），出让 5 宗 16.08 公顷（新增 12.85 公顷，存量 3.22 公顷）。

2019 年前三季度，铜川市供应住宅用地 12 宗 21.43 公顷（含新增用地 17.41 公顷），其中划拨 7 宗 13.54 公顷（新增 12.02 公顷，存量 1.52 公顷），出让 5 宗 7.88 公顷（新增 5.39 公顷，存量 2.50 公顷）。2019 年铜川市国有建设用地供应情况如表 5 所示。

表5　2019年铜川市国有建设用地供应情况

单位：公顷

总供应面积合计	925.48	供应计划年度	2019年
商服用地	90.20	工矿仓储用地	249.62
公共管理与服务用地	88.60	交通运输用地	432.66
水域及水利设施用地	9.52	特殊用地	8.54
住宅供地总量	46.36		

保障性安居工程用地									商品住房用地		保障性安居工程和中小套型商品房用地占比（%）
保障性住房用地		各类棚户区改造用地				公共租赁房		限价商品房	总量	其中中小套型商品住房	
廉租房	经济适用房	总量	廉租房	经济适用房	中小套型商品住房	划拨	出让				
0	0.70	30.09	0	21.40	8.69	0.55	0	8.24	6.77	3.50	92.94

资料来源：铜川市自然资源局。

2. 固定资产投资及房地产投资完成情况

（1）固定资产投资情况

2018年，铜川市全社会固定资产投资同比增长13.8%，增速较上年提高1.3个百分点。其中固定资产投资（不含跨区投资和农户投资）增长11.0%（见表7）；民间投资增长56.2%，同比提高57.2个百分点。铜川市亿元以上施工项目158个，增长20.6%。

2019年1~9月，铜川市民间投资占全市固定资产投资的54.2%，比重较上年同期提升13个百分点；投资额同比增长45%，增速已连续6个月保持在40%左右。其中，房地产开发企业投资占全市民间投资的16.6%。

表6　2018年10月至2019年9月铜川市房地产开发贷款情况

单位：万元

	2018年9月30日	2018年12月31日	2019年3月31日	2019年6月30日	2019年9月30日
房地产开发贷款	18006.16	26479.6	35547.23	66147.23	64660
1. 住房开发贷款	6560	16560	26560	57660	57660
其中:保障性住房开发贷款	6560	6560	6560	6560	6560

续表

	2018 年 9 月 30 日	2018 年 12 月 31 日	2019 年 3 月 31 日	2019 年 6 月 30 日	2019 年 9 月 30 日
2. 商业用房开发贷款	11446.16	9919.6	8987.23	8487.23	7000
购房贷款	283420.28	287514.14	297702.68	315257.92	330012.11
1. 企业购房贷款	1129	1104	1084	1064	1033
2. 个人购房贷款	282291.28	286410.14	296618.68	314193.92	328979.11
证券化的房地产贷款	1675.29	1632.03	1554.30	1662.21	1943.89
附:个人购买保障性住房贷款	3291.93	3282.35	3304.43	3312.90	3254.72

资料来源：中国人民银行铜川中心支行。

表 7　2018 年铜川市固定资产投资增速

指标	比上年增长(%)
全社会固定资产投资	13.8
固定资产投资总额	11.0
项目投资	10.4
房地产开发投资	16.3

（2）房地产投资情况

2018 年 10 月以来，铜川市因地施策、分类指导，逐步建立和完善房地产市场发展的长效机制，全市房地产开发呈现投资增速低开高走态势。全年房地产开发投资 28.77 亿元，同比增长 16.3%，增速较上年提升 58.4 个百分点。其中，房地产业民间投资增长 46.4%，较上年提升 90.1 个百分点，占全市房地产业民间投资的 22.7%。分析其特点，主要有三点。

一是续建项目占比大，新增大企业贡献明显。2018 年，铜川市共有房地产开发项目 90 个，较上年同期减少 8 个。其中，本年有投资的项目仅 58 个，较上年同期减少 5 个；新增项目 11 个，完成投资 9.63 亿元，占房地产开发投资的 33.5%。

二是区县差异大，新区是主力。从区域投资来看，投资增速“二增三降”，新区房地产投资居主导地位。截至 2018 年 12 月底，新区房地产开发完成投资 21.87 亿元，同比增长 111.3%，占全市房地产投资的 76%，是拉动全市房地产开发投资较快增长的主力军。印台区、宜君县、王益区、耀州区等四个区县增速分别为6.8%、-34%、-51.7%和-61.9%。

三是住宅及商业营业用房为投资主体。从工程用途看，全市住宅投资14.87亿元，同比增长17.6%；商业营业用房投资5.96亿元，同比增长31.2%；办公楼投资0.81亿元，同比增长47.3%；其他房屋投资7.13亿元（主要为车库、停车场、小区配套幼儿园、体育馆、学校用房等），同比增长2%。四种类型投资比重为51.7∶20.7∶2.8∶24.8。

2019年1～9月，铜川市房地产开发投资增长12.7%。一是受绿地不夜城、碧桂园、中梁首府等项目进度放缓、投资减少等因素影响，全市房地产开发完成投资24.10亿元，同比增长9.1%，增速较上年同期回落3.4个百分点，较上半年回落31.4个百分点。二是区县投资增速"三增两降"。其中，占全市房地产开发投资79.3%的新区同比增长13.4%，增速较上半年回落33.0个百分点；王益区增长72.8%、印台区下降62.7%、耀州区下降12.5%、宜君县增长39.6%。

3. 房地产施工面积及竣工面积

2018年，铜川市房地产施工面积为496.12万平方米，同比增长0.2%。房地产新开工面积为59.31万平方米，同比增长101.3%，增速同比提高174.8个百分点，领地未来城、铜川碧桂园翡翠公馆、中梁首府项目等三个新开工项目占全市新工面积的49.3%，是拉动全市新开工面积快速增长的主要力量。全市房地产竣工面积为46.16万平方米，同比增长147.1%，增速同比提升208.3个百分点。2018年10月以来，受房地产开发投资增速低开高走的影响，全市房地产开发新开工面积增速持续增长。

2019年1～9月，铜川市房地产新开工面积为86.67万平方米，同比增长123.2%，增速较上半年回落36.2个百分点。其中，住宅新开工面积56.29万平方米，同比增长74.7%；办公楼新开工面积27.05万平方米（同期无基数）；商业营业用房新开工面积1.46万平方米，同比下降44.8%；其他新开工面积1.86万平方米，同比下降53.1%。

2019年1～9月，铜川市房地产施工面积为500.17万平方米，同比增长5.2%，增速较上半年提高10.9个百分点。其中，住宅施工面积为362.35万平方米，同比增长3.7%；办公楼施工面积为43.92万平方米，同比增长148.3%；商业营业用房施工面积为66.31万平方米，同比下降11.3%；其他房屋施工面积为27.58万平方米，同比下降18.1%。

4. 房地产开发企业资金

（1）资金来源

房地产开发企业的资金主要依靠银行放贷和自筹，自筹资金主要来源于购房者的定金、预付款等。个人购房资金，除了自有资金、自筹（含民间借贷）资金外，居民首选公积金贷款，其次是从金融机构按揭贷款。

2018年，铜川市房地产开发企业到位资金大幅增长，实际到位资金46.83亿元，同比增长93.4%，增速同比提高126.6个百分点。从资金构成来看，国内贷款0.51亿元，同比下降48.5%；自筹资金21.24亿元，同比增长92.7%；其他资金25.08亿元，同比增长105.6%（其中，定金及预付款11.85亿元，同比增长59.6%；个人按揭贷款为4.41亿元，同比增长63.3%）。三种类型资金比重为1.1∶45.4∶53.5。

2019年前三季度，全市房地产开发企业到位资金为39.84亿元，同比增长24.9%，增速较上半年回落20.3个百分点。房地产开发企业到位资金依旧以自筹资金为主，比重高达71.5%，其余四类到位资金来源占比为28.5%。到位资金增速回落明显，资金来源单一。

（2）银行对房地产业的支持情况

2019年前三季度，铜川市的银行业金融机构提供的贷款与2018年末趋势一致。2016年、2017年、2018年，银行提供房地产开发贷款分别约为16966.04万元、27590万元、26479.6万元，处于增长态势。2019年前三季度维持了这种趋势。

个人购房贷款方面，2016年、2017年、2018年分别为215611万元、237299万元、286410.14万元，增长明显。2019年前三季度呈增长态势。

（三）房地产销售情况

1. 销售面积

2018 年，铜川市商品房销售面积为 54. 63 万平方米，同比增长 32. 6%，增速同比提高 14. 1 个百分点。10 月以来销售面积增速逐月放缓，第四季度共销售 786 套，面积为 8. 85 万平方米。2019 年 1 ~9 月，全市商品房销售面积为 42. 17 万平方米，同比增长 9. 9%，增速较半年回落 6. 7 个百分点（见表 8）。

表 8　2018 年 10 月至 2019 年 9 月铜川市商品房网签情况

月份	合同成交面积（平方米）	成交金额（元）	均价（元）	成交套数（套）
2018 年 10 月	33009. 10	125516379	3802. 48	313
11 月	30693. 49	147352617	4800. 78	294
12 月	24757. 36	124575090	5031. 84	179
2019 年 1 月	40470. 73	269826629	6667. 20	412
2 月	24987. 35	143819433	5755. 69	205
3 月	32470. 31	177498774	5466. 49	281
4 月	57083. 62	251657560	4408. 58	479
5 月	54333. 99	268523856	4942. 10	533
6 月	52632. 87	266261603	5058. 85	432
7 月	55701. 71	275551593	4946. 91	414
8 月	62664. 25	319346806	5096. 16	496
9 月	41371. 84	226598666	5477. 12	337

资料来源：铜川市住房和城乡建设局。

商品房销售以期房销售为主。2019 年 1 ~9 月，全市商品房销售面积中，期房销售面积为 33. 68 万平方米，同比增长 14. 6%，增速较上半年回落 12. 7 个百分点；现房销售面积为 10. 08 万平方米，同比下降 3. 4%，增速较上半年收窄了 9. 2 个百分点。期房和现房销售面积结构比重约为 3. 3∶1。

住宅销售占比最大。2019 年 1 ~9 月，住宅销售面积为 39. 99 万平方米，同比增长 5. 9%，增速较上半年回落 5. 3 个百分点，占全市商品房销售面积的比重为91.4%。商业营业用房、办公楼、其他商品房等销售面积分别为1.04万平方米、1.01万平方米和1.72万平方米，分别占2.4%、2.3%、3.9%。

中等户型销售是主导。2019年1～9月，全市住宅销售面积中，90平方米及以下销售面积为7.49万平方米，同比增长44.7%，增速较上半年提升65.9个百分点；90～144平方米（含144平方米）销售面积为30.20万平方米，同比下降4%，降幅较上半年收窄9个百分点；144平方米以上销售面积为2.3万平方米，同比增长101.0%，增幅较上半年提高24.7个百分点。

2. 销售价格

2018年10月以来，铜川市房价走势平稳，以新区房价最高，均价在5500元左右。重点地段房价较高，均价在6000元以上。王益区、宜君县房价为4800～5200元。2019年1～9月，铜川市房价为4900～5600元（见表9）。

表9　2019年1～9月铜川市商品房销售价格

单位：元/平方米

	1月	2月	3月	4月	5月	6月	7月	8月	9月
均价	4932	5017	5395	5573	5539	5500	5460	5284	5316

3. 待售面积

2018年，铜川市商品房待售面积约为48.15万平方米，同比增长9.1%，增速同比提高2.2个百分点（见表10）。其中待售1～3年（含1年）商品房面积为10.46万平方米，占全市商品房待售面积的21.7%，比重较上年降低25.1个百分点；待售3年以上的商品房面积为7.43万平方米，主要集中在耀州区中央广场工程和鑫苑雅居；待售1年以内的商品房面积为30.26万平方米，占全市商品房待售面积的62.8%。从构成看，住宅待售面积为28.77万平方米、办公楼待售面积为0.23万平方米、商业营业用房待售面积为15.09万平方米、其他类型待售面积为4.06万平方米，分别占全市商品房待售面积的59.8%、0.5%、31.3%和8.4%。截至2019年9月底，全市商品房待售面积为37.92万平方米，同比下降26.1%。

表10　2018年铜川市各区县待售面积

单位：平方米，%

区县	2018年	2017年	增速
王益区	23899	30637	-22.0
印台区	16080	22785	-29.4
耀州区	95075	99136	-4.1
宜君县	19318	35540	-45.6
新区	327112	253244	29.2
合计	481484	441342	9.1

（四）房地产业与经济发展的关系

1. 房地产业在经济发展中所占比重

2018年，铜川市房地产开发实现增加值4.32亿元，占GDP的1.3%，比重较上年提升0.2个百分点。全市在统房地产开发企业84家，较上年同期增加11家。全市共有房地产开发项目90个，较上年减少8个；其中有工作量的58个，较上年减少5个。2019年第三季度，全市房地产开发实现增加值为15.33亿元，占比为6.0%，同比增长3.4%（见表11）。

表11　2019年前三季度铜川市房地产业增加值

时间	现价增加值(亿元)	现价占比(%)	可比价增速(%)
第一季度	4.60	6.7	4.1
第二季度	10.79	6.8	4.9
第三季度	15.33	6.0	3.4

资料来源：铜川市统计局。

2. 房地产业对经济的拉动作用

2018年，全市房地产对经济增长的贡献率为2.5%，拉动全市经济增长0.15个百分点。2019年1~9月，全市新开工项目投资同比增长22.9%，对全市固定资产投资的贡献率为70%，拉动全市投资增长8个百分点。

3. 房地产业对就业的贡献

据《铜川统计年鉴（2019）》，2018年末，全市房地产业在册从业人员为2513人，其中房地产开发经营1751人、物业管理702人。据调查，不在统计范围的从业人员远远大于在册人员，房地产业吸纳劳动力前景广阔。

4. 房地产业对地方税收和财政的贡献

2018年，铜川市房产税收入为4398万元，占全市税收收入175198万元的2.5%，占全市地方财政收入230991万元的1.9%（见表12）。10～12月，全市房地产业实现税收收入7907万元。2019年前三季度，全市房地产业实现税收收入2.64亿元，占全市同期地方财政收入19.38亿元的13.62%。

表12　2018年铜川市房产税收入

单位：万元

市本级	耀州区	新区	宜君县	印台区	王益区	合计
4398	528	475	167	136	432	6136

资料来源：《铜川市统计年鉴（2019）》。

二　房屋中介发展现状

（一）房屋中介及市场状况

2018年以来，铜川市对房地产经纪机构进行严格审查、上网公示。按照《铜川市住房租赁中介机构乱象专项整治工作方案》，对全市从事住房租赁中介的机构和从业人员情况调查摸底，建立台账。对住房租赁中介行为进行全面检查和治理，对未取得铜川市房地产经纪机构备案证书的中介机构依法查处违法违规行为，进行通报，并责令其立即停止房屋租赁业务活动。2018年10～12月，铜川市根据《房地产经纪管理办法》规定，先后分12批次对21家房地产经纪机构进行了登记备案，准予在市域范围内开展房屋销售及租赁、房地产中介服务等业务。2019 年 1 ~9 月，铜川市分 7 批次对陕西美联万佳房地产营销策划有限公司等 22 家房地产经纪机构进行登记备案，准予在铜川市域内从事房屋买卖、房屋租赁、营销策划、代办过户、家政、楼盘代理销售等房地产经纪业务。

（二）二手房交易情况

2018 年 10 ~12 月，铜川市完成二手房交易 269 套，面积为 24536. 48 平方米，合同成交金额为 7306. 30 万元。2019 年 1 ~9 月，铜川市共完成二手房交易 1013 套，面积 96409. 14 平方米，合同成交金额 31861. 70 万元（见表 13）。无论是交易面积、交易金额和房屋套数，均高出 2015 年、2016 年和 2017 年全年的交易量。

表 13　2018 年 10 月至 2019 年 9 月铜川市二手房网签情况

月份	网签面积（平方米）	套数（套）	合同成交金额（万元）
2018 年 10 月	8287. 12	97	2247. 70
11 月	7585. 56	82	2382. 50
12 月	8663. 80	90	2676. 10
2019 年 1 月	7094. 05	75	2023. 80
2 月	5062. 85	52	1623. 10
3 月	8822. 29	96	2909. 10
4 月	13549. 89	137	4514. 72
5 月	11348. 05	117	4042. 70
6 月	10280. 82	113	3029. 11
7 月	14665. 08	151	5217. 95
8 月	14985. 73	159	4869. 83
9 月	10600. 38	113	3631. 39
合计	120945. 62	1282	39168. 00

资料来源：铜川市住房和城乡建设局。

三 保障性住房现状

（一）保障房建设情况

2018 年，铜川市住房保障工作任务为棚户区改造开工 2277 套，基本建成 1324 套；列入国家计划的政府投资公租房新增分配 1167 套；发放城镇住房保障家庭租赁补贴 6100 户。截至 2018 年 12 月底，全市棚户区改造 100% 完成任务目标，基本建成 1405 套，占目标任务的 106.12%；列入国家计划的政府投资公租房新增分配 1437 套，占目标任务的 123.14%；发放城镇住房保障家庭租赁补贴 6156 户，占目标任务的 100.92%。

2019 年铜川市住房保障工作任务为开工棚户区改造项目 16 个，棚改安置房基本建成 1330 套；列入国家计划的公租房基本完成分配；发放城镇住房保障家庭租赁补贴 4340 户。截至 9 月底，全市 2019 年 16 个棚户区改造项目全部开工，棚改安置房基本建成 1971 套，占目标任务的 148.2%；列入国家计划的公租房累计完成分配 48547 套，分配率超过 90%；发放城镇住房保障家庭租赁补贴 4363 户，占目标任务的 100.53%。

（二）实施保障房的主要做法

1. 加快保障房供应

对未竣工的市本级公租房项目，实施“一项一策”推进计划，按照先易后难的原则，集中力量推进项目竣工交房，祥和园、河滨小区等项目顺利向群众交付，2019 年铜川市共有 2883 户保障对象入住新居。

2. 降低保障房门槛

结合实际对北市区公租房保障政策进行了调整，进一步降低保障门槛，简化审批程序，对本地城镇中等偏下收入住房困难家庭、新就业大学生、外来务工人员、环卫工人及公交司机、青年医生和青年教师等不同群体，精准设定收入标准，做到应保尽保，能保尽保。

3. 多渠道实施保障

坚持实物保障与补贴保障并行的住房保障制度，根据城镇住房保障家庭租赁补贴年度发放计划，积极争取国家补助资金，规范发放程序，指导各区县开展城镇住房保障家庭租赁补贴发放工作，通过发放租赁补贴的形式，全年累计对4374户困难家庭实施了保障。

4. 强化资产管理

按照铜川市政府解决不动产登记遗留问题的工作要求，建立了保障房项目手续办理台账，夯实目标任务，成立工作专班，积极协调各方，着力完善保障房项目建审及验收手续，全市共有19个保障房项目完成了确权登记。

四　物业管理现状

2018年10月至2019年9月，铜川市住房和城乡建设局作为政府主管物业工作的职能部门，主要做了以下工作，为铜川市创建国家级卫生城市、国家文明城市做出了突出贡献。

1. 开展立法调研

按照第十六届铜川市人大常委会五年（2017～2021年）立法规划，“铜川市物业管理条例”被列为一类项目，铜川市认真开展立法准备工作，通过外出考察学习、召开物业管理工作汇报会等形式，多次征求意见建议，详细了解政策变化对行业带来的具体影响，摸清行业管理基础资料，以及当前行业管理方面的热点、难点问题，使“铜川市物业管理条例”更具指导性和可操作性，有利于化解当前物业管理工作中的诸多焦点问题。

2. 做好行业协会指导监督工作

为了加强行业自律、规范经营行为，经过精心筹备，组建了铜川市物业管理协会，在“三供一业”和居民用电户表改造、从业人员培训交流等方面发挥了作用。

3. 开展物业管理专项检查

定期检查区县物业管理工作情况，督促辖区各物业企业扎实做好物业管理、设施设备安全、消防安全、创国卫、改善人居环境、创文等方面的工作，扎实推进生活垃圾分类收集和物业项目备案工作，维护住宅小区的和谐稳定。

4. 开展物业小区创文活动

制定印发《关于铜川市住宅小区创建全国文明城市工作责任清单的通知》，督促各区县认真抓好创文创卫环境整治工作，明确责任清单；督促各物业小区整改落实，组织开展物业管理规范化示范小区和市级物业管理规范化示范小区创建活动。

五　房地产业发展存在问题、对策建议及趋势预测

（一）存在问题

1. 开发规模较大

近年来，全市房地产开发施工面积年均接近500万平方米，投资增长仍较快运行，销售市场稳中有降。同时，从商品房销售情况看，2015年以来，商品房销售面积年均接近40.3万平方米。2018年建成待售面积比重达62.8%。考虑到人口的集聚速度缓慢，开发速度超过人口集聚速度。

2. 库存压力增大

铜川市商品房待售面积逐月增加。其中，新区占到全市商品房待售面积的2/3，主要集中在领地未来城、正大华府公馆等项目。

（二）对策建议

1. 继续保持房地产开发投资和经济增长协调发展

维持房地产开发投资的适度发展和合理规模，保持房地产开发投资的规模与经济增长协调一致，有利于促进经济平稳增长，有助于促进房地产市场的长远健康发展。在推进房地产开发建设中要考虑经济增长，更要注重长远

发展。目前，铜川市正处于转型快速发展期，房地产市场需求稳定，在推进房地产开发上，要做到规模适度，循序渐进，科学统筹，协调发展。

2. 提升城市品味，推动消费购房意愿

一是做好规划，实施配套工程，进一步优化住房环境，增加商品房的吸引力，增强住房购买需求，刺激销售市场，增强市民的购房意愿。二是利用新区区位好、环境优良、人口少等优势，把握铜川融入大西安、国家做强关中平原城市群铜川节点城市等机遇，做精城市配套和环境，营造良好的营商环境，提升城市魅力和品位，吸引大型企业和周边市县人口来新区发展，促进房地产业发展。

3. 调整房源结构，提升行业发展水平

适度增加中高端房源供应，满足改善型需求，稳定基本居住需求，引导房地产开发企业以 90～144 平方米（含 144 平方米）户型为主要开发方向，在小区配置上更加突出小区的智能化、人性化、舒适化，满足购买者消费观念变化，促进全市房地产行业提升。

4. 加大调控力度

在落实好国家宏观调控各项政策和措施的情况下，把握市场供应和投放的节奏，合理调整土地和房源供应，调节市场需求变化，及时清理部分“僵尸”房地产项目，保证房地产市场的活力，使现有的待开发土地可以得到合理应用。同时要将健全住房保障体系、调整住房供应结构、稳定住房市场价格等各项任务落到实处，促进房地产市场平稳运行。

5. 强化市场监管，稳定行业发展

发挥规划、土地、住建、金融等部门作用，形成事前、事中、事后的三级监管机制、信息共享机制、风险防范机制，在土地购置、房屋建设与预售、不动产登记和信用管理等方面加大信息透明度、公开度。同时，积极引导媒体正面宣传房地产市场，使社会及时准确理解房地产市场形势，形成有利于稳定市场预期、稳定房价的舆论氛围，促进房地产消费理性发展。强化对房地产市场的监管，加大对违规销售、恶意炒作、无证销售等扰乱市场行为的打击力度，规范企业经营行为、维护市场稳定。

（三）2020年铜川市房地产发展趋势分析

2020年，铜川市提出要“加快发展城市经济，完善基础配套功能，提高精细管理水平，推进产城融合发展，让城市成为老百姓宜居宜业的幸福家园”。作为资源型城市，国家土地政策有利好的一面，加之国家对铜川市建设保障性住房有好的政策倾斜，铜川市将充分利用好政策，加强市场调研，适当调整投资规模，针对不同人群改善住房户型和结构。

2020年，铜川市房地产市场“去库存”压力不减，房地产销售价格将会维持现状，后半年略有上升，但均价不会超过6000元。

预计2020年铜川市房地产开发投资将持续增长，新开工面积、商品房竣工面积将呈现快速增长的趋势，房地产业拉动经济增长和就业的作用将更加突出。

B.16
2018 ~2019年宝鸡市房地产业发展报告

任维哲　王 欢　陆启浩　孙 天　宋 洁*

摘　要： 本文分析了宝鸡市2018~2019年的房地产发展状况，在房地产运营方面，对房地产开发企业、固定资产与房地产开发投资、商品房施工面积、商品房竣工面积、商品房销售面积这五个方面进行了分析；在房地产市场发展方面，对商品房供销情况、购房群体、商品房用途这三个方面进行了分析；此外还对宝鸡市的保障性住房、住房公积金异地贷款状况进行了阐述。最后，基于宝鸡市2018~2019年房地产的发展状况对2019~2020年的房地产业发展做出展望。

关键词： 宝鸡市　房地产　房价

一　房地产业运营分析

（一）宝鸡市房地产开发企业

伴随全国经济下行的压力，2018年宝鸡市GDP增长率较上年下降1.5%，由此引发一系列的连锁反应，在房地产业表现明显。宝鸡市统计局

* 任维哲，博士研究生，西安财经大学科研处处长，教授，研究方向为金融学；王欢，西安财经大学硕士研究生，研究方向为农村金融；陆启浩，西安财经大学硕士研究生，研究方向为区域经济学；孙天，西安财经大学硕士研究生，研究方向为区域经济学；宋洁，西安财经大学硕士研究生，研究方向为农村金融。

发布的《2018 年宝鸡经济社会发展综述》显示，2018 年宝鸡市房地产开发企业仍旧为 243 家，较上年零增长，但是房地产开发企业数的零增长不能代表房地产市场其他指标的停滞不前，宝鸡市 2018 ~2019 年房地产开发投资、建设和销售等各个环节的指标受相关政策和市场的影响有所增长，但是整体发展趋势健康平稳，稳步前行。

（二）固定资产与房地产开发投资分析

根据 2014 ~2018 年《陕西统计年鉴》与《宝鸡市国民经济和社会发展统计公报》（下面数据同样来自该两个统计公报，不再赘述），统计 5 年中宝鸡市全社会固定资产投资与房地产投资的相关数据，绘制成表格，如表 1 所示。

2014 ~2018 年，宝鸡市全社会固定资产投资保持连年上涨的态势，由 2014 年的 2105.59 亿元攀升到 2018 年的 4323.33 亿元，5 年翻了一番，年平均增长率为 21.00%，可见宝鸡市全社会固定资产投资正处于繁荣阶段。

表 1　2014 ~2018 年宝鸡市全社会固定资产投资与房地产投资情况

单位：亿元，%

年份	全社会固定资产投资	增长率	房地产开发企业投资	增长率	房地产开发企业投资/全社会固定资产投资
2014	2105.59	26.1	93.10	14.60	4.42
2015	2589.88	23.0	94.78	1.80	3.66
2016	3199.84	24.1	132.41	39.70	4.14
2017	3856.67	20.5	165.60	25.10	4.29
2018	4323.33	12.1	201.83	21.90	4.67

2018 年宝鸡市全社会固定资产投资为 4323.33 亿元，比上年增长 12.1%，增长率较上年稍有放缓，回落了 8.4 个百分点。其中固定资产投资（不含农户及跨地区项目投资）为 4169.84 亿元，比上年增长 11.3%。在固定资产投资中，民间资本投资增长 2.3%。2018 年全市固定资产投资（不含“三农”）按照三次产业构成划分，第一产业投资额为 525.40 亿元，比上年

增长46.7%；第二产业投资额为909.00亿元，比上年下降18.1%；第三产业投资额为2735.4亿元，比上年增长20.1%。2018年宝鸡市三次产业投资额占比分别为12.6%、21.8%和65.6%。2014~2018年宝鸡市全社会固定资产投资总额及其增长率的变化趋势如图1所示。

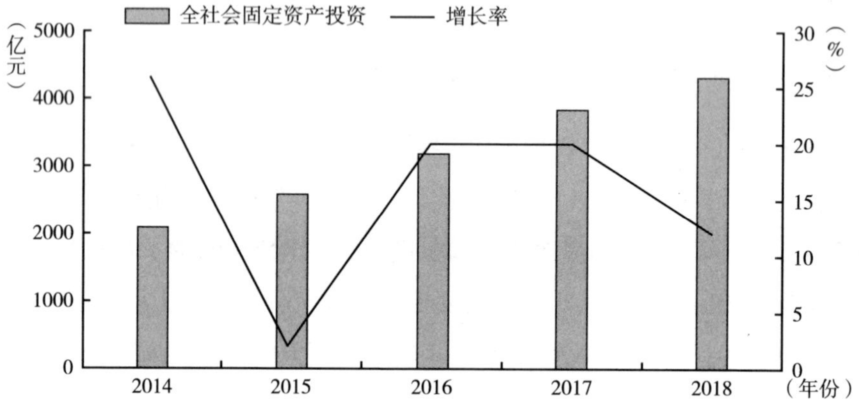

图1　2018年宝鸡市全社会固定资产投资总额及其增长率

截至2019年11月，宝鸡市统计局最新发布的公告《2019年前三季度经济运行总体回暖趋好》显示，2019年前三季度，全市固定资产投资下降6.7%，降幅较1~8月扩大2.2个百分点。其中，第二产业投资增长15.1%，第一产业、第三产业投资分别下降1.7%和15.0%。此外，工业投资和民间投资增速提高，工业投资和高新技术制造业投资分别增长15.6%和41.6%，分别比1~8月提高9.1和28.1个百分点。民间投资增速扭负为正同比增长1.0%，比1~8月提高1.5个百分点。

由表1可知，2014~2018年宝鸡市房地产开发企业投资额一直在上涨，从93.10亿元迅猛增加至201.83亿元，5年之间翻了一番多，年平均增长率为23%，宝鸡市房地产开发企业投资正处于火热发展的阶段。2018年全市房地产开发企业投资总额及其增长率的变化趋势，如图2所示。

2018年宝鸡市房地产开发企业投资为201.83亿元，比上年增长21.90%，增长率较上年略微放缓，回落了3.2个百分点。房地产市场形

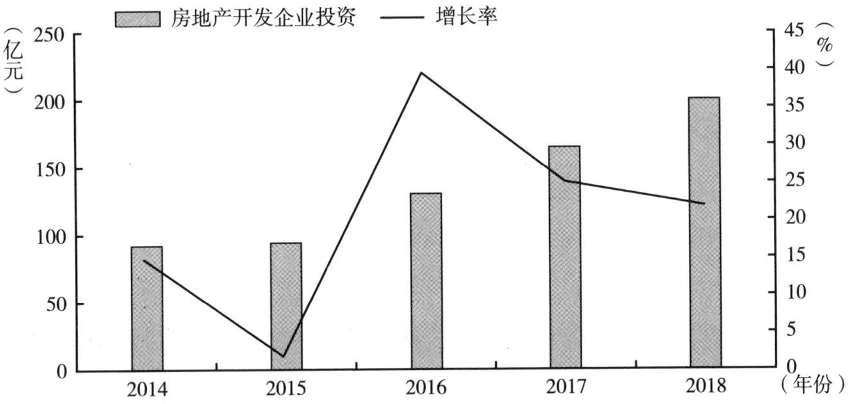

图2　2014～2018年宝鸡市房地产开发企业投资总额及其增长率

势较好，2019年前三季度全市房地产企业开发投资完成总量为181.91亿元，同比增长21.5%，比上半年增速回落5.7个百分点，宝鸡市占陕西省房地产开发企业投资额比重为6.5%，在全省排名第二，仅次于西安市。

陕西省统计局发布的《前三季度全省房地产开发市场运行情况》显示，2019年前三季度宝鸡市房地产投资额为181.91亿元，同比增长为21.5%，占全省的比重为6.5%。2018年陕西省统计局发布的《2018年1～11月全省房地产开发市场主体平稳》显示，2018年1～11月宝鸡市房地产开发投资完成总量为183.61亿元。

（三）商品房施工面积分析

根据2014～2018年陕西省统计局和宝鸡市统计局的统计公报，宝鸡市商品房施工面积与住宅面积相关的数据如表2所示。

2014～2018年宝鸡市商品房施工面积及其所包含的住宅面积逐年增长，商品房施工面积由2014年的828.63万平方米增加至2018年的1228.45万平方米，5年增长了48.25%，其年平均增长率为9.65%；住宅面积由2014年的637.62万平方米增加至2017年的891.32万平方米，年增长率为9.95%。

表2 2014～2018年宝鸡市商品房施工面积与住宅面积情况

单位：万平方米，%

年份	商品房施工面积（万平方米）	增长率(%)	住宅面积（万平方米）	增长率(%)	住宅面积/商品房施工面积(%)
2014	828.63	15.10	637.62	8.00	76.95
2015	909.00	9.70	701.11	10.00	77.13
2016	939.76	3.38	719.15	2.57	76.52
2017	1178.39	25.39	891.32	23.94	75.64
2018	1228.45	4.20	—	—	—

住宅面积与商品房施工面积的比重相对比较稳定，在76%左右。

施工面积指报告期内施工的所有房屋建筑面积和上期开工跨区本期继续施工的房屋面积，以及上期已经停建在本期恢复施工的面积。过去5年宝鸡市商品房新开工面积的数据如表3所示。

2014～2018年宝鸡市商品房新开工面积从234.45万平方米上增加238.89万平方米，5年间经过3次增长（其中2017年暴涨了五成）、2次降低（其中2018年跌了三成）。5年间商品房新开工面积起伏不定，主要是由于房地产市场的发展受政策影响比较明显，尤其是受基准利率变动的影响尤为显著。此外，商品房新开工面积与总施工面积之比一直保持在20%～30%，相对来说该比重波动幅度不是很大。

表3 2014～2018年宝鸡市商品房新开工面积情况

单位：万平方米，%

年份	商品房新开工面积	增长率	新开工面积/总施工面积
2014	234.45	8.9	28.29
2015	176.48	-24.73	19.41
2016	232.99	32.02	24.79
2017	349.01	49.80	29.62
2018	238.89	-31.55	19.45

截至2019年12月，官方尚未发布宝鸡市2019年前三季度的房地产施工面积和新开工面积，根据陕西省统计局2019年11月20日最新发布的《前三季度全省房地产开发市场运行情况》，在陕西省以前年度的累积作用下，前三季度房地产开发企业施工速度加快，但是新开工速度正在减缓。前三季度房屋施工面积为25524.01万平方米，同比增长11.3%，房屋新开工面积为4408.19万平方米，同比增长14.5%。宝鸡市作为陕西省经济发展排名前列的城市，2019年前三季度GDP在陕西省排名第三，仅次于西安市和以资源闻名的榆林市，可推断出2019年前三季度宝鸡市的房地产发展趋势与全省一致。

（四）商品房竣工面积分析

根据2014～2018年陕西省统计局和宝鸡市统计局的统计公报，宝鸡市商品房竣工面积数据如表4所示。宝鸡市商品房竣工面积在2014～2018年波动幅度较大，整体趋势为先升后降。2014年、2015年和2016年商品房竣工面积逐年增长，其中2015年增长了1.5倍多，为历年之最，并于2016年达到峰值78.74万平方米。2017年、2018年商品房竣工面积连续两年下降，平均下降幅度为24%。2018年商品房竣工面积跌至45.39万平方米，该数字只比2014年高出69.62%，低于2015～2017年的数据。

表4　2014～2018年宝鸡市商品房竣工面积情况

单位：万平方米，%

年份	商品房竣工面积	增长率
2014	26.76	—
2015	67.52	152.32
2016	78.74	16.62
2017	61.05	-22.47
2018	45.39	-25.65

（五）商品房销售面积分析

根据2014～2018年陕西省统计局和宝鸡市统计局的官方统计公报，宝鸡市商品房销售面积的数据如表5所示。宝鸡市商品房销售面积在2014～2018年有升有降，除了2015年小幅下降0.3%之外，2014～2017年的总体趋势在上升，但增减幅度不大，在10%之内游走。2018年商品房销售面积大幅度下降，降幅为历年之最，比上年下降19.20个百分点。

表5　2014～2018年宝鸡市商品房销售面积情况

单位：万平方米，%

年份	商品房销售面积	增长率
2014	263.19	8.40
2015	262.40	-0.30
2016	287.76	9.66
2017	311.38	8.21
2018	251.59	-19.20

陕西省统计局发布的《前三季度全省房地产开发市场运行情况》显示，2019年前三季度宝鸡市房地产销售面积为176.49万平方米，同比增速为29.7%，比上年增速回升13.1个百分点，占全省的比重为5.9%，排名全省第三，仅次于西安和渭南。

二　地产市场发展情况

（一）商品房供销情况

1. 基本情况

宝鸡市2018年全年房地产开发企业投资额为201.83亿元，比上年增长21.9%。商品房施工面积1228.45万平方米，比上年增长4.20%，其中本年新开工面积238.89万平方米，比上年下降31.55%。商品房竣工面积45.39万平方米，比上年下降25.65%。商品房销售面积为251.59万平方米，下降19.20%。其中，住宅销售面积242.78万平方米，比上年下降17.2%；商业营业用房销售面积7.4万平方米，比上年下降57.5%。2019年上半年全市商品房销售面积增长16.6%，较去年同期提高7.7%；全市房地产开发投资增长27.2%，较去年同期提高9.4%。

在城市基础方面，截至2019年12月，宝鸡市共有道路853条，3735个物业社区，出售房屋89.71万套次，出租房屋51.05万套次。

2. 房价趋势

宝鸡市入围中外城市竞争力研究会公布的中国最具幸福感城市排行榜，一定程度上促进了宝鸡市房价的上涨。2018年宝鸡市商品房成交均价为4595元/平方米，较2017年上升11.12%。2019年11月，宝鸡市区商品房成交均价为5231元/平方米，比上年同期增长1.59%，截至2019年12月宝鸡市区商品房均价为5181元/平方米，环比下降0.96%（见图3）。

截至2019年12月宝鸡市区住宅成交总价平均为59万，与上年同期持平，较上月环比下降1.66%。

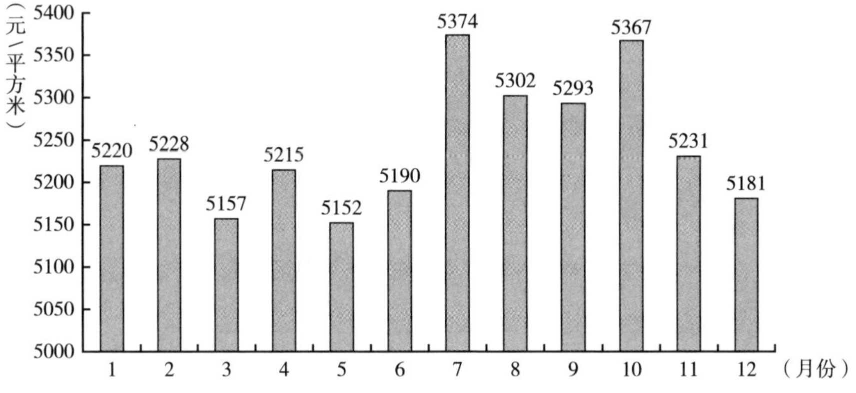

图3　2019年宝鸡市区房价走势

资料来源：中国房价行情网。

2019年12月宝鸡市售租比为27，比上年同期下降10%（见图4）。宝鸡市全年售租比在30附近波动且变化幅度较小，据诸葛找房数据研究中心发布的《全国重点50城租金收入比调查研究报告》，全国50个大中城市的平均售租比为47.7，也就是中国居民想要用租金收回买房成本需要47.7年，50个大中城市中，售租比大于平均值的城市为24个，而同期宝鸡市的售租比仅为29，相较于其他地区，宝鸡市房地产业具有较好的投资价值。

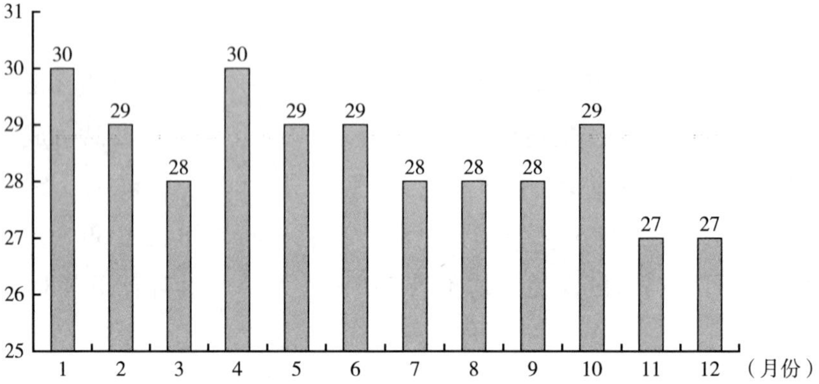

图4　2019年宝鸡市售租比走势

资料来源：中国房价行情网。

2018～2019年，宝鸡市各行政区房价均呈上升趋势，其中涨幅最低的是陈仓区，同比上涨4.25%；眉县房价的涨幅最高，同比上涨305.38%（见表6）。

表6　2018～2019年宝鸡市各行政区房价

单位：元/平方米

行政区	2018年	2019年
陈仓区	3742	3901
扶风县	3248	4798
凤翔县	3020	3656
凤县	—	4217
金台区	4617	5081
眉县	2638	10694
岐山县	3050	3318
渭滨区	4974	5455

资料来源：中国房价行情网。

（二）购房群体分析

1. 周边城市的购房群体

随着宝鸡周边城市房价的上涨，在宝鸡市房地产交易市场上购房、询价的外地人逐渐增加，这些外地购房群体主要来自甘肃省天水市和平凉市。与宝鸡市临近的平凉市最新房价已达6403元/平方米，天水市的房价则已高达9172元/平方米，宝鸡市相对较低的房价对外地购房者而言具有一定吸引力。与此同时，轨道交通的日益完善，逐渐缩小了城市间的距离。以天水市为例，乘坐高铁到宝鸡市不到2小时，使得许多天水市的购房者将目光投向宝鸡的房产市场。在交通、环境和房价等方面的优势下，宝鸡市房产越来越受到外地购房者的青睐。

2. 返乡置业者持续增加

宝鸡市人民政府办公室《关于支持农民工等人员返乡创业的实施意见》指出，2015～2017年，全市培训返乡创业人员9000人；2017年底前，每个县（区）至少建成1个返乡创业园区或返乡创业孵化基地，其中，创建省级返乡创业示范园区1个、省级返乡创业孵化示范基地2个；到2017年，全市新增农民工等创业人员1万人，创办各类经济实体超过6000个，辐射带动就业3万人，全市新增省级农民工返乡创业示范县2个，市级农民工回乡创业示范县在现有基础上继续提升创建水平。在各项政策的持续促进下，宝鸡市发展速度加快。同时伴随着一线城市房价的上涨和楼市政策的收紧，越来越多的年轻人选择回乡就业，增加了对宝鸡市房产的需求。

3. 改善群体

宝鸡市从一个老工业基地逐渐变为装备制造业强市，宝鸡市工业涵盖35个门类、224个行业，工业企业数量达到6200余户，从业人员近30万人。历年来在宝鸡市的购房群体中，各大厂矿企业职工占据主导位置。随着生活水平的提高，人们对居住也开始有了品质上的追求。不难发现宝鸡市的老旧小区很多，基本都是多层，这对于老年人而言很不方便，虽然现在多层已加装电梯，但还未全部普及，加上小区设施老旧配套落后，因此有很大一部分居住在多层小区的业主有换房的想法。

4. 本地刚需

在购房群体中以本地刚需买房者居多，结婚、教育等都是促使刚需买房的原因。房价一直是人们决定购买与否的关键性因素，房价的波动使大多数购房者持观望态度。住房和城乡建设部在2018年底就2019年的房地产工作作出了部署，2019年房地产市场的工作重心是“稳房价、稳地价、稳预期”，随后各地方就2019年房地产行业的管理提出了“因城施策”方案。目前宝鸡市楼市走向已经逐渐清晰明了，楼市和房价都趋于稳定，越来越多的刚需购房者开始置办房产。

（三）商品房用途分析

1. 住宅类用房分析

近年来，一批实力强劲的大型房地产开发企业入驻宝鸡，推动着宝鸡市住房质量的提高，通过提供完善的物业服务、配套齐全的基础设施、个性化的设计服务，不断满足客户的多元化需求。2018～2019年宝鸡市住宅出售量较大的区域为东高新、金台大道、行政中心、虢镇、西河滩等，其中成交均价最高的为东高新区域。

2. 别墅类用房分析

近两年，宝鸡市别墅区主要为城西别墅区、石鼓山别墅区、高新别墅区。城西别墅区、石鼓山别墅主要依托九华山、浅山景区、西府旅游街区、陈仓老街等旅游景观资源；高新别墅区基础设施完善且优质，依靠高质量的服务来吸引业主入住。

3. 公寓类用房分析

宝鸡市在售公寓主要集中于东高新、行政中心区域，以小户型为主，主要类型包括酒店式公寓、长租公寓、健康公寓等，购买对象以年轻人为主，供财力不足的年轻人过渡使用。

4. 商业营业用房分析

目前，宝鸡市主要有东高新商圈、经二路商圈、金台大道商圈、桥南商圈、虢镇商圈五大商圈，其承担着不同的商业发展功能。宝鸡市商业营业用房成交主要集中于金台大道、西河滩、群众路区域，且各个区域间的成交均价差异较为明显。随着银泰城、吾悦广场、新里城的入驻，以及宝鸡市经济社会同步快速发展、人均可支配收入增加、居民的消费能力增强，宝鸡市的商业发展势头良好，商业营业用房存在较大的发展空间。

5. 办公类用房分析

近两年，宝鸡市办公类用房主要集中于东高新、金台大道、桥南、市中心等区域。宝鸡市经济发展的良好状况以及宝鸡市的投资优惠政策，既推动本地企业的发展，也吸引一批外地企业入驻，使得宝鸡市办公类用房的需求不断增加。

三　保障性住房状况

2018 年，为进一步健全完善基本公共服务制度，加快民生保障和社会治理体系建设，宝鸡市制定了相关的保障性住房政策。该政策是惠民工程中的一项重要工程，是保障民生、改善民生、构造和谐社会的一项重要举措。近年来，宝鸡认真贯彻落实党中央、国务院保增长、保民生、保稳定的政策，按照省、市的部署和要求，全面推进保障性住房建设，解决城市低收入家庭的住房问题成为重中之重，加强保障性住房后续管理，推进“和谐社区，幸福家园”工作。新开工棚户区改造项目 21 个 10191 套，完成年度目标任务的 105%；棚户区改造基本建成 13533 套，完成年度目标任务的 135%；公租房新增分配 4688 套，完成年度目标任务的 170%；租赁补贴发放 1623 户，完成年度目标任务的 100%；11 个公租房小区通过市级“和谐社区，幸福家园”创建验收并报省级验收，在全省保障性安居工程 1～3 季度考核排名中均位列第一。

1. 公共租赁住房建设工程

从2018年开始转变公租房保障方式，实行实物保障与租赁补贴并举，推进公租房货币化。支持公租房保障对象通过市场租房，政府对符合条件的家庭给予租赁补贴。将在城镇稳定就业的外来务工人员、新就业大学生、青年医生和青年教师等专业技术人员以及在本地就业的非户籍人口纳入公共租赁住房保障范围。提高公租房运营保障能力，健全准入退出管理机制。确定保障性住房价格或租金标准并建立调整机制。保障必要用地需求，确保保障性住房在土地利用年度计划中单独列出，实现应保尽保。符合条件的闲置土地、储备土地和农用地转用计划指标等优先保证保障性住房用地需求。统筹运用政府财力，加大建设力度。土地出让收益用于保障性安居工程的比例不得低于10%。

2. 城镇棚户区住房改造工程

从2018年开始，加大投入力度，完善政策措施，加快推进非成片棚户区、零星危旧房、城中村改造，逐步开展基础设施简陋、建筑密度大、集中连片城镇旧住宅小区综合整治，基本完成城镇棚户区和危房改造任务。支持符合条件的企业发行债券融资，用于保障性安居工程建设。实施棚户区改造2万套。

3. 农村危房改造工程

对于农村危房的改造，2018年，宝鸡市政府决定加大投资补助力度，加大力度改善农村困难群众住房条件。明确农村危房改造补助对象和标准，优先帮助住房最危险、经济最贫困农户解决最基本的住房安全问题。加快推进贫困地区危房改造，按照精准扶贫、精准脱贫要求，重点解决建档立卡贫困户、低保户、农村分散供养特困人员、贫困残疾人家庭的基本住房安全问题。

4. 易地扶贫搬迁工程

对生存环境恶劣地区、地质灾害高发地区、生态环境保护区以及居住危漏房屋的贫困户，进行扶贫移民搬迁。确保搬迁对象住房安全和饮水、出行、用电、通信、教育、医疗、养老等服务便利可及，全面实现搬迁对象

“搬得出、稳得住、能致富”，从根本上改变贫困户生存环境。在2018年提前2年全面完成9799户36410人易地扶贫搬迁和6661户24917人避灾生态搬迁任务。

2018年宝鸡市共完成保障性住房和棚户区改造投资30.4亿元，其中新开工棚户区改造项目21个10191套。截至2019年底，全市累计实施各类保障性住房和棚户区改造260139套，已竣工191290套，分配入住184805套，入住率为96.6%。

四　宝鸡市住房公积金异地贷款现状

为了进一步发挥住房公积金制度的作用，宝鸡市住房公积金管理中心制定并出台了《宝鸡市住房公积金省内异地贷款业务实施办法》（以下简称《办法》），该《办法》的下发意味着宝鸡公积金异地贷款可以实现了。据宝鸡市住房公积金管理中心信贷科负责人介绍，异地贷款是指在陕西省内10个设区市和杨凌示范区住房公积金管理中心（含分中心）正常缴存住房公积金的职工，他们在宝鸡市购买普通自住商品住房时，可向宝鸡市住房公积金管理中心申请办理个人住房公积金贷款。缴存情况：2018年，新开户单位341家，实缴单位4402家，净增单位312家；新开户职工2.43万人，实缴职工27.96万人，净增职工0.58万人；缴存额27.21亿人，同比增长5.10%。2018年末，缴存总额232.22亿元，同比增长13.27%；缴存余额87.31亿元，同比增长11.65%。提取情况：2018年，提取额为18.10亿元，同比增长21.15%；占当年缴存额的66.52%，比上年增长8.81个百分点。2018年末，提取总额为144.91亿元，同比增长14.26%。

截至2018年末，累计发放个人住房贷款4.56万笔、95.74亿元，分别同比增长22.58%、31.03%；个人住房贷款余额为72.45亿元，同比增长30.68%。个人住房贷款余额占缴余额的82.98%，比上年增长12.08个百分点。受委托办理住房公积金个人住房贷款业务的银行为11家，与上年相同。

五　宝鸡市房地产业发展展望

本报告基于宝鸡市房地产在2018~2019年的发展状况，并结合国家的调控政策与经济发展趋势，对宝鸡市2020年的发展状况做出展望。

在市场趋势方面，2020年，我国的经济增长速度预计出现进一步放缓的局面，受此影响，宝鸡市的经济增长速度在2020年同样会在一定程度上放缓，再加上国家对房地产业的调控力度不断加强，因此，预计2020年宝鸡市的房价基本上保持平稳，2020年商品房销售面积将会同比下降，预计下降幅度在10%左右，这对2020年买房的消费者来说，会是一个不错的时机。此外，城市综合体是带动片区房地产业系统化发展的一个好平台，2020年后，宝鸡市的桥北、桥南、城西片区与陈仓区、高新区将会构建更加完善的城市综合体，进而推动房地产健康稳定发展。

在房地产政策方面，宝鸡市需要继续发挥政府的调控作用，对宝鸡市的房地产开发发挥主导性的作用，增加经济适用房的供给，增加中低端住房供给，构建以廉租房为主的住房保障体系，满足人民群众的住房需求。根据宝鸡市人民群众的需要，完善住房公积金制度，扩大公积金覆盖面积，使人民群众的购房能力得到切实提升。

参考文献

陕西省统计局：《宝鸡：乘风破浪逐梦行　蓝图绘就续新航》，2019年12月4日。

陕西省统计局：《前三季度全省房地产开发市场运行情况》，2019年11月20日。

宝鸡市统计局：《2018年宝鸡市国民经济和社会发展统计公报》，2019年3月28日。

宝鸡市统计局：《2019年前三季度经济运行总体回暖趋好》，2019年10月24日。

宝鸡市统计局：《上半年宝鸡市经济运行情况》，2019年7月19日。

诸葛找房数据研究中心：《全国重点50城租金收入比调查研究报告》，2019年11月26日。

B.17

2018～2019年杨凌示范区房地产业发展报告

任 倩 吴晓雨 雷锦玉 余 劲*

摘 要： 本文对2018～2019年杨凌示范区房地产市场发展现状进行分析，并预测其未来发展趋势，以期为示范区房地产市场的健康稳定发展提供决策依据。分析表明：杨凌示范区经济及居民收入在稳步提高的同时，增长速度放缓。在此背景下，房地产价格经历了较大幅度波动，房价由2018年10月的3783元/平方米上涨至2019年11月的5680元/平方米；商品房施工面积高于竣工面积；房地产销售面积呈上升趋势，2019年11月房地产销售面积较上年同期增加22.5%；保障性住房及住房公积金异地贷款进程均不断稳步推进。基于对近年杨凌示范区房地产市场发展的判断，预计2020年杨凌示范区房地产业仍将延续之前的平稳趋势。

关键词： 杨凌示范区 房地产业 保障性住房

一 杨凌示范区宏观经济概况

（一）杨凌示范区概况

杨凌农业高新技术产业示范区（以下简称杨凌区或杨凌示范区）位于

---

* 任倩，博士，陕西科技大学讲师，主要研究方向为房地产经济；吴晓雨，西北农林科技大学研究生，主要研究方向为土地资源管理；雷锦玉，杨凌示范区房产管理处主任；余劲，博士，西北农林科技大学经济管理学院教授，主要研究方向为不动产经济学和公共管理学研究。

关中平原，距西安市85公里，东临漆水河，西接宝鸡市扶风县，南隔渭河与西安及周至相望，北接扶风县，是承接陕西省西安市与宝鸡市两大城市功能的重要区域。截至2018年底，杨凌示范区常住人口20.93万人，城镇化率为64.93%。随着世界一流农业特色自贸片区的建设，杨凌整体经济势必会经历跨越式增长的过程，同时也将进一步吸引大批人才的入驻。

近年来，在全区整体经济提升的带动作用下，人民生活水平稳步提高。与此同时，在工业产业方面，杨凌示范区全力推进工业增长，支持民营经济发展，有重点地培育优秀企业。在大力发展特色农业的基础上，发挥科技示范效应，深化农村综合改革，推动新型城镇化建设，加快城乡融合、一体化发展，并促进一、二、三产业的融合。杨凌示范区不断探索新的产业融合发展路径，以优化产业结构。

（二）主要经济指标分析

1. 重要经济指标分析

面对经济发展的新常态，2017~2018年，杨凌示范区国民生产总值由141.27亿元增加150.46亿元，增长速度为1.07%，较上年略有下降。产业结构仍持续以第一产业为基础，二、三产业为主导的发展模式。国民生产总值在保持增长的同时，增长速度不断放缓，与经济体发展阶段类似，成熟经济体随着发展水平不断提高，发展速度将逐渐降低进而保持稳定。三次产业结构基本维持稳定不变，意味着近年来经济的增长结构和方式没有大的改变。2019年前三季度，示范区实现生产总值106.85亿元，较上年同期增长4.1%。其中第一产业增加值为5.33亿元，增长3.2%；第二产业增加值为56.48亿元，增长2.9%；第三产业增加值为45.04亿元，增长6.0%。2019年前三季度，杨凌示范区财政总收入为20.90亿元，较上年同期增长12.5%。

2018年，面对宏观经济下行的压力，杨凌示范区经济发展受到冲击，杨凌示范区人均可支配收入大幅下降。其中，农村居民人均可支配收入下降到1.24万元，降幅高达24.18%，创近5年新低；城镇居民人均可支配收入降至3.52万元，降幅为8.2%。面对近期居民购买力相对走低的情况，如何在经济下行的宏观环境下保证居民收入和生活水平，以刺激经济发展，成为亟待解决的问题。

杨凌示范区经过20年的发展，已形成了较为稳定的经济体量，由最初的高速增长模式转变成更加健康平稳的经济发展模式。未来，杨凌示范区应继续由第一产业带动二、三产业发展，推动产业融合，在经济健康平稳发展的基础上，保证居民生活水平，进而为房地产市场的长足发展带来有效需求，需求的产生将为未来房地产业的发展提供动力。

2. 城市规划与基础建设

根据《杨凌城乡总体规划修编（2017～2035年）》（草案），未来杨凌示范区将形成“一心、两轴、两带、多组团”的空间结构，规划形成由1个中心城市、2个城镇、5个农村社区、若干美丽宜居乡村构成的全域统筹、城乡一体、协调发展的城镇体系。中心城市即杨凌中心城区，重点发展科技创新、金融服务、教育培训、信息服务等功能，是支撑杨凌成为全国现代农业高新技术示范区的产业高地。2个城镇即五泉镇、揉谷镇。5个农村社区即毕公、蒋周李、斜王上、新集、秦丰，重点发展特色产业，适度发展教育、休闲等产业，各社区通过绿道联系。示范区持续推进五泉、揉谷重点示范镇建设，以实现1万余名农民进城进镇居住，这些居民的入住为杨凌房地产市场带来了新的活力。与此同时，杨凌示范区区认真开展“大棚房”整治工作，全面开展低效闲置土地处置，依法收回土地1327亩，盘活土地400多亩。

对于产业发展规划，杨凌示范区发展思路为构建具有杨凌特色的现代产业体系。提升第一产业，以种业培育为核心，延伸发展设施农业、观光农业；稳定第二产业，发展农副产品加工、生物医药、涉农装备等特色产业集群；培育第三产业，加速发展生产性服务业，支撑现代产业的发展，提升生活性服务业，完善城市职能，提升生活品质。

二　杨凌示范区房地产业总体运行状况

（一）房地产开发投资

2018 年，杨凌示范区完成全社会固定资产投资 232.71 亿元，比上年增长 12.9%，增速有所下降。其中固定资产投资增长 13.1%，房地产投资增长 6.1%。2018 年房地产业实现增加值 4.26 亿元，比上年增长 7.9%。房地产投资额增长 6.1%。2019 年前三季度，杨凌示范区房地产投资额持续上涨，由第一季度的 8.00 亿元上涨到 2019 年第三季度的 12.65 亿元，涨幅达 58.13%。2019 年第二季度房地产投资额增幅较其他时期更快，并且第三季度依然保持稳定增长的趋势，这意味着此时期或有大型投资项目进入杨凌示范区，亦显示了杨凌示范区房地产市场存在较大的发展空间（见图 1）。

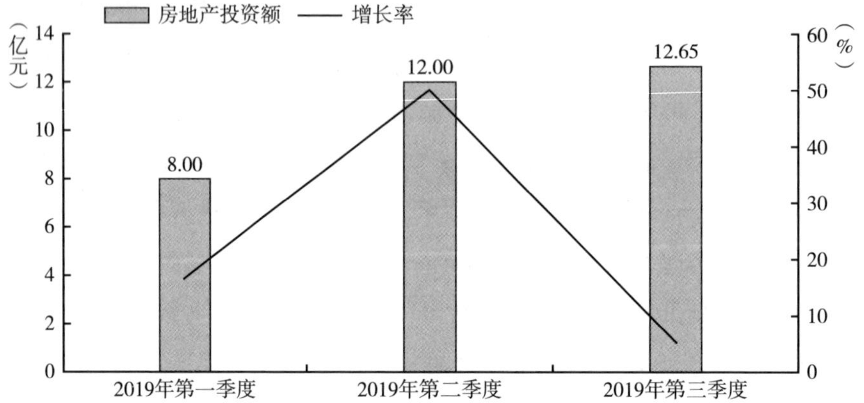

图 1　2019 年前三季度杨凌示范区房地产投资额

资料来源：杨凌示范区公积金管理中心。图 2 ~ 图 8 资料均来源于此，不再赘述。

（二）房地产施工面积和竣工面积

1. 房地产施工面积

2018 年杨凌房地产施工面积为 232.16 万平方米，较 2017 年增长

18.7%。2019年前三季度，杨凌示范区房地产施工面积为128万平方米，较上年下降幅度较大。2019年2～4月新增房地产施工面积15.90万平方米，为2019年前三季度增长较快月份（见图2）。房地产施工面积在调整中稳中有升，增长率波动性较大，由2019年前期较快的增长速度调整到后期增长幅度明显下降，意味着房地产行业没有跃进式增长，与中央经济工作会议上提出的“因城施策、分类指导”定调相适应。相关房地产开发企业对房屋实际供应量持观望态度，缓慢探索自身的发展基调与速度。

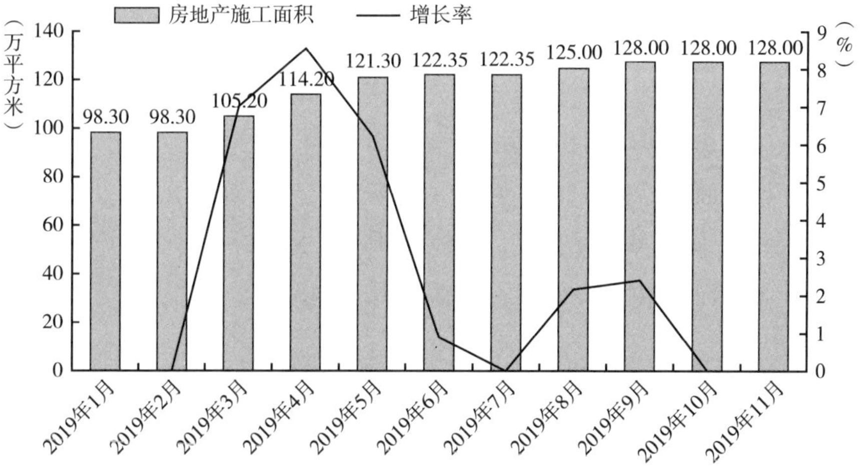

图2　2019年1～11月杨凌示范区房地产施工面积

2. 房地产竣工面积

杨凌示范区房地产竣工面积由2019年第一季度的27.6万平方米迅速跌至第二季度的6.8万平方米，此后在第三季度再次上涨到24.2万平方米（见图3）。2019年1～11月房地产总竣工面积为63.6万平方米。在经济发展保持平稳甚至出现下行趋势的压力面前，房地产开发企业面临资金紧张、周转困难等问题，工程建设也受到影响。第二季度施工面积增加而竣工面积增长速度下降可能意味着在此期间，房地产开发企业将资金投入新楼盘建设，而在售商品房滞销引起房地产开发企业放缓其在建项目的建设速度，减少竣工面积。

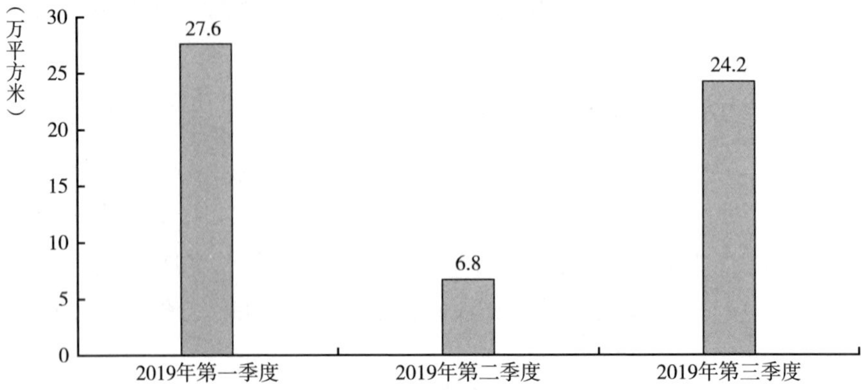

图 3　2019 年前三季度杨凌示范区房地产竣工面积

从施工面积和竣工面积两方面来看，2019 年前三季度房地产业施工面积均大于竣工面积。截至 2019 年 11 月，房地产施工面积为 128 万平方米，而竣工面积仅为 63.6 万平方米。房地产开发企业不断拿地动工并且缩减楼盘的竣工上市面积是针对经济运行现状的反应和调整。

（三）房地产销售面积及均价

2018 年，杨凌示范区商品房销售面积为 61.65 万平方米，较 2017 年增长 24.3%；商品房待售面积为 20.89 万平方米，同此下降 23.2%；2019 年前三季度商品房销售面积为 75.90 万平方米；待售面积 6.90 万平方米，下降 70.97%。2019 年第一季度商品房销售面积同比增加 5.85 万平方米，增长率为 41.7%，2019 年第二季度增长率有所下降，到第三季度迅速增长。2019 年前三季度房地产销售情况良好，第四季度又逐渐回归平稳（见图 4）。

2019 年杨凌示范区房地产销售面积持续攀升，除了国家宏观调控政策影响外，房屋刚性需求的增加也是原因之一。例如，杨凌示范区经济平稳发展、不断完善的城市基础设施吸引了大量外来人口或农村人口在杨凌示范区购房，整体增加升了住房需求，使得房地产销售情况良好。

2019 年 1 月杨凌示范区房地产均价达 5853 元/平方米，较 2018 年 12 月

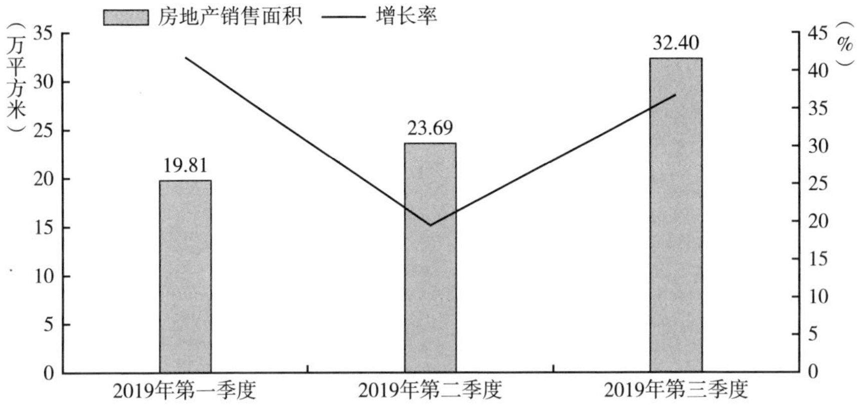

图4　2019年前三季度杨凌示范区房地产销售面积

上涨1426元/平方米，涨幅高达42.20%；随后2019年2～4月增长率大幅下降，价格回落。2018年房地产均价在5000元/平方米以下，2019年1～11月的房地产均价在5000元/平方米以上，达到杨凌示范区近年来的历史新高（见图5）。房地产销售面积一路走高，相应的房产价格也维持在相对高的水平，房地产市场销售情况良好。这与绿地等大型房地产开发企业进驻杨凌示范区有关，大型房地产开发企业带来的高质高价的房屋提高了杨凌示范区房地产业整体的销售水平。

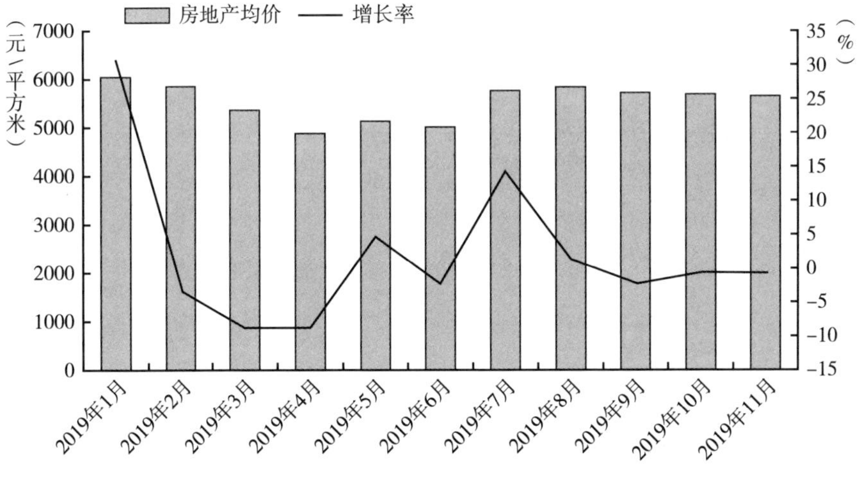

图5　2019年1～11月杨凌示范区房地产均价

（四）房地产市场住宅供应结构及成交量

1. 住宅供应结构

近年来，杨凌示范区房地产供应结构较为单一，2018 年至 2019 年 11 月以 90 ~ 144 平方米（含 144 平方米）的中型实用性住宅供应为主，大户型以及小户型的住宅较少。

2. 商品房预售量

2019 年 1 ~ 11 月杨凌示范区月销售面积波动较大，5 月、6 月预售面积最大，分别为 14.66 万平方米、15.14 万平方米；2 月预售面积最小为 4.60 万平方米，与 2019 年 2 月房价最高相对应。2019 年 1 ~ 11 月累计预售房屋建筑面积达 102.03 万平方米；商品房预售许可证数量为 2 ~ 6 个，总体较为平稳（见图 6）。

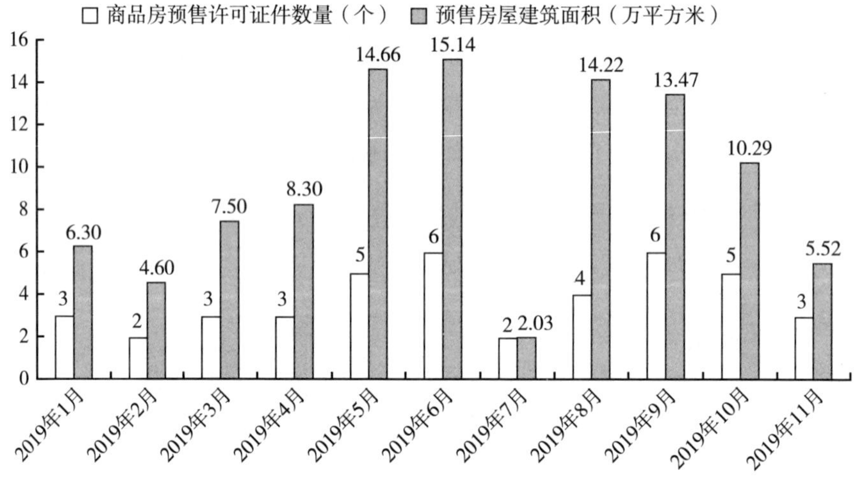

图 6　2019 年 1 ~ 11 月杨凌示范区商品房预售情况

3. 商品住宅成交量

2019 年 1 ~ 11 月中，6 月成交量最大，达 1992 套，占 1 ~ 11 月成交总量的 21.33%；2 月成交量最低，为 512 套。2018 年总成交套数为 4977 套，截至 2019 年 11 月商品住宅成交总套数为 9340 套，成交面积达 87.86 万平方米，售出的商品住宅均为高层住宅（见图7）。2019 年较2018 年商品房成交量大幅增加，除了国家宏观调控政策影响外，杨凌示范区经济发展平稳、城市基础设施建设不断完善，吸引大量外来人口或农村人口在示范区购房，房地产行业发展平稳、销售情况良好。

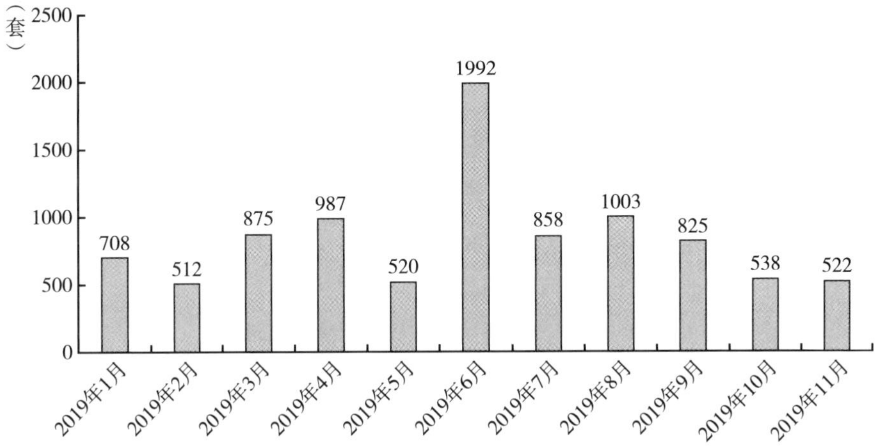

图7　2019 年 1～11 月杨凌示范区商品住宅成交量

（五）房地产开发企业及房地产中介发展状况

杨凌示范区房地产市场经过数年发展、优胜劣汰，房地产开发企业数保持稳定。近两年，恒大、绿地等大型房地产开发企业的进驻，带动了杨凌示范区房地产市场整体快速发展与提高。然而，多数房地产市场仍被小型资质较差的房地产开发企业占有，导致高品质房屋相对较少。2019 年杨凌示范区房地产中介企业有 45 家，房产中介人员为 140 人。

2019 年 11 月 26 日，杨凌示范区住房和城乡建设局联合杨凌示范区网信办、公安局以及市场监管局召开房地产中介机构专项整治工作会议，针对住房租赁中介机构乱象、虚假房源信息、违规收费、恶意克扣押金租金、威胁恐吓承租人等方面开展整治工作，着力解决群众最关心最直接最现实的利益问题。

三　保障性住房建设情况分析

（一）棚户区改造项目

杨凌示范区的保障性住房大多数建设于2008～2015年。2014～2015年累计建设3063套，建筑面积达28.15万平方米。按照示范区总体规划和项目计划，自2018年开始，继续实施棚户区改造项目。2019年将棚户区改造项目的重点放在保障性住房方面，对两个棚户区进行改造，计划建设规模达1588套，实际建成1202套，建成面积为12.02万平方米。

表1　2019年保障性住房项目建设信息

单位：套，万平方米

年份	项目名称	项目类型	开工时间	计划建设规模	实际建设规模		建成情况	
				套数	套数	面积	套数	面积
2019	陈小寨棚户区改造项目	城棚	2019年3月	794	794	7.94	794	7.94
2019	东卜村棚户区改造项目	城棚	2019年3月	794	408	4.08	408	4.08

资料来源：杨凌示范区住建局，http：//www.yangling.gov.cn/zwgk/zfxx/bzzf/104584.htm，2019年11月22日。

（二）廉租房及公租房新进展

2014年起，为解决城镇中低收入家庭、新就业职工和外来务工人员住房困难问题，杨凌示范区将廉租住房和公共租赁住房并轨，统一按照保障性租赁住房运行管理。政府即期向租赁住房保障对象发放分档补贴，保障性住房的定价略低于同街区类似房屋市场平均租金水平。2019年4月，杨凌示范区为做好新就业大学生和各单位引进的高层次人才的住房保障工作，特别提供保障性住房青年公寓，2019～2020年租金标准为9元/（平方米·月），目前杨凌人才公寓入住审核已达第8批次。

为加快建立多主体供给、多渠道保障、租购并举的住房制度，杨凌示范区住房和城乡建设局通过发放公共租赁住房租赁补贴的方式支持符合条件的保障对象在市场上租赁住房。2019～2020年租赁住房的补贴标准为6元/（平方米·月），示范区城镇低保、残疾人（三级及以上）住房困难家庭补贴标准上浮20%。杨凌示范区物价、住房保障部门根据住房租赁市场平均价格，综合考虑保障对象的支付能力，确定补贴标准，每两年可调整一次。面积补贴标准为公共租赁住房租赁补贴面积标准为25平方米/人，家庭保障面积总和不超过60平方米，单人户家庭按30平方米/人计。

（三）杨凌示范区保障性住房成就

1. 加速杨凌示范区城镇化进程

随着杨凌示范区经济不断发展，城镇化进程加快，农业人口不断向城镇转移。杨凌示范区开发建设进程中，不断征用土地进行棚户区改造，整合土地为失地农民建设安置小区，率先保障失地农民进城安家落户。将搬迁与安置分离、补偿与购买分离，生活安置与生产安置相结合。安置过程中，对被安置人的现有住房和宅基地进行评估、测量，确定拆迁面积和赔付金额。杨凌示范区的保障性安居工程建设形成了将失地农民安置、城中村改造、棚户区改造、城市建设与保障性住房建设相结合的一体化建设体系。

2. 继续改造城中村、棚户区，推进货币安置政策

城中村和棚户区不但影响示范区形象，也不利于节约建设用地，使得基础设施难以发挥有效作用，因此，杨凌示范区城镇建设需要对城中村和棚户区进行改造。在近年来不断推进改造的进程中，搬迁改造城中村及棚户区群众数千户，回收土地改善城市环境，打造优质投资环境，带动企业发展。2017年起，原则上不再新建棚户区改造安置性住房，通过政府购买存量商品房作为安置房源，对棚改对象全部实行货币化安置，化解房地产库存。加大棚户区改造货币化安置户的资金补助力度。

3. 廉租住房和公共租赁住房并轨，按照保障性住房运行管理

近年来，示范区在保障性住房方面取得巨大成就，覆盖不同收入群体的

住房保障体系基本建立。针对中低收入住房困难家庭的住房问题，特别是为解决廉租住房和公共租赁住房配置与中低收入住房困难家庭实际需求不相适应的矛盾，使保障性住房资源合理配置，健全保障性住房分配管理制度，继续实施廉租住房、公共租赁住房并轨运行制度，统一按照保障性住房运行管理，使城镇中低收入家庭、新就业职工和外来务工人员住房困难问题得到基本解决，居住条件得到明显改善，实现杨凌人“住有所居，应保尽保”的目标。

四　住房公积金异地贷款情况分析

2010年杨凌示范区住房公积金异地贷款试点工作正式启动。2015年，陕西省住房和城乡建设厅下发《关于住房公积金个人住房异地贷款有关问题的通知》，支持陕西省10个设区市和杨凌示范区之间实现通贷。住房公积金异地贷款对购房者产生了积极影响，扩大了消费者购房的区域选择，刺激了房地产市场需求，推动了房地产市场的发展。作为杨凌示范区公积金工作的特色业务，这一政策提高了住房公积金的使用效率，在积极发挥住房公积金保障作用的同时，也为人才引进提供了良好的政策环境和支持。与此同时，这一政策加强了陕西省各市（区）之间的交流与合作，提高了示范区竞争力，改善了群众的居住环境，并带动城市化发展。截至2019年11月，受理异地贷款户数为338户，审核通过户数338户，申请通过率为100%，共发放异地公积金贷款金额8772.5万元。

五　2018～2019年杨凌示范区房地产市场存在问题与对策

（一）存在问题

1. 保障房缺乏严格监管

杨凌示范区保障房供应充足，为城镇化建设以及人才安居落户提供了有力保障。然而，由于监管不严，部分保障房配套设施较差，后续物业服务难以跟上。少数开发商以修建保障房的价格购入土地，却以商品房价格向业主出售。因此，在保证保障房数量的同时，还需要规范保障房的质量、配套设施以及后期物业服务。

2. 房地产调控措施频繁变动，商品房供应结构不合理

为了促进房地产市场稳定发展，国家频繁出台各类房地产行业调控措施，包括货币政策及财政政策。这些政策虽然对解决房地产市场问题起到了一定作用，然而一部分问题依然存在。区域房地产的供给与需求没有得到有效调节，供需不匹配。针对区域内居民大量的住房改善需求以及杨凌示范区以外居民来示范区购房的强烈意愿，现有的住房供应结构难以满足消费者要求。

（二）应对策略

1. 优化商品房供应结构，严格规划

针对现有房地产囤积严重的问题，严格新建房地产项目规划审批，落实容积率不得超过2.5控制指标和停车位、日照时间等指标规范，优化商品住宅供给结构。对于示范区居民强烈改善现有居住环境的要求，在未来开发商建设房屋的过程中加量供应较大户型商品房。

2. 继续推进棚户区安置工作，严格市场监管

严控新建安置房，倡导棚改拆迁户购买新建商品住宅，规范货币化安置。此外，充分发挥公积金支持作用，吸纳企事业单位临聘人员和农民工缴存住房公积金，并加大放贷力度，使其能够通过住房公积金贷款购房。对于房地产市场，加强动态监管和预警分析引导，严格控制新增库存。引导房地产市场平稳发展。强化对入区房地产开发企业的审批以及引导，加强其对示范区房地产行业的带动作用。

六　2020年杨凌示范区房地产市场展望与预测

整体来看，在杨凌示范区经济和房地产行业逐步进入规范化发展的背景

下，行业调控政策和融资环境总体将保持从严态势，企业销售业绩分化也将加速市场集中度的持续提升。杨凌示范区房地产市场调整压力仍然存在，部分具备规模及资金优势、经营策略坚持快速周转的企业（例如绿地等）将会继续保持竞争优势。未来仍需顺应市场发展大势，优化城市布局结并紧抓政策机遇，实现示范区房地产市场的可持续发展。

运用趋势方程拟合法，依据2018年10月至2019年11月杨凌示范区商品房销售均价，到2020年杨凌示范区商品房价格预测值为5415.8元/平方米，较2019年下降2.7%。由此可见，2020年杨凌示范区的房地产市场仍将持续先前的平稳发展态势。

参考文献

张文博：《杨凌示范区保障性住房供给的影响因素研究》，西北大学硕士学位论文，2019。

杨凌视线：《杨凌示范区晒出2018年成绩单》，2019年3月20日。

杨凌示范区发改局：《2018年杨凌示范区国民经济和社会发展统计公报》，2019年4月9日。

杨凌示范区管委会：《杨凌示范区2019年工作报告》，2019年3月22日。

杨凌示范区统计局：《2019年示范区前三季度经济运行情况》，2019年10月21日。

杨凌示范区人民政府办公室：《杨凌示范区2018年工作报告》，2018年5月8日。

杨凌示范区人民政府办公室：《杨凌示范区2017年工作报告》，2017年2月16日。

杨凌示范区人民政府办公室：《杨凌示范区2016年工作报告》，2016年2月18日。

杨凌示范区统计局：《2015年杨凌示范区国民经济和社会发展统计公报》，2016年7月1日。

杨凌示范区统计局：《2017年杨凌示范区国民经济和社会发展统计公报》，2018年4月4日。

杨凌示范区管委会办公室：《杨凌示范区房地产去库存优结构八项措施》，2016年8月25日。

杨凌示范区住房公积金管理中心：《杨凌示范区住房公积金2017年年度报告》，2018年3月28日。

杨凌住房和城乡建设局：《关于杨凌示范区廉租住房和公共租赁住房并轨运行实施意见（试行）》，2016年6月28日。

B.18

2018 ~2019年汉中市房地产业发展报告*

李 军**

摘 要： 本文主要从汉中市房地产业发展现状出发，根据汉中市的经济环境、产业结构、人口规模、消费水平等经济特点，充分考虑中国加速的城市化进程和住房市场化改革的影响，对汉中市房地产业形势和发展前景进行分析与预测。

关键词： 房地产业 土地规划 保障房

一 房地产业发展现状

（一）基本情况

1. 房地产投资

2018 年，汉中市全社会固定资产投资比上年增长 14.0%。其中，固定资产投资增长 19.5%。亿元以上重大施工项目 287 个，较上年增加 24 个；完成投资增长 10.2%。项目投资下降 2.9%，投资需求有所回落；房地产开发企业投资增长 46.4%，民间投资增长 2.9%。从资金来源看，5000 万元

* 本报告在编写过程中，得到了陕西理工大学领导及陕西理工大学土木工程与建筑学院专业教师的大力支持与帮助，同时也得到了汉中市住房和城乡建设局以及汉中市统计局领导及部分科室专家的大力支持与帮助，在此特表谢意！

** 李军，陕西理工大学土木工程与建筑学院工程管理系主任，研究方向为项目管理与成本控制。

及以上固定资产投资项目、房地产开发项目当年实际到位资金增长46.0%。其中，国家预算资金增长113.6%，国内贷款增长99.5%，自筹资金增长18.1%，其他资金来源增长49.4%。

2019年前三季度，固定资产投资增长1.2%。其中，项目投资下降2.9%。5000万元及以上固定资产投资项目、房地产开发项目实际到位资金增长46%。

2. 房地产开发企业

2018年，汉中市共有房地产开发企业376家，其中一级资质企业1家，二级资质企业31家，三级资质企业68家，四级资质企业174家，暂定资质企业76家，外地来汉备案企业26家。全年升一级企业1家，升二级企业20家，新申请企业42家。全年创建市级优质工程（天汉杯）奖7个，创建省级文明工地20个，市级文明工地123个。全市建筑企业完成产值288.34亿元，增长25.4%，其中建筑工程产值完成276.12亿元，增长24.7%；增加值完成181.64亿元，增长18%，增速位居全省第二，增加值占全市GDP的比重达12.3%；资质以上建筑业劳动生产率达35.82万元/人。

2019年上半年，汉中市建筑业完成产值127.91亿元，增长7.1%，虽然产值在增加，但增速较上年同期下降18个百分点。

3. 施工与竣工

2018年，汉中市房地产施工面积为1077.9万平方米，同比增长12.1%，其中住宅面积为795.01万平方米。房地产竣工面积为69.22万平方米，其中住宅面积为54.39万平方米；竣工价值为18.10亿元，其中住宅价值为13.85亿元。

（二）土地市场

据楼盘网统计数据，2018年汉中市商住用地成交量价齐升，共成交33宗地块，总计1129亩，创近4年的最高值，平均单价为117万元/亩，总成交金额为14.48亿元，楼面价为638.54元/平方米。2018年成交区域多为滨江新区，地价相对偏高。滨江新区是2018年拿地热门区域，共计拿地6宗，其中棚户区改造清水湾项目、公园壹号、新城吾悦广场、玫瑰庄园、山河原著均已开盘热销。具体来看，恒大项目是从当地开发商手上收并购来的，新城项目于2017年11月通过招拍挂方式拿地。碧桂园悦江府项目于2018年6月拿地，收并购总货值20亿元，建筑面积为24万平方米，计划于2020年第三季度清盘。

飙涨的土地价格令整个汉中楼市为之震惊，人们最直观的感受是，面粉价格都这么高了，面包价格还会低吗？昂贵的土地价格和高房价紧紧捆绑在一起，引起了不少刚需置业者的恐慌。2018年，7宗地块楼面价突破千元，滨江投资开发的公园壹号项目楼面价最高为1823.07元/平方米；汉中长乐坊投资有限公司在中心广场东侧所拿地块楼面价为1432.08元/平方米；南郑区裕华国际欧洲城二期项目用地楼面价为1072元/平方米，为南郑区拿地最高楼面价。

2019年汉中市招拍挂成交用地39宗，总成交面积为1872亩，实现土地出让收入19.87亿元，成交面积和成交金额依然处于高位。从成交地块的用途看，城镇住宅用地成交23宗，占60%；商业用地占24%；工业用地占8%；其他用地包括教育、公共设施、旅馆用地等占8%。从成交区域来看，汉台区、南郑区总成交39宗，中心城区依然是2019年的热门区域，成交13宗，包括火车站广场东、西及地下，时代嘉都、青年路棚改项目等；其次是兴汉新区和大河坎，各成交7宗；城东拿地3宗。从成交面积来看，2019年稳步增长，各区域均衡发展，同比上涨65.71%。2018年主要成交区域为滨江新区，2019年较为分散。从成交金额来看，2019年土地总成交金额为19.87亿元，创近5年新高，同比上涨37.23%。2019年土地成交平均楼面价为877.17元/平方米，同比上涨37.37%。

（三）房地产销售

2018年，汉中市商品房销售面积为206.46万平方米，其中住宅为195.47万平方米，销售额为90.41亿元，同比增长48.1%。商品房网签成交面积为146.71万平方米，网签成交金额73.56亿元，总体上看，与2017

年相比，成交面积有所下降，同比下降4.12%。具体来看，11月汉中市中心城区商品房成交面积达18.04万平方米，环比上涨8.02%；网签金额为10.36亿元，环比上涨21.16%。

具体来看，汉中新城吾悦广场位于滨江新区，是未来新的城市中心。项目于2018年6月首次开盘，首开300多套，当天去化率为99%，6～7月一共开盘4次，8～12月每个月都加推一栋，基本当月可以做到清盘。2月开盘当月去化率约为80%，4月当月去化率为70%，5月当月去化率为50%左右，去化速度略有下降，但总体仍然较好。从到访情况来看，2018年下半年几乎天天人满，2019年1～2月由于返乡置业，人流量也很大，从4月开始，到访量明显下降，大概每天40～50组。

恒大悦珑湾，计划首开1000套左右。首开货值约10亿元，总货值近20亿元。工作日每天到访200多人次，周末1000多人次，但大多是活动客户，有效客户量不到50人次，有效客户最终转化为认筹的比例约20%。

碧桂园悦江府项目于2019年1月开盘，首开116套，当天去化率为77%，当月去化率为95%；每个月加推1栋（100套左右），2月当月去化率为60%～70%；3～4月去化率为75%左右；5月当月去化率为60%～65%。

（四）房地产销售价格

2018年1～7月，汉中中心城区网签均价呈上涨趋势，截至7月底已达5459元/平方米，比1月上涨1018元/平方米，从8月开始，均价大幅下滑至4492元/平方米，但从10月开始，汉中新房成交均价再次上涨，到11月汉中新房成交均价为5744元/平方米，达到2018年成交均价的最高值，比上半年的最高均价每平方米高出285元。整体来看，2018年汉中市新房住宅均价为4922元/平方米，比2017年的3868元/平方米上涨27.24%，总体呈稳步上涨趋势。

具有代表性的新城吾悦广场项目，洋房均价为11000元/平方米，高层均价为6500元/平方米。新城的项目降价力度比较大，月度促销的时候优惠力度超过10%。2018年开盘时高层均价为6000～6500元/平方米，2019年初最低降至5180元/平方米，10月均价为6500元/平方米。恒大御景湾，2017年第四季度开盘，开盘均价为6800元/平方米，后来涨到7800元/平方米，10个月左右清盘，当时市场情况相对更好。碧桂园项目第一次开盘，小高层8500元/平方米，高层均价7300元/平方米；第二次加推高层7700元/平方米，第三次加推高层均价7800元/平方米；后面推的小高层均价10500元/平方米。

（五）贷款政策及公积金贷款

个人住房按揭贷款利率无变化，无限价和限购。个人住房按揭贷款方面，首套上浮15%，首付30%；二套上浮20%，首付40%。按揭方面基本没有变化，部分当地银行2018年上半年可以做到基准利率，2018年第四季度开始上浮15%，2019年没有什么变化。政策方面，没有限购和限价。

2018年末，住房公积金管理中心累计发放项目贷款1.8亿元，项目贷款余额0.3亿元。发放个人住房贷款0.55万笔15.90亿元，同比分别增长－15.38%、5.09%。回收个人住房贷款7.58亿元。

2018年末，累计发放个人住房贷款4.40万笔84.30亿元，贷款余额55.95亿元，同比分别增长14.58%、23.25%、17.49%。个人住房贷款余额占缴存余额的84.47%，比上年减少0.62个百分点。住房公积金存款11.37亿元。其中，活期3.04亿元、1年（含）以下定期6.00亿元、1年以上定期2.33亿元、其他（协定、通知存款等）0亿元。住房公积金个人住房贷款余额、项目贷款余额和购买国债余额的总和占缴存余额的84.92%，比上年减少1.60个百分点。

2019年1～10月，汉中市住房公积金管理中心共计办理公积金支取3.01亿元，发放公积金住房贷款共计5.03亿元。

（六）趋势分析

1. 总体趋势

2016年～2018年，汉中房地产市场成交面积连年激增，分别为140.36

万平方米、171.46 万平方米、185.8 万平方米，特别是 2018 年，是 2014 年的 2.26 倍。盛极而衰，预计近期销量必定会下跌，原因有二：其一，当前中心城区毛坯普通住宅的均价已达 5393 元/平方米（汉相指数 2018 年第四季度数据），同比上涨 964 元/平方米，而居民收入并没明显增长，高房价让许多人望而却步；其二，在经历了三四年的低迷后，房价开始反弹，在“买涨不买跌”心态的驱使下，许多人恐慌型购房，过早地释放和透支了消费需求。至于价格，会趋于稳定，主要是因为成本上涨，以及降价对后续销售影响较大。因此，总体上价格会趋于稳定，但不排除个别资金链极度紧张的项目进行一定幅度的降价。

2. 商品房住宅趋势

首先，随着消费者的成熟、网络科技带来的信息传播速度的提升，以及各企业销售政策的差异，市场敏感度已日渐提升。昔日汉中楼市的“孤岛效应”较明显，无论外界房价如何涨落，对汉中几乎不造成影响，而如今此状况已不复存在，过去那种用“死扛”来“以不变应万变”的做法已非常不合时宜。其次，当前房产售价为 5000 ~ 10000 元/平方米，价差也越拉越大，而且许多高价房销售得非常好，这表明消费层级已基本成型，市场竞争主要集中在同层级内部，这也为品质差异化提供了市场基础，使消费层级更加牢固。最后，当前客户对小区品质的要求也空前高涨，任何瑕疵都很难逃过客户挑剔的眼睛，因此，开发商要高度重视产品的研究策划和规划设计，决不可再指望通过“销售说辞”来掩盖瑕疵。

随着恒大、中交、新城、碧桂园、雅居乐、圣桦的进驻，本土房地产开发企业逐年减少，陕西省内和川渝房地产开发企业也正在退出，汉中楼市进入“寡头”垄断时代。虽然“寡头”数量少，但其供应量和影响力巨大，行动敏捷，作风强悍，常被业界视为风向标。2018 年，有人精准地概括为“哄抬房价的是一线房地产开发企业，打压房价的也是一线房地产开发企业”。因此，这些企业的争斗将直接带来市场震荡，所有入局者都将随之波动，要有所戒备，尤其是直接竞争项目。对此，要注重两点：一是这些房地产开发企业为了当年的销售额及股市业绩，有在 11 月、12 月突然大降价的习惯，如果发生如何应对？这要求资金链不能太紧张，因为降价会带来竞争盘的滞销；二是这些企业虽然会抬高板块区域行情，但同时会带来巨大的竞争，如何避免？这要求应保持一定的差异化。

3. 商业地产趋势

2020年，商业地产的风险将剧增，原因有二：其一，城市人均商业面积远远小于住宅，汉中中心城区积压商业地产达200万平方米以上，已严重饱和，估计需要4年左右消化，何况还不断产生增量；其二，商业的开发运营远比住宅复杂，通常需要更多的商户资源和大量的持有，这是中小开发商难以承受的，因此，继续大体量开发商业地产一定要非常谨慎。对于住宅来讲，首先要注重开发的节奏，确保现金流良性循环，避免大量开发后可能出现的长期滞销。其次，要注重产品抗跌性，品质过硬符合市场需求，非中心、非热点的偏僻地段不可冒进，可等时机成熟后再开发。

二 保障房建设状况

自汉中市2008年开展保障性安居工程以来，目前已经累计完成投资397亿元，开工四类保障房及实施棚户区改造20.27万套（户），基本建成及竣工住房17.39万套（户），竣工住房16.98万套（户），分配入住15.57万套（户），约32万城镇人口住房得到保障。其中，开工建设公租房5.88万套（户），已分配入住5.51万套（户），解决了近12万人的住房困难。2018年，汉中市实现政策性融资31.74亿元支持棚户区改造，提前3个月完成了省政府下达汉中市新开工19545套（户）的任务，分配入住公租房4018套（户），完成比例为100.45%，发放租赁补贴4589户，发放率为100%。

2018～2020年，汉中市棚户区改造计划为98个项目39425户。其中，2019年汉中市棚户区改造工程16个，总投资6487596万元，计划投资1643470万元；2020年改造11266户，2020年以后待改造1703户。

其中，汉中西城区棚户区改造占比不高，东城区棚户区改造相对比较多一些，部分周边的区县也有一些，大多是货币安置。汉中市属于五六线城市，城市能级较低，存量较小，所以还没有开始大量的拆迁，城市并不是拆老城建新城，而是往外扩，所以棚改的向上驱动和缩量影响都比较小。

三　楼市走势预测及房地产业发展对策和建议

（一）楼市需求

汉中的经济发展工业支柱产业不够，高新产业、高科技产业、创新产业少，财政收入低，产业人口少，大量人才外流，年轻人基本上外流严重，尤其是大学毕业生。截至2019年，汉中约有城区人口50万人，汉中加上周边县市约有人口300万人，主要靠城镇化率提升带来城市人口的增长。以2018年购房客户分析，汉中外来人口较少，占比为10%左右，主要是西安市及汉中各县、甘肃陇南、四川巴中山区县城的人口前来购房。

从购房类型来看，年龄结构为35～45岁，大部分是当地居民，以改善型需求为主，外地居民购房较少。汉中刚需和改善需求都比较明显，所以对于好的开发商是有诉求的。

从购房资金来分析，贷款和公积金占比为80%～85%，老百姓杠杆不断加大，房地产开发企业资金压力进一步加大，融资渠道窄，民间融资成本非常高，尤其是一些小企业，如果销售不畅，有可能形成烂尾项目。

（二）房地产发展建议

1. 深化改革，在增强企业发展活力上下功夫

学习借鉴先进地区和先进企业的成熟做法，适时提出创新管理理念、创新管理方式的指导性意见，引导企业走上健康快速发展的良性轨道。要推动企业深化内部管理制度改革，全面实施以项目为核心的管理体制。相关协会要发挥好在人才培训方面的优势，结合行业特点，定期组织形式多样、内容丰富、务实管用的培训活动，不断提高从业人员的整体能力和水平。同时，

各房地产开发企业要克服只使用人而不培养人的倾向，加大招才引智力度，注重员工素质提升，创造良好环境引进人才、留住人才，推动行业健康持续发展。

2. 提高市场竞争力

要进一步加快实施结构调整的步伐，早一步调整就可早一步赢得市场先机。要抓住国家拉动内需、投资重大基础设施建设的机遇，要实现转型升级，走多元化发展道路，向学校、医院、旅游项目等行业拓展。要推动中小企业向“专、精、特、新”的方向发展，要内强素质，外塑形象，争做优质工程、精品工程。同时，房地产开发企业集团化、规模化趋势要加强。各房地产开发企业要量力而行，瞄准市场，练好内功，认真研究房地产市场，加大改善性需求开发力度，按照客户群量身定做，不要盲目拍地，规模过大开发。当前物价上涨速度过快，民众投资渠道单一，许多人有购房保值的愿望，要利用好这个机遇，要抓好这批次客户群。

3. 用好相关政策

2019 年城市人口流入过少，再加上经济发展乏力，会导致需求不旺。但棚户区改造短期内会扩大市场需求，对汉中市有较强的刺激作用，要用好最后一年的棚户区改造政策，消化部分房产。同时，在新房地产项目开发上，要认真选址，一定要选择城市成熟地带，配套完善、生活便利的地段，严格控制成本，差别化定位。

当前，我国经济运行稳中有变，外部环境发生深刻变化，经济下行压力有所加大，部分房地产开发企业经营困难较多，长期累积的风险隐患有所暴露。从国际形势看，世界经济政治形势更加错综复杂，地缘政治风险依然较大，主要发达经济体经济走势存在不确定性，贸易摩擦给未来出口形势带来较大不确定性，可能造成外需对经济的边际拉动作用减弱，还可能冲击投资者情绪，加剧金融市场波动。从国内看，基建投资增速下行，金融机构风险偏好下降，信用增长延续放缓态势，小微企业、民营企业融资难的问题较为突出，民间投资活力尚显不足，内生增长动力有待进一步增强，把握好稳增长、调结构和防风险之间的平衡仍然面临较多的挑战。

总之，2019 年是经济复杂多变的一年。展望 2020 年，在政府全力以赴抓好稳增长工作实施意见的贯彻落实，扩大有效投资，加快工业发展，促进消费升级，优化营商环境，培育壮大市场主体，推动经济稳步迈向高质量发展的前提下，在房地产市场调控效果差异明显，楼市走势出现分化的情况下，我们既要坚持楼市调整的大方向不动摇，保持政策的连续性和稳定性，又要根据宏观经济和房地产市场主要矛盾的新变化、新特点，适时适机做出调整。同时我们也一定要慎重投资，把握好度，做精做细产品，在技术创新上狠下功夫，细化管理，大规模降低杠杆，使房地产市场健康有序发展，从而促进经济社会不断发展。

参考文献

汉中市发展和改革委员会：《汉中市“十三五”规划纲要》，2016 年 8 月 27 日。

汉中市统计局：《汉中市 2018 年国民经济和社会发展统计公报》，2019 年 3 月 28 日。

汉中市城乡建设规划局：《汉中市城市总体规划（2009 ~ 2020 年）》，2010 年 12 月 6 日。

汉中市统计局：《2019 年前三季度汉中市经济运行综述》，2019 年 10 月 25 日。

立鼎产业研究网：《2019 年汉中市房地产市场销售情况、价格走势及影响因素分析》，2019 年 10 月 5 日。

B.19

2018～2019年安康市房地产业发展报告

陈兴平　陈智睿*

摘　要： 本文对安康市中心城区的房地产市场现状及未来5年的供需关系及价格趋势进行了分析，分析结果表明：2018～2019年，安康市中心城区的房地产市场具有成交均价多数月份保持平稳、个别月份急涨急跌、不同楼盘之间的成交价格差距巨大、销售量波动幅度大、非均衡等特性。在未来5年，安康市中心城区房地产价格总体呈下跌趋势，但局部区域的供求关系将基本平衡，价格基本稳定。

关键词： 安康市　房地产业　房价

一　房地产业发展现状

（一）总体概况

1. 房地产开发企业概况

2019年，安康市房地产开发企业有190家，其中127家具有信用登记

* 陈兴平，陕南生态经济研究中心研究员，安康学院副教授，西北农林科技大学硕士研究生导师，安康市人大常委会预决算审查咨询专家，陕西省房地产研究会理事，主要研究方向为工程经济与管理研究；陈智睿，陕西恒典律师事务所律师，安康市科技局法律顾问。

（A 级信用等级 39 家、B 级信用等级 50 家、C 级信用等级 38 家，C 级信用等级中，信用较差企业 12 家、信用很差企业 11 家、无信用企业 15 家）。房地产开发企业数比上年减少 86 家。

2. 房地产开发投资及经营概况

2018 年，安康市完成房地产开发投资 129. 92 亿元，同比增长 38. 4%；房地产开发企业房屋施工面积为 898. 46 万平方米，同比下降 2. 5%；商品房销售面积为 152. 35 万平方米，同比增长 5. 4%；商品房待售面积为 29. 79 万平方米，同比下降 16. 8%。

截至 2019 年第三季度末，安康市当年共完成房地产开发投资 110. 75 亿元，占陕西省房地产投资的比重为 4. 0%，同比增长 28. 2%，增速比上半年回落 7. 7 个百分点（见图 1）；但在销售方面，销售总面积为 133. 08 万平方米，占全省商品房销售面积的比重为 4. 4%，同比增长 22. 3%，增速比上半年回升 0. 7 个百分点。

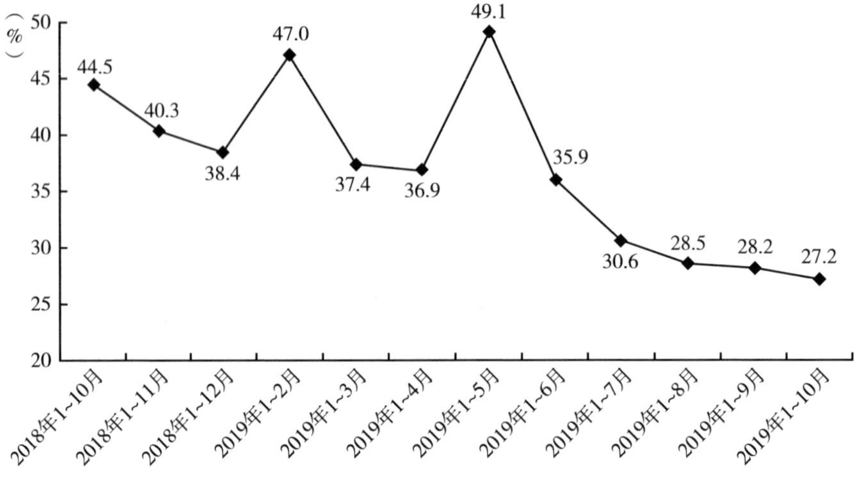

图 1　2019 年安康市房地产开发投资增速

3. 房地产金融概况

在金融对房地产需求支持上，截至 2018 年底，安康市个人住房贷款余额为91.66亿元，比上年增加22.73亿元①；全市个人住房公积金贷款余额为37.86亿元，比上年增加4.6亿元②。在金融对房地产开发企业支持上：截至2018年11月末，全市房地产开发贷款余额为20.82亿元，比上年11月末增加12.163元③。

（二）房地产市场运行状况

1. 商品房用地交易

2018年7月至2019年9月，安康市自然资源局在安康中心城区规划区范围内共出让城镇住宅用地和综合用地11宗，成功签订出让合同9宗、出让城镇住宅用地面积24.11公顷、获得城镇住宅用地出让金66280万元，亩均城镇住宅用地成交价格为183.2万元④（见表1）。

出让城镇住宅用地宗地数量、出让城镇住宅用地面积、城镇住宅用地出让单价等与2017年6月至2018年6月相比分别为：出让城镇住宅用地宗地数持平；出让城镇住宅用地面积增加4.20公顷；城镇住宅用地出让单价平均上涨75.5万元/公顷（比2017年底上涨84.78万元/公顷）⑤。

表1　2018年7月至2019年9月安康市中心城区住宅用地成交清单

宗地号	地块位置	面积（公顷）	成交总价（万元）	出让年限（年）
AK001－001－(012)－012	汉滨区建民办黄沟村	1.32	2040	70
AK001－002－(025)－60 AK001－002－(025)－43	汉滨区陪新街64号	0.15	275	70
AK001－002－(074)－805－5	汉滨区新城办金川社区	0.04	104	70
AK001－002－(074)－805－6	汉滨区新城办金川社区	0.01	31	70

① 数据来源于中国人民银行安康市中心支行。

② 数据来源于安康市住房公积金管理中心。

③ 数据来源于中国人民银行安康市中心支行。

④ 数据根据安康市自然资源局网站数据计算所得。

⑤ 数据根据安康市自然资源局公布数据计算所得。

续表

宗地号	地块位置	面积(公顷)	成交总价(万元)	出让年限(年)
AK001－002－(094)－809	汉滨区新城办木竹桥、屈家河两村,南环快速干道北侧,南山路西侧	11.71	35700	70
AK001－002－(061)－801－1	汉滨区新城办高井、枣园两村境内	5.31	14700	70
AK001－002－(031)－227	汉滨区兴安中路48号	0.44	1960	70
AK001－001－(068)－803	汉滨区建民办七里沟村	4.20	8150	70
AK001－002－(027)－801	汉滨区石堤小学西侧	0.93	3320	70
合计	—	24.11	66280	—

资料来源：安康市自然资源局。

2. 商品房销售

2018年7～12月，安康市中心城区累计成交商品房7031套、面积863482平方米（不含保障房和商铺），月均成交1172套、143914平方米。

2019年1～9月，安康市中心城区累计成交商品房9789套、1361233平方米（不含保障房和商铺），月均成交151248平方米、1088套，月均成交套数比2018年7～12月的月均成交套数少84套。

表2　2018年7月至2019年9月安康市中心城区商品住房销售情况

时间	面积(平方米)	套数(套)	成交面积环比增长率(%)
2018年7月	98688	811	77.45
8月	125988	936	27.66
9月	141419	1146	75.57
10月	113324	947	－19.87
11月	80933	759	－28.58
12月	303130	2432	274.54

续表

时间	面积（平方米）	套数（套）	成交面积环比增长率（%）
2019 年 1 月	137955	1125	-54.49
2 月	247141	903	5.45
3 月	140578	1128	24.92
4 月	187371	1463	29.7
5 月	182154	1419	-3.01
6 月	116037	942	-33.62
7 月	146917	1195	26.86
8 月	103505	831	-29.55
9 月	99575	783	-3.80

资料来源：安康市房产管理局、安康市住房公积金管理中心。

将安康市中心城区 2018 年 7~12 月及 2019 年 1~9 月的销售情况与同期安康市个人住房公积金贷款余额对比发现：2018 年 7~12 月，除 12 月返乡人员置业需求释放外，其他月的成交量围绕 900 套波动，且与个人住房公积金贷款余额的环比增长率未呈现相关性；2019 年 1~9 月，销售量除少数月份外，其他月份为下降态势，即使住房公积金个人贷款余额持续小幅度增长，成交量也未增长，且月均成交量围绕 1000 套波动，与个人住房公积金贷款余额的环比增长率未呈现相关性。表明安康市中心城区 2018 年 7 月至 2019 年 9 月的商品房交易具有以下特点：一是 2018 年 12 月过度消耗了市场潜力；二是安康市中心城区商品房单价超过了安康市民的购买能力；三是安康市中心城区居民的购买潜力已接近于 0，且投机性购买力也接近于 0。

3. 商品房销售成交均价

2018 年，安康市中心城区商品房成交均价为 5172 元/平方米。7~12 月，安康市中心城区商品房成交均价持续上涨，最高成交均价出现在 10 月，达 5312 元/平方米，但与 10 月的交易量不匹配，10 月的交易量比 9 月环比下降近 20%，所以，在无交易量支撑的情况下，11 月成交均价又跌 5.25%，即使 12 月交易量暴增 274.54% 且其成交均价有所反弹，也未恢复到 10 月的成交均价。

截至2019年9月，安康市中心城区商品房成交均价为5554元/平方米。2019年1~9月，安康市中心城区商品房成交均价在5100元/平方米~5600元/平方米区间震荡，如2月因春节因素大涨至5422元/平方米、7月因暑假因素上涨至5591元/平方米、9月因迎接国庆假期又上涨至5554元/平方米，每次上涨后因上涨因素的消失，成交均价又回落（见表3）。

表3 2018年7月至2019年9月安康市中心城区商品房成交均价

单位：元/平方米，%

时间	成交均价	成交均价环比增长率
2018年7月	4924	2.4
8月	5100	3.57
9月	5131	0.6
10月	5312	3.53
11月	5033	-5.25
12月	5172	2.76
2019年1月	5142	-0.58
2月	5422	5.45
3月	5318	-1.92
4月	5191	-2.39
5月	5212	0.4
6月	5465	4.85
7月	5591	2.30
8月	5401	-3.47
9月	5554	2.83

资料来源：安康市房产管理局。

4. 房地产金融

截至2018年底，安康市各商业银行对安康市个人住房贷款余额为91.66亿元，比2017年底增加了22.73亿元，增长幅度为32.98%；住房公积金个人贷款余额为37.86亿元，比年初增长4.48亿元，增长幅度为13.42%。2019年9月底，安康市各商业银行对安康市个人住房贷款的余额为124.38亿元，比上年同期增加了40.08亿元，增长幅度为47.5%；住房公积金个人贷款余额为42.77亿元，比上年同期增加了4.26亿元，增长幅度为11.08%[①]。而各商业银行对房地产开发企业的贷款余额分别为：2018年底18.62亿元、2019年9月27.04亿元（见表4）。

表4　2018年7月至2019年9月金融支持安康市房地产情况

单位：亿元，%

时间	各商业银行				安康市住房公积金	
	个人住房贷款		房地产开发企业		住房个人贷款余额	余额增速
	余额	余额增速	贷款余额	余额增速		
2018年7月	80.82	—	15.85	—	36.67	2.96
8月	82.73	1.91	15.71	-0.13	37.81	1.13
9月	84.30	1.57	20.97	5.26	38.51	0.7
10月	86.60	2.30	20.97	0.0	38.70	0.19
11月	89.54	2.94	20.82	-0.15	38.26	-0.45
12月	91.66	2.12	18.62	-2.20	37.86	-0.4
2019年1月	95.73	4.07	23.07	4.45	39.26	1.4
2月	98.02	2.29	23.85	0.78	39.49	0.23
3月	102.28	4.26	26.66	2.81	39.68	0.19
4月	104.95	2.67	26.60	-0.05	40.27	0.59
5月	110.70	5.75	26.22	-0.38	40.62	0.35
6月	114.26	3.56	25.96	-0.26	41.01	0.38
7月	117.01	2.75	25.81	-0.15	41.51	0.5
8月	120.77	3.76	27.30	1.49	42.18	0.67
9月	124.38	3.61	27.04	-0.26	42.77	0.59

资料来源：中国人民银行安康市中心支行、安康市住房公积金管理中心。

观察表3、表4中数据发现，安康中心城区房屋成交均价与各商业银行的个人住房贷款余额增速无相关性，与安康市住房公积金管理中心的个人住房贷款余额增速无相关性；与房地产开发贷款余额增速也无相关性。从2019年2月开始，安康市中心城区商品房成交均价基本处于横盘状况，既不受商业银行个人住房贷款余额环比增速的影响，也不受住房公积金个人贷款余额环比增速的影响（见图2）。

① 根据中国人民银行安康市中心支行和安康市住房公积金管理中心提供的原始数据计算所得。

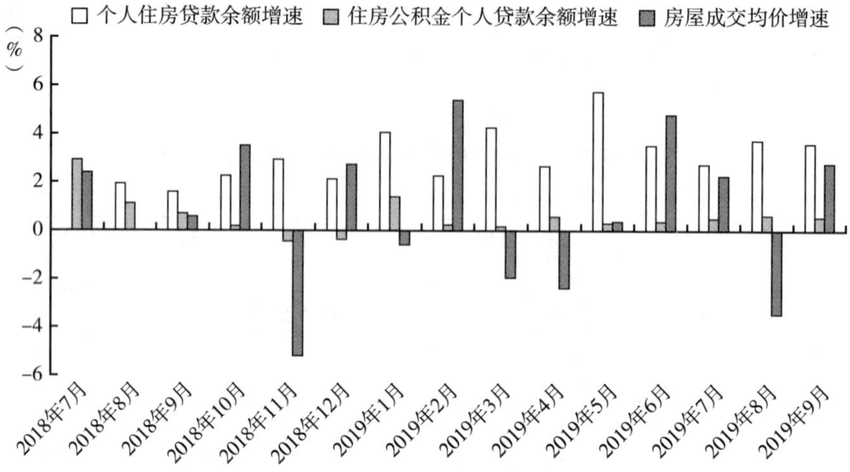

图2　2018年7月至2019年9月安康市商业银行个人住房贷款、住房公积金个人贷款余额及房屋成交均价增速情况

二　房地产市场发展特点及其原因分析

归纳前述相关数据，发现安康市中心城区的房地产市场在2018年7月至2019年9月具有如下特点。

（一）房地产成交均价多数月份保持平稳

房地产成交均价多数月份保持平稳，个别月份急涨急跌，在4900元/平方米~5600元/平方米区间波动，同期成交均价最高的是最低的3倍以上[①]。分析安康市中心城区房地产成交均价多数月份保持平稳的原因，主要有五点。

一是安康市经济运行总体平稳、投资增速有所回升，房地产投资增速虽较上半年回落7.7个百分点，但仍增长28.2%。

---

① 根据安康市房产管理局提供的原始数据计算而得。

二是截至2019年9月末，安康市从业人员总数增加，且职工工资水平平稳增长，全部规上单位从业人员平均工资为29507元，增长4.6%。

三是安康市政府调高了中心城区规划区内的基准地价，将2017年4月公布的城市规划区内住宅用途的五个级别的基准地价从1050元/平方米、825元/平方米、630元/平方米、450元/平方米、300元/平方米分别调整到2019年6月的2100元/平方米、1569元/平方米、1108元/平方米、735元/平方米、566元/平方米，另外还增加了六级基准地价470元/平方米①。

四是各商业银行和安康市住房公积金管理中心对个人住房贷款的持续支持，各商业银行对个人住房贷款余额从2018年末的80.82亿元持续增加到2019年9月的124.38亿元；安康市住房公积金管理中心对个人住房贷款余额从2018年末的37.86亿元增加到2019年9月的42.77亿元。

五是原来在一线或二线城市发展的大型房地产开发商进入安康市市场后凭借其资金实力进行炒作，如恒大地产集团、碧桂园集团等开发的项目，其销售价格总是排在前三名，其平均销售价格比安康中心城区同期平均销售价格高40%以上。但销售量很少，如恒大地产集团的御景半岛项目，截至2018年12月30日还有30%以上的库存，即使在2019年9月底仍有345套未销售②。

个别月份成交均价急涨急跌主要受周边城市房价涨跌的影响和国家颁布实施某项调控房地产市场政策的影响。

（二）非均衡性

非均衡性主要表现在销售价格、剩余可销售套数和三率（入住率、空置率、亮灯率）方面。特别是三率的非均衡性，比2018年10月对安康市中心城区10多个住宅小区的调查结果更严重。2018年的调查结果表明：

① 根据《安康市人民政府关于更新安康市中心城区基准地价和划拨用地供地价格的公告》的数据整理而得。

② 数据来源于安康市房产管理局。

住宅小区的平均入住率为65.66%，平均空置率为15.15%，平均亮灯率为69.9%。特别是平均空置率，已经超过了国际公认的警戒线10%水平。在城镇人口规模没有大幅增加的情况下，安康市中心城区的房地产业如果再不拓宽思路采取有针对性的措施，未来将很危险，至少20%的房地产开发企业将破产，购房者将面临开发商已无影无踪的烂尾楼，政府将面对许多已交购房款而无法获得房子的老百姓，银行将面临无法收回房贷的困境。

（三）成交量波动大

2018年12月成交量环比大增274.54%，而2019年1月又大跌54.49%；2019年7月成交量大增26.86%，而8月又大跌29.55%。

三　房地产业发展趋势分析

（一）居民个人可支配收入

对房地产商品的需求主要取决于居民的现实购买力和潜在购买力，而现实购买力由购房者家庭现在的可支配收入及房屋价格决定。购房者家庭可支配收入取决于当地的经济发展水平，潜在购买力取决于购房者对未来可支配收入增加的预期和对未来房价上涨的预期。因此，要分析安康市房地产业未来发展趋势就必须分析安康市居民个人可支配收入未来的变化趋势。

2018年1月，安康市提出了六大发展计划并开始实施，基于此，未来几年安康市的社会经济，特别是城镇化率、GDP、全市居民个人可支配收入等指标将继续按2012～2018年的速度增长。安康市2012～2018年的GDP、全市居民个人可支配收入等指标见表5。因此，未来5年安康市的居民个人可支配收入将以不低于8.2%的增速增长、GDP将以不低于10.2%的增速增长。

表 5　2012～2018 年安康市 GDP 与居民个人可支配收入情况

年份	GDP		城镇居民个人可支配收入		农村常住居民个人可支配收入*		房屋成交均价	
	总量(亿元)	增速(%)	金额(元)	增速(%)	金额(元)	增速(%)	均价(元)	增速(%)
2018	1133.77	10.2	24977	8.3	9504	9.4	5172	17.38
2017	974.66	10.5	28158	8.5	9394	9.4	4406	2.27
2016	851.85	11.3	25962	8.2	8590	8.6	4308	-0.46
2015	772.46	12.3	27191	8.72	8196	9.75	4328	-3.46
2014	689.44	11.7	25011	11.0	7468	12.7	4483	-2.2
2013	604.55	13.4	22533	11.0	6624	13.9	4584	0.68
2012	513.02	15.2	20300	16.9	5815	16.1	4553	—

*2012 年、2013 年的农村常住居民个人可支配收入用当年农村居民人均纯收入代替。

（二）需求趋势分析

1. 刚性需求

刚性需求主要由新增人口数量决定，即由该区域的城镇化率决定。而安康市在 2018 年、2017 年、2016 年的城镇化率分别为 48.6%、47.31%和 45.6%，分别比上年提高了 1.29 个、1.71 个和 1.28 个百分点，因此，预计未来 5 年安康市的城镇化率每年提高量将不会低于 1.28 个百分点，即安康市每年将增加的城镇人口约为 3.42 万人①，其中至少 20%新增城镇人口将进入安康市中心城区，2019 年初至 2023 年末，安康市中心城区平均每年将增加人口 7000 人。但因安康市委市政府实施汉滨、恒口、汉阴、石泉一体化发展项目，并且期待通过一体化发展，新增安康市中心城区江北片区 10 万城市人口。因此，可以预期安康市中心城区在未来 5 年每年将增加人口 7000～20000 人，将新增住宅需求 1750～5000 套。

① 根据安康市统计局原始数据推算而得。

2. 改善性需求和投机性需求

房地产改善性需求和投机性需求主要受当地区域社会经济发展和其周边城市房地产市场状况及房地产价格趋势的影响。其中，房地产改善性需求主要受当地区域社会经济发展的影响；而投机性需求主要受周边城市房地产市场状况及房地产价格趋势的影响。分析安康市中心城区过去 6 年平均房价增速、GDP 增速及全市居民个人可支配收入增速等数据，发现以下几方面问题。

一是安康市 GDP 增速及全市居民个人可支配收入增速等对安康市中心城区平均房价及其增速基本无影响，则其对改善性需求基本无影响，主要原因应该是安康市中心城区居民收入偏低，即使增加了可支配收入仍不足以激发改善住房条件的需求。

二是既然安康市 GDP 增速及全市居民个人可支配收入增速等对安康市中心城区平均房价及其增速无显著影响，而数据又显示房价在 2013～2018 年有 3 个年度在上涨，说明房价上涨主要受房地产大环境，特别是西安城市房价上涨的影响，安康市中心城区的房地产也产生投机性需求。

综上所述，预计未来 5 年安康市中心城区对房地产的需求为每年1750～5000 套，如果周边城市房价上涨，其每年需求将超过 5000 套；如果周边城市房价下跌，其每年需求将小于 1750 套。

（三）供给趋势分析

房地产供给包括剩余可销售量、2018 年 1 月 1 日开始施工而未竣工的房屋面积、2019 年 9 月底开始的新增施工面积。

1. 剩余可销售量

截至 2019 年 9 月底，安康市房地产剩余可销售面积为 78.84 万平方米，5958 套[①]。

---

① 数据来源于安康市房地产管理局。

2. 2018年1月1日开始施工而未竣工的房屋面积

2018 年 1 月 1 日开始施工而未竣工的面积，可用安康市自然资源局于 2018 年 1 月 1 日至 6 月 30 日在中心城区规划区范围内公开出让的普通商品房用地面积估算。在此期间，安康市自然资源局共出让普通商品房用地 6. 53 公顷[①]，按 2. 5 的容积率计算可增加普通商品房供给面积 16. 34 万平方米。

3. 2019年9月底开始新增施工面积

该新增施工面积主要取决于 2018 年 7 月至 2019 年 9 月底安康市自然资源局在中心城区规划区范围内已公开出让的普通商品房用地面积及容积率。在此期间共出让普通商品房用地 24. 12 公顷，按 2. 5 的容积率计算可新增加普通商品房供给面积 60. 33 万平方米。

综上所述，安康市中心城区在未来 5 年的房地产供给量最少将达到 155. 51 万平方米，既每年至少将提供 31. 1 万平方米的普通商品房。

（四）供需关系与价格趋势

前文需求分析显示，未来 5 年安康市中心城区对房地产的需求量每年将为 1750～5000 套，按平均每套 100 平方米计算，则未来 5 年安康市中心城区每年对房地产的需求量为 17. 5 万～500 万平方米。假设在未来 5 年，无新供给进入，未开始征收房地产税和空置税，未取消预售制，集体建设用地未大规模进入房地产租赁市场，周边大城市房价保持稳定等，则安康市中心城区的房价将保持目前态势；反之，则大概率出现下跌趋势。但还得考虑安康市中心城区仍存在的购房潜力，在被调查的 10 个局部区域或小区中，有 2 个局部区域或小区的居民户均拥有房产不足 1 套，即约有 21% 的居民家庭拥有房产不足 1 套[②]。因此，未来 5 年安康市中心城区房地产价格总体趋势是下跌，但局部区域的供求关系基本平衡，价格基本稳定。

---

① 数据根据安康市自然资源局公示的原始数据计算获得。

② 数据来源于安康学院工程管理专业 2016 级学生于 2018 年 10 月对安康市中心城区 10 多个住宅小区的调查。

四　房地产业发展建议

（1）与房地产相关的市级管理部门、服务机构及市房地产协会应提早谋划、积极应对房地产市场步入下行趋势这一可能性，尤其是国家即将开始征收房地产税和空置税、取消预售制、集体建设用地大规模进入房地产租赁市场等政策。这些政策中的任何一项开始实施都将对安康市中心城区房地产带来深刻的影响，如果应对不当，将会使安康市的不少房地产开发企业破产，甚至会给安康市的社会经济发展带来较大的影响。

（2）加大汉滨、恒口、汉阴、石泉一体化发展力度，确保安康市中心城区江北片区新增10万城市人口目标实现。

（3）适当引导安康市的房地产开发企业发展旅游休闲地产、养老地产等。

（4）通过合并、重组等方式做大做强安康市的房地产开发企业，并引导其实施“一业为主”的综合经营，增强其抗风险能力。

（5）提升安康市房地产开发企业经营管理层的经营弹性，宜售则售、宜租则租，该亏本回收资金则低价回收资金。

（6）政府相关管理机构应适时引导潜在购房者不要盲目信任开发企业的宣传，购房前必须查看资质证书是否齐全、是否过期等。而为开发企业办理资质证书的机构必须严格遵照国家的法律法规。

参考文献

安康市人民政府：《2018年安康市国民经济和社会发展统计公报》，2019年3月。
陕西省统计局：《前三季度全省房地产开发市场运行情况》，2019年11月20日。
安康市统计局：《前三季度全市经济运行稳健》，2019年10月23日。
安康市统计局：《安康：从业人员有增长，工资水平保平稳》，2019年10月16日。
安康市人民政府：《安康市人民政府关于更新安康市中心城区基准地价和划拨用地

供地价格的公告》，2018 年 3 月 4 日。

安康市人民政府：《安康市人民政府关于安康市中心城区 2018 年城镇基准地价制订和更新调整成果的公告》，2019 年 6 月 20 日。

赵俊民：《政府工作报告——2018 年 2 月 26 日在安康市第四届人民代表大会第四次会议上》，2018 年 2 月 27 日。

安康新网：《未来的安康，腾飞的安康，你怎样能受益呢?》，2018 年 10 月 16 日。

B.20
2018~2019年商洛市房地产业发展报告

张　雁*

摘　要： 本文采用问卷调查和实地调研方法，收集并建立了2018~2019年商洛市房地产业相关数据库，分析了商洛市房地产发展现状、房地产与社会经济的关系、保障性住房建设状况和物业管理现状，探讨了商洛市房地产业发展趋势，并提出了相应的对策。结果表明：2018~2019年商洛市人口城镇化率偏低，社会经济整体呈现缓慢发展态势；房地产开发企业与人员结构趋于合理，但企业等级资质偏低；商品住宅发展冷热不均，商州区、洛南县和山阳县房地产业的开发、投资和销售较好，未来发展空间较大；市场由刚需房、改善房、投资型住房和保障性住房组成；住房物业管理滞后；房地产业对经济和就业均有贡献；商洛市区房价呈上涨趋势。应借助国家宏观调控大力改善住房供需结构，规范房地产市场，促使房地产业健康发展。

关键词： 商洛市　房地产业　城镇化

商洛市位于陕西省东南部，辖商州、洛南、丹凤、山阳、商南、镇安、柞水1区6县、86个镇、12个办事处。近年来，商洛市常住人口城镇化率呈下降趋势，与原先制定的2019年常住人口城镇化率达到49.1%的目标仍

---

* 张雁，商洛学院副教授，主要从事地方社会经济发展研究。

有一定差距，这可能与人口出生率降低以及西安大规模引进人才等有关（见表1）。

2018年，商洛市GDP为824.77亿元，地方财政收入达到了21.83亿元，地方财政收入总体偏低。

表1　2015～2018年商洛市人口基本情况

单位：万人，%

年份	户籍人口	常住人口	城镇人口	常住人口城镇化率
2015	251.01	235.74	128.87	54.67
2016	251.95	237.17	116.30	49.04
2017	253.33	238.13	108.61	45.61
2018	251.03	238.02	118.29	47.12

一　房地产业发展现状

（一）房地产开发企业

1. 房地产开发企业基本情况

如表2所示，相比2018年，2019年商洛市房地产开发企业各县区均有分布，新增4家，现为46家，但分布不均匀。其中，商州区新增1家，洛南县新增2家，商南县新增1家，其他县保持不变。2019年46家房地产开发企业共承担项目49家，同比增长6.5%，商州区和洛南县分别增长16.7%和20.0%，而商南县呈负增长为25%，其余四县均为0家，说明2019年商洛市房地产开发力度洛南县最大，商州区次之，其余五县房地产业与中西部县城一样普遍受区位、政治、人口、经济、政策等因素影响，其房地产业发展空间日益缩小。同时，值得注意的是，目前商洛市房地产业初步形成了实力雄厚的本地公司和国内著名房地产公司平分秋色的局面，而且商洛市房地产开发企业与人员结构已趋于合理。

表2　2019年商洛市房地产开发企业情况

县区	房地产开发企业(家)	项目(个)	增速(%)
商州区	17	21	16.7
洛南县	7	6	20.0
丹凤县	5	0	0
商南县	1	3	-25
山阳县	7	9	0
镇安县	4	6	0
柞水县	5	4	0
全市	46	49	6.5

2. 房地产开发企业人员构成

根据问卷调查，2018～2019年商洛市房地产从业人员82%以上具有与房地产业有关的大专及本科学历文凭，3%左右管理岗人员具有相应专业的硕士研究生学历，同时各房地产从业人员与周边市域（包括西安市）交流学习加快，有利于商洛市房地产人员服务素质提高。

3. 房地产开发企业存在的主要问题

商洛市房地产开发企业规模越来越大，但与外地房地产开发企业相比，全市房地产开发企业实力还是较弱，房地产开发企业等级资质偏低，资质均在二级以下；全市房地产开发企业分布不均衡，2019年底注册地为商州区的房地产开发企业为17家，占到全市房地产开发企业数量的37.0%；房地产业相应的配套设施及后期服务项目跟不上。

（二）房地产开发与投资状况

1. 2019年房地产投资

如表3所示，2019年1～9月商洛市各县区房地产投资不平衡，商州区、洛南县、丹凤县和山阳县保持正增长态势，镇安县和柞水县为负增长态势，使得商洛市总体呈现高速增长态势，增长速度为18.7%，累计投资完成20.02亿元。全市房地产项目同比增长6.5%，其中，亿元以上房地产开发项目增长18.5%，有力地支撑了房地产投资持续增长。

表3 2019年1～9月商洛市房地产投资情况

县区	房地产投资（亿元）	增速（%）
商州区	9.62	39.4
洛南县	2.39	53.4
丹凤县	2.10	11.3
山阳县	3.54	22.2
商南县	—	—
镇安县	1.70	-23.1
柞水县	0.66	-52.9
全市	20.02	18.7

2.2018年房地产投资

据统计资料可知，2018年商洛市全社会固定资产投资达544亿元，同比增长8.5%。其中，第一、第二、第三产业投资分别增长59.1%、1.3%、12.4%。民间投资和基础设施投资分别增长31.0%和17.3%。房地产开发完成投资22.24亿元，增长5.6%，占全社会固定资产投资的4.09%。

（三）房地产销售状况

1.商品房销售面积和销售额

如表4所示，2019年1～9月商洛市一区六县商品房销售面积为53.48万平方米，同比增长3.5%，销售额为20.85亿元，同比增长27.2%；待售面积15.71万平方米，同比下降32.6%。各县区商品房均有销售额，其中，商州区最大，山阳县次之，洛南县再次，这与商洛市修建高铁以及陕西省和西安市的整体规划密切相关。

2019年1～9月商洛市商品房销售面积与销售额同比分别增加1.91万平方米和2.28亿元，涨幅分别为3.70%和12.28%，而且两年内均以住宅销售为主。依据问卷调查，发现近年来商洛市不仅存在住房消费需求，住房投资需求也加大，导致商洛市商品房住宅均价提升，但因商洛市社会经济发展整体滞后，其他商品房销售份额较小或为零。

表4　2019年1～9月商洛市商品房销售情况

县区	销售面积（万平方米）	增速（%）	销售额（亿元）	增速（%）	待售面积（万平方米）	增速（%）
商州区	28.26	8.9	11.70	38.4	—	—
洛南县	5.54	3.5	2.22	28.9	—	-100
丹凤县	5.07	22.1	1.85	68.1	1.13	273.5
商南县	—	—	—	—	—	—
山阳县	8.89	1.0	3.14	16.2	14.48	-36
镇安县	5.41	0.4	1.86	-1.2	—	-100
柞水县	0.32	-84.4	0.08	-84.5	0.09	-70.1
全市	53.48	3.5	20.85	27.2	15.71	-32.6

2. 销售量、销售价格

（1）高层住宅均价

2019年商洛市新建及对外出售的商品房类型与2018年一样，均为高层住宅，均价继续保持1区6县差异显著特征，而且均价与2018年或与周围地区相比，整体上升幅度较大。2019年商州区商品房均价超过5000元/平方米，同比每平方米上涨800元，洛南县次之，其他五县均价为3600元/平方米，呈现上升趋势。2019年1～4月商州区均价达到5200元/平方米；5月初个别楼盘有所下降，但力度较小；10月个别楼盘均价达到5600元/平方米；但整体上保持平稳，与2018年均价呈现逐月上升趋势略有差异，这与房价上涨幅度太快有关。

（2）销售结构变化

与2018年相比，2019年商洛市新建和对外销售的住宅以100～120平方米和120～150平方米两大面积区间段为主，减少了160～200平方米、200～240平方米这两大面积区间段，刚需房和改善房各占60%，说明随着商洛市房价整体上涨、区域发展不平衡，以及经济发展滞后，该地区人群对大户型的购买力受到限制。而经济适用房、移民搬迁房以及二手房地产市场以40～60平方米、60～80平方米的两大面积区间段为主。

（3）购房者年龄段

根据调查问卷可知，2019 年商洛市主要购房者年龄段是 30～39 岁和 40～49 岁，与 2018 年相比，减少了 20～29 岁的购买群体。调查发现 2018 年之前，20～29 岁的购房者多为商洛市周边县的农村人口。通过调查问卷还发现，商洛市 1 区 6 县群众是住宅主要购买者，30～39 岁群体购房为刚需型住房，而40～49 岁群体购房不仅用于改善住房条件，而且出现投资型住房，这与商洛市 2020 年即将开通高铁，真正融入西安，成为连接南北的交通枢纽有关。

3. 销售区域冷热不均

2019 年商洛市受全国房地产业大环境和全市房地产供求关系的影响，整体上全市房地产投资总量不大，销售较慢，待售面积较大。房地产发展情况地区差异较大，项目冷热不均：商州区由于政治、经济、文化和地理等因素影响，房地产销售较好，价格较高；商州和洛南房地产投资较好，房地产销售也较好，其余县较平淡。另外，个别房地产项目幼儿园、超市、医院、天然气等配套不完善，也影响销售。

二　房地产业对社会经济的作用

（一）房地产在经济发展中的比重

2018 年末，商洛市实现 GDP824.77 亿元，比上年增长 8.0%，第三产业增加值为 288.51 亿元，同比增长 6.7%，占比为 35.0%。与房地产密切相关的建筑业增加值为 143.71 亿元，同比增长 8.1%；资质等级以上建筑企业产值为 170.55 亿元，增长 1.2%，其中，国有及国有控股企业完成产值 69.58 亿元。

2019 年 1～11 月，商洛市规模以上工业实现工业总产值 1238.33 亿元，同比增长 11.7%；实现规模以上工业增加值 280.84 亿元，同比增长 8.8%，远远高于全国 5.6% 和陕西省 4.7% 的增长率。全市建筑业主要指标增速减缓，前三季度建筑业总产值为 116.79 亿元，同比下降 5.3%；建筑业增加值为94.32亿元，同比增长2.2%，较上半年回落2.8个百分点。扣除价格因素后，建筑业增加值出现负增长，同比下降1.8%。

（二）房地产业对本市经济的拉动作用

2019年1～9月，商洛市房地产开发企业完成投资20.02亿元，其中：住宅投资13.6亿元，同比下降3.87%。2019年1～9月，商洛市商品房销售面积为53.48万平方米，占陕西省总销售面积的1.7%，同比增长3.5%，其中住宅销售面积为49.17万平方米，同比增长3.18%；待售面积为15.71万平方米，同比下降32.6%。

按照经济学家提出的计算公式，以房地产销售额乘以拉动系数1.34计算，商洛市2019年1～9月社会整体消费为26.59亿元，房地产对消费需求的贡献率达到9.05%以上，可见商洛市房地产开发对其社会消费具有较大的拉动作用。

（三）房地产对就业的贡献

近年来，商洛市房地产业在改善人们居住条件、美化城市的基础上，也成功带动了一批与房地产业相关的次生产业。依据现场调查可知，商洛市房地产相关产业主要由建筑安装、装饰装潢、工程监理、财务人员、房地产中介、劳务服务、网络信息、娱乐餐饮、广告营销等组成，为当地提供了不同种类的就业岗位。同时，2019年商洛市市区房地产销售较好，房地产税收增加了政府财政收入。其中，洛南县房地产开发企业从业人员增长23.8%，从业人员工资总额增长25.4%，房地产业对全县服务业增长的贡献率达到6.1%。

三　保障性住房建设状况

（一）2018～2019年保障性住房基本情况

2018～2019年，商洛市在国家和政府支持下，继续加大保障性住房开发力度，主要涉及廉租房、经济适用房和安置房，同时继续完成年度城区棚户区改造项目。其中，安置房用于满足1区6县山区水源地生态环境建设的搬迁移民需求，廉租房在商洛市市区周边城镇实施。2018年政府投资公租房新增分配4004套（市本级1936套），共发放城镇住房保障家庭租赁补贴12603户（市本级2156户），共安排8万余名异地扶贫搬迁群众的保障住房。2019年继续加强保障性住房建设和安置前工作。

（二）保障房市场存在的主要问题

这两年，商洛市保障性住房小区建设发展较快，得益于国家整体调控和地方政府努力。地方政府在财政困难情况下，保证保障性项目建设投资，但保障性住房分配、后期维护、管理和全国一样缺乏统筹规划，制约了该地区房地产业可持续发展。

四　物业管理现状分析

随着商洛市城市规划和区域控制日益完善，新建住房建设规模适中，住宅物业便于管理。目前，商洛市拥有物业管理企业近15家，主要承担高档小区和成熟小区的物业管理，部分管理企业对从业人员进行了相应的业务培训。但老城区部分小区因前期规划落后、自然社会经济条件限制，建筑零星插建，难以达到专业物业管理公司承接的管理区域规模。

依据现场调研可知，本地房地产开发商开发的住宅小区，其物业管理绝大多数由该房地产开发商承担，开发商与业主之间矛盾突出，造成物业管理混乱。同时，各小区一直无统一的物业管理费，市场监管机制也尚未形成。还存在个别业主享受服务却不履行义务的情况，业主日益增长的需求以及有限的服务这一矛盾也逐渐突出。总之，商洛全市住房整体物业管理滞后，短期内难以规模化运作。

五　房地产发展趋势及对策

（一）发展趋势

与我国一、二线城市相比，三、四线城市受到国家宏观调控影响较小，大批流动资金进入，并带动了这些城市房地产业发展。未来，随着国家宏观调控政策的落实，商洛房地产业必然会健康发展。

1. 供需趋势

2019 年商洛市商品房房价和销售量均呈上升趋势，不仅满足了不同家庭的居住刚需房和改善房需求，而且出现投资型住房，二手房市场也异常活跃，这与西安至十堰铁路项目有关。该项目是国家中长期铁路规划中高速铁路网纵向通道的重要区段，商洛市即将成为连接南北地区的交通枢纽，对房地产业具有拉动作用。

2. 价格趋势

2019 年商洛市市区住宅均价由 2018 年的每平方米 4200 元上涨到每平方米 5200 元，上涨幅度高达 23.80%。依据问卷调查可知，受国家出台各种调控政策影响，开发商和售楼人员对商洛市未来房价的上涨依然保持乐观。购房者也认为商洛市房价会继续上涨，普遍认为房价会上涨到每平方米 5500 元左右。而且国家调控目前对商洛市房地产影响较小，未来房价会继续上涨。

3. 结构趋势

根据问卷调查和实地调研，目前商洛市在售商品住宅户型以 100 ~ 120 平方米和 120 ~ 150 平方米的三室两厅一卫一厨和四室两厅两卫一厨为主，而保障性住房以 40 ~ 60 平方米的一室一厅一卫和二室一厅一卫为主。由于商州区、山阳县和洛南县商品住宅房价涨幅较大，商洛市住宅结构未来会保持目前状态。

（二）对策

1. 加强宏观规划调控，改善住房供应结构

目前，商洛市各区县房地产业相关信息时效性差，影响着政府宏观调控力度。因此，必须加强发展和改革委员会、住房和城乡建设局等部门的密切联系，掌握房地产开发企业和项目名单，一旦有新企业和新项目，各区县统计部门要密切配合，积极联系企业，争取早日入统，努力做到应统尽统。尤其要加强规划调控，改善住房供应结构。按照城市建设总体规划，结合目前商洛城市住房建设总量、开工面积、竣工面积以及完成投资等目标任务，优化配置各年度的商品住房和经济适用住房建设比重。

按照商洛城市建设需要，自然资源管理部门逐步调整了建设用地规划，提高了房地产开发用地比例，特别是经济适用住房建设用地规模逐步加大。同时，明确经济适用住房建设标准、供应对象、资格审定、房屋售价测算等相关规定。同时，针对中低收入家庭的状况，进行了较为翔实的调查统计，为制定相关配套政策做出了大量的前期准备工作。

2. 加大督促检查力度，规范房地产市场

目前商洛市房地产市场形势依然严峻，资本雄厚的房地产开发企业抗风险能力比较强，调整起来比较快，但企业所占比例小，因此，要强力引导本地大小企业联合重组，盘活一些房地产项目。进一步加大现场检查力度，积极与企业沟通，及时解决企业提出的问题，确保统计数据客观真实，服务核算制度改革。加强对企业统计人员的培训，要采取有效方式和途径，加大对企业统计人员培训的力度，避免层层培训所产生的理解偏差。严格执行商品房销售管理办法和经济适用房价格管理办法，禁止期房转让行为。逐步推行实名制购房和销售合同网络备案制。进一步强化房地产开发经营行业管理，及时受理查处群众举报反映的违规开发经营行为，对涉及企业不良信誉的问题及时给予记录、曝光。

3. 加强住宅物业管理

《商洛市住宅物业管理条例》自实施以来，对规范商洛物业服务企业经

营活动起到了一定的作用，但仍未从根本上解决当前物业管理中存在的突出问题。因此，商洛市住宅物业管理相关部门应该严格执行本条例，引导物业公司走规模化、市场化道路，积极培育具有资质的物业公司，建立健全质价相符的物业管理价格机制，引导和监督各方遵守物业服务合同。

4. 借助国家调控政策，促进房地产业健康发展

商洛市各级政府一定要认真落实“房子是用来住的，不是用来炒的”定位和房地产市场长效管理机制。首先，建立房产信息公开平台，实现信息共享。其次，合理分配移民安置房、商品房、限价房和公租房，放宽公积金提取条件，提高贷款额度，激活刚需型和改善型住房需求，引导房地产开发企业主动降价让利促进销售。最后，抓住陕南移民大搬迁、国家加大保障性安居工程建设、西武高铁建设契机，促进商洛市实体经济平稳快速增长。

参考文献

付世秋：《新时代陕西民俗体育文化发展路径研究》，《当代体育科技》2019 年第 10 期。

汪光焘：《全面落实科学发展观　实现城乡建设持续健康发展》，《中华建设》2006 年第 1 期。

商洛市统计局：《商洛市统计年鉴（2018）》，中国统计出版社，2018 年 10 月。

商洛市统计局网：《统计月报》2019 年 1～9 月。

B.21

2018 ~2019年延安市房地产业发展报告

何霞荣　周 旭　赵建军*

摘　要： 本文对2018~2019年延安市房地产业发展状况进行分析并预测其未来发展趋势。在延安新区建设持续加快的背景下，2019年延安房地产各项指标均保持较高增速。截至2019年10月，延安市累计完成商品房开发投资138.71亿元，同比增长30.5%；房屋施工面积和竣工面积扭负为正持续上涨，增幅显著；商品房销售同比增长51.9%，房地产市场呈现供需两旺态势。预测2020年延安市房地产市场供需关系趋于平衡，商品房价格仍有上涨空间。

关键词： 延安市　房地产　土地价格

一　延安市建设用地状况

（一）延安市2019年的土地利用计划

据《陕西省2019年土地利用计划》，2019年延安市建设用地合计17523亩，其中新增建设用地8500亩，改革政策用地2600亩，盘活存量建设用地

* 何霞荣，西安财经大学管理学院讲师，主要研究方向为工程项目管理；周旭，西安财经大学管理学院副教授、陕西房地产研究会副会长，主要研究方向为房地产经济学、工程项目管理；赵建军，延安市南泥湾开发区管理委员会工程师，主要研究方向为宏观经济。

6423 亩，新增建设用地指标的主要投向为红色文化产业基地、民生工程、移民安置、延安新区建设等。

（二）延安市区的地形及建设用地情况

延安属于典型的线形城市。城市沿西北川、东川、南川以及杜甫川展布，大体呈“Y”字形。在三川交会处，宝塔山、清凉山、凤凰山鼎立相望，延安中心城区就密集地分布在这个“Y”字形的三条主川道的河谷之中。特殊的地理环境严重地影响了城市的发展。鉴于此，为了解决延安城市发展空间不足、城景争地、交通拥堵等问题，改善人居环境，2012 年延安市全面启动了延安新区的开拓计划，寻求新的发展空间。

（三）延安建设新区的拓展

2011 年底，延安市政府通过了“削山造地、中疏外扩、上山建城”的城市发展新战略，规划建设城市新区，并于 2012 年 4 月全面动工，目前已开发出的有新区北区和新区东区两处片区。

1. 新区北区

新区北区（简称延安新区）位于延安清凉山南北中轴线北部，群山环绕，面向延河，眺望宝塔。目前已开发土地 21 平方公里，合 31500 亩，其中已建成并投入使用和正在建设的有 27000 亩左右，余下的 4500 亩，初步规划用作基础设施、公共设施、房地产开发等。北区现已建成并投入使用的主要有市政府行政中心、延安市中医院、延安大剧院、吾悦广场、能源小区、紫玉明珠、延安大学新校区等，正在建设的有阳光城、鼎盛豪庭等。整个新区规划整齐、开发有序、配套完善、体现了现代生态新城风貌，也大大改善了延安市的人居环境。

2. 新区东区

新区东区（现也称高新区）位于宝塔山东南，延河南岸，与新区北区隔川相望。该区规划经多次修改调整，2017 年 2 月，延安市委、市政府最终决定将东区整体融入延安高新区一体化发展，主要发展能源科技、节能环保、大健康等产业。到2019年底，除基本建成的绿地山水天城住宅小区外，已平整土地约5000亩。延安高新区万达城项目于2019年4月正式启动，占地约1900亩，总投资为120亿元，是集爱国主义教育、旅游度假、非物质文化遗产展示体验等于一体的商业综合项目，计划2021年建成开业。相较于地势开阔的北区，东区位于河谷，地域就略显紧凑，万达城的规划依地势而行，井然有序，以原有的水系打造人工湖，依山抱水，展示出新城与自然环境的协调共生。

二　延安市房地产业发展现状

2019年，延安市房地产受新区综合体、吾悦广场、阳光城等项目拉动，房地产市场热度不减，整个行业呈现稳健的发展态势。

（一）房地产开发企业状况

2018年，延安市共有房地产开发企业129家，较2017年多15家，其中具有一级资质的有3家，二级资质的有35家，三级资质的有37家，三级资质以下的有51家，全市拥有三级资质及以上房地产开发企业75家，占到全市房地产开发企业总数的58.14%。截至2019年10月，延安市房地产开发企业已达139家，较2018年延安市房地产开发企业多10家，延安市房地产开发企业总数占到全省的5.54%。可见，延安市房地产开发行业整体实力不断得到优化提升，房地产市场开发规模持续扩大。

（二）房地产业从业人员状况

房地产的发展给延安带来了更多的就业岗位。2018年年末房地产业（房地产开发、物业管理、房地产中介服务等行业）从业人员为5569人，同比增长109%；从业人员工资总额为2.26亿元，同比增长116%。其中房地产开发企业年末从业人员为3700人，同比增长119.4%；从业人员工资总额为1.73亿元，同比增长131%。

（三）房地产开发与投资情况

1. 固定资产投资与房地产开发投资

近年来，延安房地产开发投资一直呈现比较稳定的增长态势。2018 年延安市全年累计完成全社会固定资产投资 1094.31 亿元，同比下降 14.75%。其中房地产开发投资 131.17 亿元，同比增加 105.1%，占固定资产投资的 11.99%。

如表 1 所示，2012～2018 年延安市房地产开发投资 389.30 亿元，年均投资 55.61 亿元，极大地推动了延安城市化进程，成为延安市经济发展的重要力量。2015～2018 年为延安房地产开发黄金期，年投资规模一直保持在 50 亿元以上。2018 年全市房地产开发投资 131.17 亿元，迎来自 2012 年以来的第二次发展高峰。

表 1　2012～2018 年延安市固定资产投资与房地产开发投资

单位：亿元，%

年份	固定资产投资	同比增长	房地产开发投资	同比增长	房地产投资比重
2012	1032.06	26.6	20.31	151.36	1.97
2013	1321.04	28.0	18.40	-9.40	1.39
2014	1541.07	16.7	26.66	44.89	1.73
2015	1637.17	6.2	50.98	91.22	3.11
2016	1359.33	-15.4	77.84	52.69	5.73
2017	1283.65	-5.6	63.94	-17.86	4.98
2018	1094.31	-14.75	131.17	105.10	11.99

资料来源：《延安统计年鉴（2018）》。

2019 年延安市房地产开发投资额也较高。截至 2019 年 10 月，延安房地产开发投资累计完成 138.71 亿元，已超过 2018 年全年的投资总额（131.17 亿元）。从图 1 可以看出，2019 年延安市房地产开发投资增速也一直高于全省平均水平，但总体来说，增速较 2018 年有所放缓。2019 年延安市房地产开发投资增速在 4 月达到制高点后，有所回落，之后增速持续收窄，但仍保持较高较稳定的增速 30% 左右。2019 年 10 月，增速达到 30.5%，位列全省第六，占全省比重 4.4%。

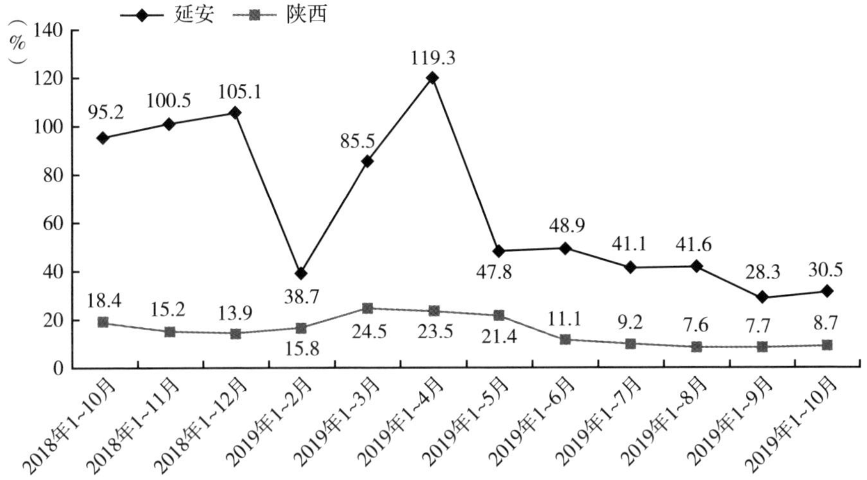

图 1　2018 年 10 月至 2019 年 10 月延安及陕西省房地产投资同比增长走势

资料来源：陕西省统计局。

2. 施工面积

统计数据显示，2018～2019 年延安市房地产开发施工面积有增长、有回落，但总体呈较稳定的增长趋势。截至 2019 年 10 月，延安房屋施工面积达到 1264.72 万平方米，同比增长 33.9%，其中住宅面积达 780.46 万平方米，同比增长 37.4%。具体数据如表 2 所示。

2018 年 10 月至 2019 年 10 月延安市房地产开发施工面积呈增长趋势，如图 2 所示。可以看出，2018 年 10 月到 2019 年 4 月，延安市房地产开发施工面积一直呈增长趋势，到 2019 年 4 月增长到最大值，房屋施工面积达 1135.18 万平方米，同比增长 62.6%，其中住宅面积也增长到最大值，达 705.57 万平方米，同比增长 61.5%。之后两者都开始回落，到同年 6 月房屋施工面积同比增速回落到 35.3%，住宅面积同比增速回落到 36.1%，7 月、8 月房屋施工面积同比增速开始小幅回升，9 月又开始小幅回落，降到 33.9%，达到 2019 年的最低值。而住宅面积从 7 月、8 月起同比增长小幅上升，9 月、10 月开始回落，但相较 6 月仍有增长，呈稳定增长的态势。

表2　2018年10月至2019年10月延安市房地产开发施工面积

指标	2018年1~10月	1~11月	1~12月	2019年1~2月	1~3月	1~4月
房屋施工面积(万平方米)	944.51	1044.8	1037.47	957.81	1014.04	1135.18
房屋施工面积同比增长(%)	17.6	25.8	24.9	43.9	47.9	62.6
其中:住宅面积(万平方米)	567.84	643.24	635.3	591.15	642.98	705.57
住宅面积同比增长(%)	4.6	14.5	13	40.7	50.3	61.5
指标	1~5月	1~6月	1~7月	1~8月	1~9月	1~10月
房屋施工面积(万平方米)	1163.95	1202.05	1248.06	1251.5	1259.73	1264.72
房屋施工面积同比增长(%)	45.7	35.3	37.2	37.6	34.7	33.9
其中:住宅面积(万平方米)	712.9	740.26	768.37	770.68	777.32	780.46
住宅面积同比增长(%)	46.2	36.1	38.5	38.9	38.1	37.4

资料来源：延安市统计局2018年10月至2019年10月各月固定资产投资月度数据。

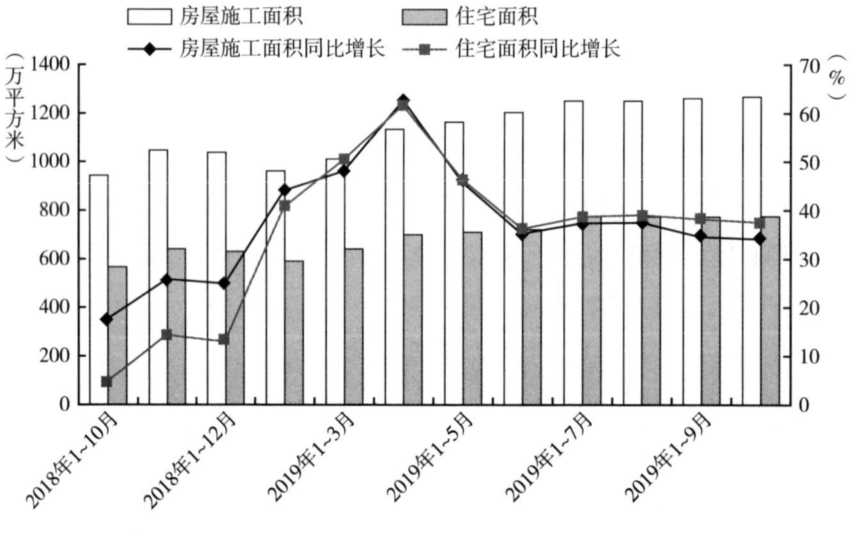

图2　2018年10月至2019年10月延安市房地产开发房屋施工面积增长趋势

资料来源：延安市统计局2018年10月至2019年10月各月固定资产投资月度数据。

3. 竣工面积

据统计数据显示，2018~2019年延安市房地产开发房屋竣工面积和住宅竣工面积均呈稳定的上升趋势，从2018年10月至2019年5月增长平稳，到2019年6月开始增长幅度明显加快，其中房屋竣工面积较住宅竣工面积增长的幅度更大些，随着房屋竣工面积的增加，期房的销售比重下降，现房销售比重上升，具体数据如表3所示。

表3　2018年10月至2019年10月延安市房地产开发房屋竣工面积和住宅竣工面积

指标	2018年1～10月	2018年1～11月	2018年1～12月	2019年1～2月	2019年1～3月	2019年1～4月
房屋竣工面积(万平方米)	20.68	23.01	23.01	22.98	22.98	33.42
房屋竣工面积同比增长(%)	-75.8	-83.4	-84.2	-	-	857.6
其中:住宅竣工面积(万平方米)	7.51	8.92	8.92	17.86	17.86	26.32
住宅竣工面积同比增长(%)	-91.4	-92.5	-92.9	-	-	668.2
指标	2019年1～5月	2019年1～6月	2019年1～7月	2019年1～8月	2019年1～9月	2019年1～10月
房屋竣工面积(万平方米)	33.42	55.95	63.83	72.59	72.59	78.89
房屋竣工面积同比增长(%)	438.1	493.4	577.1	670.0	652.1	281.4
其中:住宅竣工面积(万平方米)	26.32	38.34	43.85	43.85	43.85	47.98
住宅竣工面积同比增长(%)	-	1150.6	1330.2	1330.2	1232.4	571.2

注：其中同比增长数据中出现“－”符号是因为2018年1～2月、1～3月、1～5月没有竣工的工程，或是没有竣工的住宅工程，同比增长计算没有基数。

资料来源：延安市统计局2018年10月至2019年10月各月固定资产投资月度数据。

（四）房地产销售状况

自2016年以来，延安商品房销售在2017年实现了规模、总量大幅提升之后，2018年总体较大幅度的回落，2019年又稳步回升。统计数据显示，在商品房的开发投资和销售中住宅占有绝对比重，商业、办公等其他房地产开发量特别低，房地产开发种类逐渐呈现单一模式，房地产市场结构的合理性亟须加强（见表4）。

1. 销售额

受新区综合体、吾悦广场等房地产项目拉动，自2016～2018年，商品房销售额持续增长，从表4可以看出，2018年较2017年增长2.48亿元，同比增长4.84%，有所提升，但增速明显放缓。

表 4　2016～2018 年延安市房地产销售情况

单位：亿元，%

指标	2016 年		2017 年		2018 年	
	绝对量	同比增长（%）	绝对量	同比增长（%）	绝对量	同比增长（%）
商品房销售额(亿元)	22.47	1.90	51.19	127.81	53.67	4.84
其中:住宅(亿元)	20.73	6.42	42.71	106.03	50.44	18.10

资料来源：《延安统计年鉴（2018）》。

2. 销售面积

截至 2019 年 10 月，延安市房屋销售面积累计达 111.80 万平方米，同比增长了 51.9%，在全省各市（区）中排名第二，仅次于榆林市，占全省商品房销售面积的 3.3%，较 2018 年同期的 73.61 万平方米增加了 38.19 万平方米。其中住宅销售面积为 104.40 万平方米，较 2018 年同期的 71.37 万平方米增加 33.03 万平方米，同比增长 46.3%。从各月累计数据还可以看出其中住宅销售面积占同期房屋销售面积的 92% 以上，如图 3 和表 5 所示。

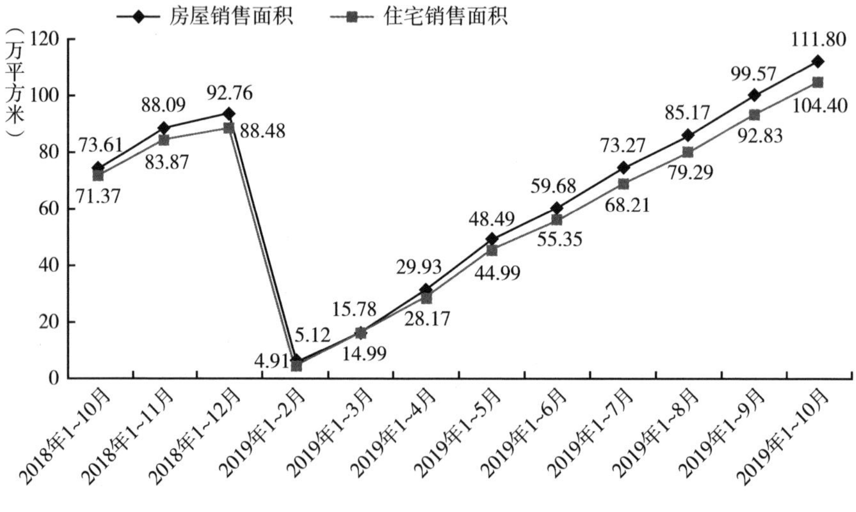

图 3　2018 年 10 月至 2019 年 10 月延安市房地产开发房屋和住宅销售面积情况

资料来源：陕西省统计局、延安市统计局统计快报数据。

2018年，延安市房屋销售受2017年新区大型楼盘相继售罄和房地产开发投资规模持续缩小的影响，商品房销售面积下滑较大，全年增速均为负，2018年12月同比增速为-28%，在2019年1月同比增长扭负为正，环比增长呈现逐月回升的趋势，房屋和住宅销售面积同比增长情况如表5所示。

从增长的趋势看，销售面积同比增速在2019年1月扭负为正以后，1～5月呈快速增长趋势，5月达到峰值，房屋销售面积和住宅销售面积两者同比增速分别为113.0%和103.6%，但6月开始回落，增幅收窄，分别较5月下降54.7个和54.1个百分点，之后在7月有小幅回升，8～10月增幅持续回落，但房屋销售面积同比增幅在50%以上，住宅销售面积同比增幅在45%以上，总体呈现较稳定的增长趋势。

表5　延安市2018～2019年房屋和住宅销售面积同比增速情况

单位：%

指标	2018年			2019年								
	10月	11月	12月	2月	3月	4月	5月	6月	7月	8月	9月	10月
房屋销售面积同比增速	-37.3	-27.8	-28.0	50.7	69.8	92.0	113.0	58.3	66.6	54.3	51.5	51.9
住宅销售面积同比增速	-37.2	-28.6	-25.7	69.8	70.6	86.9	103.6	49.5	58.8	47.8	45.1	46.4

资料来源：延安市统计局延安市2018年10月至2019年10月各月固定资产投资月度数据。

3. 销售价格

2018～2019年延安市商品房的销售价格一直呈波浪式上升趋势（见图4），均价从2018年10月的5358元/平方米，升至11月的全年最高价5532元/平方米，是2018年1月均价3942元/平方米的1.4倍。均价从2018年12月开始回落，到2019年2月降至低谷4854元/平方米，从3月起又一路稳步回升，7月有些波动，到8月升到峰值6226元/平方米，是2019年1月的1.17倍，2018年1月的1.58倍，9月、10月又开始下降，但总体上2019年商品房的销售价格较2018年持续走高，呈稳步上升趋势。

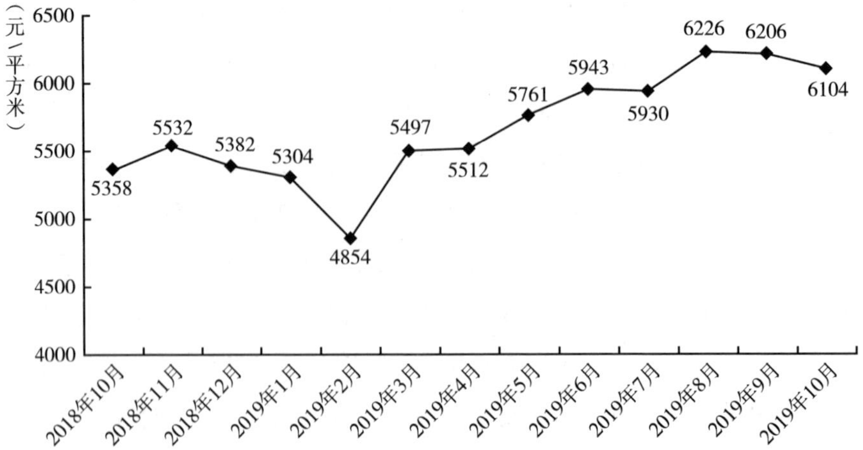

图4　2018 年 10 月至 2019 年 10 月延安市中心城区商品房销售均价走势

资料来源：根据延安市住房和城乡管理局提供的数据整理。

从现场实地调研走访的情况来看，新区北区的商品房均价高于新区东区，且都高于均价，如面积在 110 ~ 140 平方米的户型，新区东区的期房万达城 2020 年元旦促销价为 6300 ~ 6600 元/平方米，新区北区的阳光城双节促销价为 7200 ~ 7700 元/平方米，北区景秀东房楼盘现房价为 7800 元/平方米，紫玉明珠现房价为 8000 元/平方米，而老城区的房价均价为 5000 ~ 5500 元/平方米。

4. 待售面积

至 2018 年 12 月，延安市商品房的待售面积降至 54. 95 万平方米，同比下降 1. 0%，但自 2019 年起，待售面积一直持续正增长，同年 4 月增至最大（见图 5），达 78. 16 万平方米，同比增长 51. 5%，之后同比增长幅度收窄，5 ~ 7 月略有波动，自 8 月持续收窄，降到 5. 3%，但待售面积仍维持在 60 万平方米以上。截至 2019 年 10 月，商品房待售面积总量达 61. 30 万平方米。

（五）房地产开发用地情况

根据延安市自然资源局国有建设用地使用权出让结果公示数据，2018

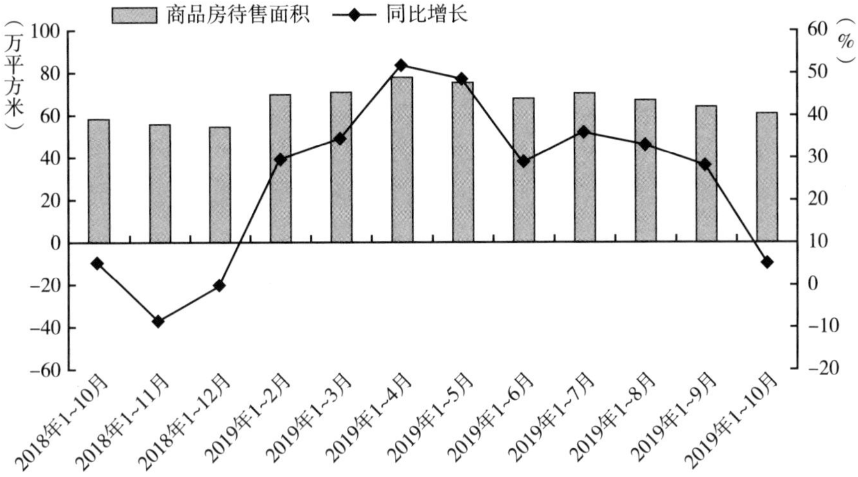

图5　2018年10月至2019年10月延安市商品房待售面积情况

资料来源：根据延安市住房和城乡管理局提供的数据整理。

年10月至2019年10月延安市共出让土地34宗，合2310.39亩。其中按出让土地位置来分，如表6所示。延安新区出让土地的宗数最多，达17宗，其次是高新区9宗。但从出让的面积来看，高新区出让的面积最多，达1051.54亩，占总出让面积的45.51%；其次是延安新区，出让面积867.69亩，占总出让面积的37.56%。按出让土地的用途来看，如表7所示，商业和住宅的宗数最多，达27宗，面积共1838.11亩，占总出让面积的79.56%；其次是工业，有4宗，面积272.10亩，占总出让面积的11.78%；再次是教育用地，有2宗；最后是公共设施1宗。

表6　2018～2019年延安市出让土地情况

序号	宗地位置	宗数	面积（亩）	所占比例（%）
1	宝塔区	4	175.84	7.61
2	延安新区	17	867.6925	37.56
3	高新区	9	1051.5392	45.51
4	其他	4	215.3245	9.32

表7　2018～2019年延安市土地出让用途

序号	宗地用途	宗数	面积(亩)	所占比例(%)
1	商业和住宅	27	1838.1146	79.56
2	工业	4	272.1031	11.78
3	教育	2	184.7795	8.00
4	公共设施	1	15.399	0.67

资料来源：根据2018年10月至2019年10月延安市自然资源局《国有建设用地使用权挂牌出让公告》数据整理。

商业和住宅用地的27宗里，延安新区有14宗，高新区方塔湖片区有7宗，河庄坪镇河庄坪村2宗，李渠镇王家砭村、枣园西北川两馆以南、宝塔区万花乡张坪村、宝塔区枣园镇裴庄村4处各有1宗，可见延安市房地开发和建设的重点还是在延安新区（北区和东区），总出让土地共21宗，占总宗数的77.78%。其中商业和住宅用地总面积达1739.45亩，占商业和住宅用地总面积的94.63%。

三　2019年延安市房地产市场总结

2019年房地产市场供需两旺。在延安新区建设持续加快的背景下，延安新区综合体、吾悦广场等房地产项目基本竣工建成，房地产各项指标均保持较高增速。2019年延安房地产市场有以下四个特点。

1. 商品房开发投资继续呈上涨态势

从2018年5月起，延安商品房开发投资一直呈上涨态势，2019年1～10月延安市累计完成商品房开发投资138.71亿元，同比增长30.5%。

2. 房屋竣工面积增速显著

2018年延安房地产竣工面积增速一直为负值，但随着延安新区吾悦广场等项目的竣工，2019年房地产竣工面积同比大幅上涨，截至2019年10月，延安房地产竣工面积为78.89万平方米，同比增长达2.81倍，其中住宅竣工面积为47.98万平方米，增长5.7倍，房地产市场有效供给得到增加。

3. 新建商品房销量持续增加

2019 年伊始，延安市商品房销售扭负为正，截至 2019 年 10 月底，全市商品住房销售面积为 111.8 万平方米，同比增长 51.9%；商品房销售面积占竣工面积的 141.72%，房地产市场需求旺盛，购买力较强。

4. 商品住房销售价格稳中有升

2018～2019 年，延安市新建商品房价格受新区房价的拉动整体有所提升。2019 年 10 月延安市新建商品住房销售价格为 6104 元/平方米，同比增长 13.92%。新区新建商品住房价格涨幅并不明显，价格与 2018 年底基本持平。

四　延安市房地产市场存在问题

（一）土地供应不足，后续增长乏力

土地供应不足是影响延安土地价格、房地产开发的最重要的因素。在过去几年，延安新区土地开发缓解了建设用地短缺的现状，但为保护生态环境，延安“削山造地”工程将不再开展，政府在新区将致力于做好绿化和市政配套设施建设。2019 年上半年延安市待开发土地面积仅为 2.42 万平方米，较上年同期下降 86.8%；土地购置面积为 69.80 万平方米，下降 11.1%；土地成交价款为 14.27 亿元，下降 24.2%。建设性用地供应不足成为制约全市房地产开发企业持续发展的主要因素。

（二）库存规模较大，短期内难以消化

2019 年 1～6 月，延安市商品房待售面积为 68.12 万平方米，较上年同期增加 15.13 万平方米，增长 28.6%。其中住宅待售面积为 42.36 万平方米，占待售面积的 62.2%，较上年同期增长 19.7%。从待售年限来看，一年以内待售面积为 18.98 万平方米，较上年同期增长 16.4%，占待售面积的 27.9%；1～3 年待售面积为 10.28 万平方米，同此下降 56.4%，占待售

面积的15.1%；3年以上待售面积为38.86万平方米，增长2.0倍，占待售面积的57.0%。截至2019年10月底，延安市商品房待售面积为61.30万平方米，增长5.3%，商品房待售面积占年竣工面积的比重达到77.70%（见表8）。可见延安商品房库存规模较大，而这些待售面积主要为位置偏僻、交通不便、品质低端的商品住宅，短期内难以消化。

表8　2017年至2019年10月延安市商品房待售面积

指标	2017年		2018年		2019年1~10月	
	绝对量	同比增长（%）	绝对量	同比增长（%）	绝对量	同比增长（%）
房屋竣工面积(万平方米)	145.29	34.87	23.01	-84.20	78.89	281.40
商品房待售面积(万平方米)	55.50	9.27	54.94	-1.01	61.30	5.30
待售面积/竣工面积(%)	38.20		238.77		77.70	

（三）房地产市场信息的开放性有待加强

之前延安市房产管理办公室负责房地产市场监督管理、保障性住房建设管理工作，并负责向社会发布住房保障和房屋管理信息统计分析，提供房地产市场的预警预报。2019年3月，根据延安市委深化机构改革工作要求，延安市房产管理办公室职能划入延安市住房和城乡建设局，目前延安市房产管理办公室网站已按相关程序申请永久下线，但网站相关内容和功能并没有及时迁移到延安市住房和城乡建设局网站，致使房地产市场信息的开放性不足、市场信息数量少，不能满足公众和企业对房地产信息的需求，影响了房地产市场管理成果的应用，也难以实施全面的业务管理和有效的市场监控。

五　2020年延安市房地产发展趋势预测

（一）2020年延安市房地产供需趋势分析

相对于2019年来说，2020年延安的房地产供给和需求将呈现双双下降趋势，房地产市场供需关系趋于平衡。

1. 供给趋势

首先土地供应和土地储备是房地产开发企业进行房地产开发的前提和基本条件。2019年延安供地量较大，但延安新增建设用地不足将是今后几年的趋势，这必然导致开发商拿地困难、房屋新开工项目和规模下降。其次2019年延安市商品房竣工面积较大，临近年底开发商纷纷采取降价促销措施，说明市场已经呈现供大于求的趋势，必然使开发商对2020年的房地产开发采取谨慎态度。最后，2019年延安房地产投资增速4月达到高点后持续下滑，房屋新开工面积、土地购置面积也在相应下滑，势必减少下一个阶段的正常市场供给。因此，2020年房地产市场供给增速将呈现下降趋势。

2. 需求趋势

近年来延安市人口扩张不足，难以为房地产市场创造增量需求。2018年末延安市常住人口为225.94万人，比上年减少0.37万人，对商品住宅的需求主要是居民的改善性需求和棚户区改造产生的刚性需求，延安新区的商品住宅超过60%的购房都是改善性需求。在2019年房地产市场较大的有效供给下，改善性需求已得到很大限度的满足，而随着棚户区改造政策的收紧，由棚户区改造产成的内生性需求也会下降，因此，2020年房地产市场需求将会有所减小。

（二）2020年延安市房地产价格趋势分析

分析影响2020年延安房地产市场价格的因素主要有以下几个方面。

首先是地价上升。根据延安市自然资源局国有建设用地使用权出让结果公示信息，因工业用地出让价很低，课题组主要对商业、住宅用地进行了数据统计（见表9），2017年延安市出让土地13宗，合计面积491.22亩，均价139.00万元/亩；2018年出让土地18宗，合计面积864.21亩，均价161.55万元/亩，均价同比增长16.22%；2019年出让土地24宗，合计面积1748.76亩，均价184.39万元/亩，均价同比增长14.14%。由此可见，

2017～2019 年延安土地价格涨幅明显，土地价格上涨成为延安房价上涨的重要推手。

表 9　2017～2019 年延安国有建设用地使用权出让情况

年份	出让土地宗数	用途	面积（亩）	供地方式	成交价款（万元）	均价（万元/亩）	增长率（%）
2017	13	商业、住宅	491.22	挂牌	68277.6827	139.00	—
2018	18	商业、住宅、社会停车场	864.21	挂牌	139609	161.55	16.22
2019	24	商业、住宅	1748.76	挂牌	322449	184.39	14.14

资料来源：根据 2018 年 10 月至 2019 年 10 月延安市自然资源局《国有建设用地使用权挂牌出让公告》数据整理。

其次是房屋建造成本上升。近年来房屋建造材料、劳动力成本在不断增长，房地产的品质也在不断提升，建造成本增加是必然的。

最后是房地产供求关系。延安因居民下山、棚户区改造量大，对房地产的刚性需求依然存在。另外，延安的城镇化率也在逐年提升，2018 年底达到 62.31%，较上年增加 1.52 个百分点，新增城市人口必然带来对城市住房的需求。与之相对的则是房地产供给呈下降趋势。

根据以上分析，预计 2020 年延安市房地产价格总体仍有上升空间，具体根据房地产区位和品质的不同。交通便利、配套设施齐全的中高端住宅价格仍会上涨，偏僻、区位不好、品质低端的商品房价格还会略微下降。

参考文献

延安市统计局国家统计延安调查队：《延安统计年鉴（2018）》，中国统计出版社，2019。

延安市普查局：《2018 延安五上企业统计年鉴》，2019。

薛占海：《政府工作报告》，2019 年 1 月 7 日。

延安市统计局：《延安市房地产开发业蓬勃发展》，2019 年 8 月 2 日。

陕西省人民政府：《2019 年 10 月全省经济运行情况》，2019 年 11 月 26 日。

陕西省统计局：《1～10 月全省房地产开发投资和销售增速回升》，2019 年 12 月 16 日。

陕西省统计局：《1～8 月我省房地产开发投资稳中有降》，2019 年 9 月 30 日。

王圣学：《陕西房地产蓝皮书：陕西房地产业发展报告（2019）》，社会科学文献出版社，2019 年 6 月。

B.22
2018 ~2019年榆林市房地产业发展报告

王育宝　高睿凯　胡雨荷　马晓蕾　郭薛南*

摘　要： 结合中、省房地产调控政策和榆林市经济社会发展状况，本文主要从市场运行、投资情况、房价波动等方面分析了榆林市2018年第四季度到2019年第三季度房地产业发展的现状特点、存在问题及其原因，预测榆林市2020年房地产业发展的趋势，最后提出了应对策略。

关键词： 榆林市　房地产业　房价

2019年，为深入贯彻党中央"房住不炒"，不将房地产作为短期刺激经济手段的方针，阻止房地产投机对宏观经济带来的系统性风险，我国房地产市场整体收缩，走势整体平稳。陕西省榆林市在积极贯彻落实中、省房地产宏观调控政策的同时，出台和颁布了"去库存"、推进棚改等规范本地房地产市场健康发展的系列政策措施，房地产业运行制度更趋完善，房地产市场持续稳定。

一　市域概况

榆林市坐落于陕西省最北部，东临黄河与山西相望，西连宁夏、甘肃，

* 王育宝，博士后，博士生导师，西安交通大学经济与金融学院副教授，陕西经济研究中心及国家CTTI智库副主任，民盟陕西省委企业委员会副主任，研究方向为区域经济学；高睿凯，西安交通大学区域经济学专业硕士研究生；胡雨荷，西安交通大学国际商务专业硕士研究生；马晓蕾，西安交通大学国际商务专业硕士研究生；郭薛南，西安交通大学区域经济学专业硕士研究生。

北邻内蒙古，南接陕西本省延安市，辖1市2区9县、156个乡镇、16个街道办事处、2974个行政村，户籍人口总数为383.84万人，总土地面积为43578平方公里。榆林市拥有丰富的能源矿产资源，人文历史悠久，区位优势独特①。经过40多年的开发建设，榆林市经济社会发展取得巨大进步，居民收入大幅提高，但资源型单一经济特色明显，区域内经济发展差距较大。

（一）经济发展情况

2019年1～9月榆林市GDP为3042.04亿元，相比2018年同期增长5.8%，第三季度增速相比上半年高出2.8%。全市居民人均可支配收入为17858元，同比增长9.2%；全市社会消费品零售总额实现396.21亿元，同比增长7.3%。

表1　榆林市2010年至2019年第三季度GDP增长率及三次产业结构

年份	GDP(亿元)	GDP增长率(%)	三次产业结构
2010	1756.67	18.3	5.3∶68.6∶26.1
2011	2292.25	15.0	4.9∶71.1∶24.0
2012	2669.88	12.0	4.5∶73.3∶22.2
2013	2779.46	8.8	4.9∶69.8∶25.3
2014	2920.58	9.0	4.8∶68.3∶26.9
2015	2491.89	4.3	5.5∶62.5∶32.0
2016	2773.05	6.5	5.9∶60.6∶33.5
2017	3318.39	8.0	5.1∶62.8∶32.1
2018	3848.62	9.0	6.0∶62.8∶31.2
2019年第一至第三季度	3042.04	5.8	3.0∶64.8∶32.2

资料来源：榆林市统计局。

榆林市产业结构低度化明显，能源产业一直占据国民经济的主导地位，第二产业在三次产业结构中占比较大，一直在60%以上。2019年前三季度，

① 榆林市统计局：《2018年榆林市国民经济和社会发展统计公报》，榆林要闻，http://www.sohu.com/a/305450695_100189154，2019年4月2日。

榆林市第一产业的增加值为90.95亿元，增幅为3.5%；第二产业增加值为1970.78亿元，增幅为4.7%；第三产业增加值为980.31亿元，增幅为7.6%。第二产业占比为64.78%，能源工业完成产值2788.97亿元，同比增长9.1%，增加值增长5.0%，增速同比提高6.1个百分点。

2019年前三季度，榆林市固定资产投资总额同比累计增长11.5%，增速比上半年高出3个百分点。其中房地产投资增长14.5%，回落36.2个百分点①。

（二）建设用地状况

随着经济发展和人民收入水平的提高，榆林市建设用地规模不断增加，但房地产建设用地面积逐年减少。近年来，榆林市国有建设用地面积占比呈逐年递增趋势，2014～2017年，榆林市（市本级）国有建设用地供应总量由798.12公顷增加到1306.12公顷。但从土地用途方面看，榆林市房地产用地面积占比逐年减少。

2014～2018年，榆林市住宅用地整体规模呈减少之势，且区域分布不平衡，根据2019年榆林市土地交易信息，在进行住宅用地土地招挂拍的区县中，榆阳区规划建筑面积达93.98公顷，横山区仅有1.02公顷，府谷县为78.34公顷，神木市为10.27公顷，绥德县为12.51公顷，子洲县为29.40公顷，清涧县为11.75公顷，米脂县的规划面积最小，为0.47公顷。

其他各类供地分布情况方面，相比2017年，2018年商服用地、公共管理与服务用地面积均有所下降，交通运输用地下降幅度较大，工矿仓储用地面积及占比则有所提升（见表2）。市内分布区域上，商服用地和住宅用地主要集中在高新区和城区，工矿仓储用地主要集中在高新区和榆神工业区，公共管理与公共服务用地主要集中在高新区，交通运输用地主要集中在榆阳区②。

---

① 榆林市统计局：《榆林市前三季度经济运行形势良好》，http：//tjj.yl. gov.cn/9/5564/content.aspx，2019年10月23日。

② 榆林市国土资源局：《2018年度榆林市建设用地审批创新高》，http：//www.sohu.com/a/292872746_120038159，2019年2月1日。

表2　2014～2018年榆林市计划土地供应量

单位：公顷

年份	商服用地	工矿仓储用地	住宅用地	公共管理与服务用地	交通运输用地	特殊用地	土地供应总量
2014	171.62	289.57	140.06	168.42	28.45	0	798.12
2015	200.24	523.47	283.29	223.13	32.54	7.18	1269.85
2016	—	—	—	—	—	—	—
2017	100.93	157.44	122.83	100.76	815.53	8.63	1306.12
2018	76.05	216.79	120.52	39.36	154.18	0.00	606.89

资料来源：榆林市自然资源和规划局。

二　榆林市房地产业发展的现状特点

2018年第四季度到2019年前三季度，榆林市房地产业总体发展呈稳定增长态势，市内房地产开发企业数量显著增长，固定资产投资与房地产投资保持增长，商品房“去库存”工作顺利开展，供给需求基本保持平衡，房价整体在波动中缓慢增长，保障性住房建设有效推进，物业管理水平有所提高。

（一）房地产开发企业与开发投资现状

1. 房地产开发企业数量显著增加

2018年第四季度到2019年第三季度，榆林市房地产开发企业的数量有较明显的增长。2014～2018年，榆林市房地产开发企业数量变化幅度较小，5年仅增长了15家。截至2018年9月，榆林市房地产开发企业的数量为166家；到2019年5月，全市房地产开发企业176家，比上年同期增加25家，同比增长16.6%；2019年2～8月，榆林市房地产开发企业新增12家，截至当年8月，共有房地产开发企业182家。榆林市房地产市场开发主体总体活跃，不断有新鲜血液进入房地产市场。这为榆林带来充足的房屋供给与可观的投资机遇。

2. 固定资产与房地产开发投资保持增长

从投资状况来看，2018～2019 年榆林市固定资产投资增长较快，但增速放缓，房地产开发投资保持增长，商品房“去库存”呈现良好的态势。2018 年榆林市固定资产投资同比增长 8.5%。按用途来分，项目投资增长 5.6%，民间投资增长 36.7%。2019 年第一季度，全市固定资产投资比上年同期增长了 16.8%，环比下降 10%。其中，项目投资增长 16.6%，民间投资增长 30.4%。

2018 年，榆林市房地产开发投资额同比增长幅度达到 46.4%。2019 年第一季度，全市房地产开发投资同比增长 19.2%；第二季度同比增长 50.7%；第三季度增速下降，同比增长 14.7%。2019 年 1～5 月，榆林市房地产开发投资 30.76 亿元，同比增长 75.4%。由此可以看出，2019 年第三季度榆林市房地产开发投资额总体较上年呈现增长扩大趋势，但增速不稳定，状态较为波动（见图 1）。

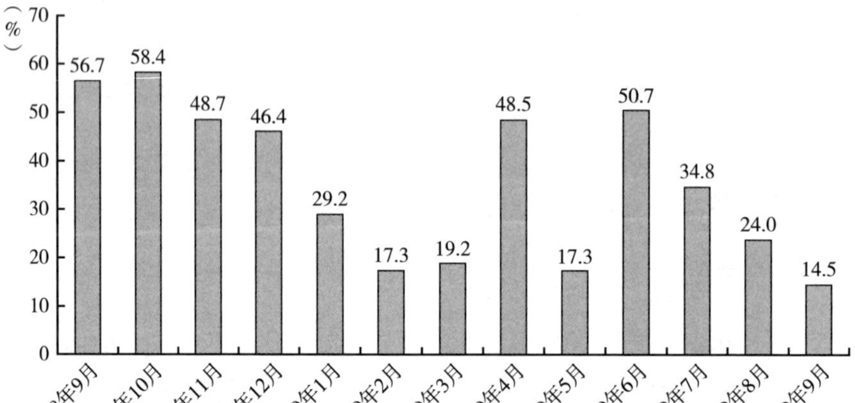

图 1　2018 年 9 月～2019 年 9 月榆林市房地产开发投资同比增速

资料来源：榆林市统计局。

3. 房地产业生产总值稳定增长

从房地产业的生产总值看，2018 年榆林市第三季度，房地产累计生产总值为30.50亿元，同比增长7.7%；而2019年第三季度房地产业累计生产总值则达39.20亿元，同比增长16.3%。如图2所示，榆林市房地产业生产总值仍呈现增长趋势，增速也波动上升，预计2019年第四季度房地产市场仍然会保持稳定增长。

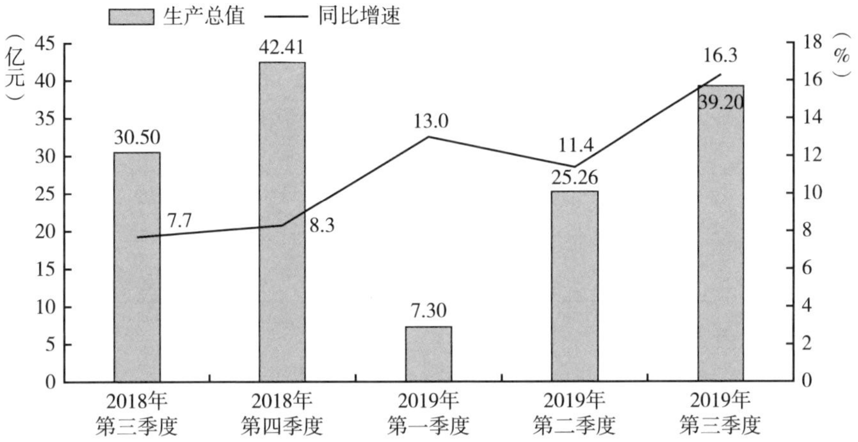

图2　2018年第三季度至2019年第三季度当年累计房地产生产总值及同比增速

资料来源：榆林市统计局。

（二）房地产市场供给、需求和服务状况

1. 房地产市场供给与需求相对平衡

2018年，榆林市商品房累计销售面积为102.61万平方米，增长33.3%；商品房待售面积为102.14万平方米，下降8.8%。2019年3月末，商品房累计销售面积为17.79万平方米，增长48.3%；商品房库存方面，待售面积为102.08万平方米，增长8.3%，主要原因是前期榆林市房地产市场发展状况良好，房地产开发企业建设速度加快，待售面积增多，上涨的价格抑制了部分购买力。2019年前三季度榆林市房地产开发企业总房屋施工面积为1163.69万平方米，累计房屋竣工面积为20.46万平方米。商品房销售面积为125.34万平方米，同比增长89.3%，商品房待售面积为95.69

万平方米，增长6.2%（见表3）。相较于2018年，2019年前三季度，房地产供给呈现明显的增加态势。与此同时，房屋销售面积也有大幅增长。总体来看，2019年前三季度榆林市全市房地产市场供需基本保持稳定，整个房地产市场较为活跃。

表3　2018～2019年前三季度榆林市商品房建设及销售情况

单位：万平方米

	房屋施工面积	其中:本年新开工面积	房屋竣工面积	房屋待售面积	商品房销售面积	商品房销售额
2018年	1009.28	189.98	16.42	90.14	66.22	40.45
2019年前三季度	1163.69	241.67	20.46	95.69	125.34	81.94
同比增长(%)	15.3	27.2	24.6	6.2	89.3	119.9

资料来源：榆林市统计局。

2. 房地产销售价格在波动中缓慢增长

2018年第四季度到2019年第三季度，榆林市商品房销售价格在小幅波动中稳定增长。榆林市商品房销售价格从2018年1月的5696元/平方米增长到2019年12月的6993元/平方米，其中最高价出现在2019年11月，为7040元/平方米；最低价为2018年1月的5696元/平方米。预计后续房价会缓慢增长（见表4）。

表4　2018～2019年榆林市商品房月度销售价格

单位：元/平方米

	1月	2月	3月	4月	5月	6月	7月	8月	9月	10月	11月	12月
2018年	5696	5902	6045	6048	6046	6195	6093	6161	6268	6323	6506	6444
2019年	6296	6683	6779	6660	6819	6586	6475	6731	6669	6902	7040	6993

资料来源：中国房价行情网。

3. 保障性住房建设稳步推进

作为一项重要民生工程，榆林市委、市政府在保障性住房建设工作方面，坚决贯彻扩内需、保民生、促发展的决策部署，积极推进住房保障体系、公租房货币化、各类保障性住房基础配套、棚户区改造等工作。截至2019年7月18日，榆林市累计开工建设各类保障房151496套，其中：公租房63301套、购置型房88195套；总计分配保障性住房127833套，其中：公租房60488套（廉租房25453套、公租房35035套）、购置型保障房67345套（经济适用房25453套、限价房41892套）。同时，通过货币保障住房困难家庭11118户，约34466人[①]。2018年榆林市启动古城片区棚户区改造工程项目。截至2019年第三季度，已完成棚户区改造979套，实现投资额65447.59万元，已有50975.59万元专项债券资金用于棚改项目。

榆林市县域保障性住房建设取得一定成绩，基本建设起了以公租房、经济适用房、限价房为主，以租赁补贴为辅助支持的多类型、全方位住房保障体系。截至2019年7月底，榆阳区共计实体建房25243套，划拨建设用地1741亩，其中购置型保障房（经济适用房）10554套，面积为115.1万平方米；租赁型保障房为15169套，面积为92万平方米。中心城区范围内近6万多人的住房困难问题得到有效解决。定边县各类保障性住房完成建设9000余套，同时通过整合移民搬迁房和委托开发商代建形式，再建保障房3400套，使全县保障性住房总量达到12523套。神木市自2007年实施保障性住房制度以来，总计开工建设公租房8166套。靖边县保障性住房已分配入住12425套，其中廉租住房3052套、公租住房3068套、经济适用住房2813套、限价商品住房3472套[②]。

4. 物业管理机制完善、水平提高

为明确物业管理责任主体，2017年以来，榆林市先后出台了《榆林市物业市场监管办法》等规章制度，推广物业管理“条块结合、以块为主，属地管理、重心下移”的模式，建立了“各相关职能部门业务指导，县市

① 榆林市住房和城乡建设局：《榆林市保障性安居工程简介》，2019年7月18日。

② 榆林市住房和城乡建设局：《榆林市保障性安居工程简介》，http://zjj.yl.gov.cn/show-130-862-1.html，2019年7月18日。

区、街道办属地管理，社区居委会具体负责”的物业管理工作机制[①]。拓展线上方式，搭建物业服务企业信用管理平台，并进一步通过信息系统监控强化物业服务企业行业监管。2019 年，榆林市物业管理协会举办“中高层物业管理人员培训会”，提高物业管理人员业务水平。

三 榆林市房地产业发展存在的问题及原因分析

2019 年前三季度，榆林市房地产开发投资保持增长，施工速度缓慢回升，新开工面积缓慢增长，市场供给稳定，需求稳定增长，但仍存在“去库存”压力需求、市场监管不足、房地产泡沫风险增大等问题。

（一）供需结构失衡，去库存压力存在

榆林市房地产市场库存一直维持在较高水平，受国际能源价格下降和房地产调控政策影响，榆林市房屋的需求呈现下降趋势。棚户区改造的货币化使得榆林市房屋销售面积增加，是榆林市房地产销售的重要组成部分。2018 年棚户区改造政策的推行，对榆林市房地产销售面积的增加起很大促进作用。2019 年有兴中路南、桃园路南、苏庄则、草海则和东海则 5 个棚户区改造项目，2020 年有望湖路和常乐路东两个棚户区改造项目。随着棚户区改造进程的推进，棚户区改造带来的销售福利也将逐渐减弱。

（二）产业结构低度对房地产行业造成积压

榆林市产业结构和其他资源型城市一样，都具有第二产业过分突出的特点。产业结构低度化是影响人民收入水平提高的重要因素，人民收入水平的降低也将制约需求的增长，这给房地产行业的发展带来了不利影响，同时也对开发商和消费者产生了负面作用。2018 年榆林市本级共出让土地 65 宗，

① 榆林市人民政府：《对市政协四届四次会议第 401 号提案的复函》，http：//www. yl. gov. cn/gk/dbcabl/zxwycahb/57221. htm，2019 年 7 月 10 日。

面积为530.91公顷，其中25宗约77.91公顷为房地产用地，2019年后1～2年房屋储存量将增加。在收入降低、市场供应增加的情况下，供求不平衡将更加明显，房产滞销问题会相对加重。

（三）市场监管存在不足

2018年7～12月，北京、上海等30个城市颁布有关房地产政策，对房地产市场现存乱象进行了专项整治，取得一定成效。但房地产黑中介、投机炒房、违法违规房地产开发和虚假房地产广告等行为仍持续存在，对榆林市房地产市场造成一定危害。投机行为因房价大幅上涨具有很大的利益空间，投机群体相比刚性需求对市场影响更大。当房价骤降时，如在榆阳区，炒买炒卖现象就会出现苗头；当房价有上涨趋势时，有些人会通过筹集资金对房地产市场进行快速炒作，部分售楼部也出现提前交定金、开盘优先选房等现象，这又会造成楼市价格在短期内发生持续上涨。黑中介发布虚假房源屡禁不止、设置陷阱合同、克扣押金、暴力恐吓强令搬离等行为也会造成榆林市房地产行业的混乱。

（四）房地产市场存在潜在风险

历史证明，重大系统性金融风险事件的发生往往与房地产市场有着千丝万缕的关联。保护房地产行业的稳定也是维持金融市场稳定的重要措施，反过来，健康稳定的金融市场又可以给房地产业的蓬勃发展提供良好基础。虽然，榆林市目前房地产的价格走向趋于平缓，但榆林市房地产市场平稳运行所需的经济基础仍然十分脆弱，主要体现在居民部门杠杆攀升较快、金融资源过度向房地产集中、房地产泡沫风险增大、房地产开发企业债务风险增加等，房地产风险还在积累。虽然榆林市待售房面积已经在逐步减少，从2018年底的102.14万平方米下降到2019年第三季度的95.69万平方米，但由于榆林市房地产持续供求失衡，这种市场内的长期不平衡是造成市场恐慌的潜在因素。见微知著，房地产市场的微小变动总是会导致投资者对房地产行业信心和预期发生变化。

四　房地产业2020年发展预测

房地产业市场运行与宏观经济、政治制度、社会发展、文化风俗等环境休戚相关。分析预测2020年榆林市房地产业发展趋势，应从影响房地产发展的因素入手。通过对中央及地方政策的解读和对客观经济指标数据的分析，我们从房地产的供给、需求、价格方面对榆林市未来一年房地产市场的发展趋势进行了预测。

（一）供给趋势

近两年，中央及各地出台的房地产政策有效抑制了房地产市场过热势头，使其增长趋于稳定。2018年“两会”明确了“房子是用来住的、不是用来炒的”住房政策定位，敦促各地将主体责任落到实处；健全地方税体系，稳妥推进房地产税立法，有效抑制炒房现象蔓延；启动新的三年棚改计划，有效降低货币化安置比例；针对三、四线城市房地产库存较多情况，提出“因城施策、去库存”政策；国家多个部委出台加强房地产金融风险防范的政策，有效限制了资金向房地产领域流动。榆林市积极响应国家政策推进房地产去库存。2018年榆林市商品房累计销售面积同比增长33.3%，待售面积同比下降8.8%。2020年，随着棚户区改造深入推进，榆林市固定资产投资额在波动中相对下降，与2019年相比，其供给将基本稳定，上升幅度不会加大。

（二）需求趋势

2016～2019年，国家出台了“房住不炒”、加快城镇棚户区改造、支持居民自建住房等一系列房地产限购、限贷、限售、限商、限价政策，有效抑制了居民对房产的过热需求。但对居民的改善性、刚性需求，国家却给予支持，如中国人民银行保持个人住房贷款利率水平基本稳定。榆林市为稳定居民购房信心，颁布了《榆林市住房公积金提取管理办法》等政策，扩大榆林有效需求。同时，随着城镇化推动，农村人口不断向城镇集聚，榆林市城镇化率稳步提升，2018 年已达 58.9%，而且还呈上升之势，进而推升居民房地产需求。当然，决定住房需求的关键因素还是居民收入。实证发现，2008～2018 年，榆林市商品房销售面积与榆林市人均 GDP 等之间存在显著正相关关系，这说明随着人均 GDP 或房地产投资额的增加，榆林市商品房销售面积将会增加。榆林市人均 GDP 近年来持续增加，预计 2019 年房地产需求仍保持增长，但增幅趋于平缓。

（三）价格趋势

作为资源型城市，煤炭、油气等能源价格的变化对榆林市居民收入和购房倾向影响较大。近年来，在创新驱动下，榆林产业结构不断优化，居民收入持续增加，这为房地产提供了一定价格支撑。2010～2017 年，榆林市商品房售价与固定资产投资额和人均 GDP 呈正向相关关系，先涨后跌。2018 年 1 月至 2019 年 9 月，全市住宅售价变动与上述两个宏观经济变量变动也呈相同趋势。榆林区域经济发展差异较大也造成其房价分布的区域差异较大，如榆阳区 2019 年商品房均价为 8649 元/平方米，比横山区每平方米高出 3300 多元。随着榆林成为呼包银榆经济区中心城市以及对外辐射能力和影响力的不断提高，这一差距将进一步缩小。受省会西安市房价处于高位的影响，作为陕西省综合经济实力靠前城市，榆林市营商环境不断改善，也将吸纳一批高端人士来榆林定居、发展。品牌房地产开发企业如中梁、绿城、万达、中国黄金、领航控股、中建都相继入驻，将增加高品质房产供给。预计 2020 年，榆林房地产价格整体上涨，但幅度不会太大①。

五　促进房地产业健康发展的对策

当前我国经济总体下行压力明显，榆林经济社会发展也面临诸多挑战。

① 榆林市榆阳区人民政府：《榆阳区房地产市场火爆背后的思考》，http：//www.yuyang.gov.cn/xxgk/tjxx/42506.htm，2019 年 8 月 20 日。

2020年是榆林“十三五”规划的收官之年，也是全面建成小康社会之年。促进榆林市房地产市场健康发展非常重要。

（一）深入贯彻“房住不炒”精神，平衡房屋供需结构

贯彻落实“房住不炒”精神，严格限购、限贷、限售调控，坚决刹住房地产投机行为。实行差别化房地产需求政策，刺激房地产有效需求。出台优惠政策，重点满足居民对房地产的刚性需求和引进人才的房产需求。加大商品房去库存操作力度，给房地产市场“降温”，继续推进棚户区改造。在2018年榆林已实施10个棚改项目的基础上，加速各类保障房建设并保证及时分配，让住在老旧城区和棚户区的百姓能“体面地生活”。

（二）优化产业结构，熨平房地产市场波动

实施创新驱动战略，持续推进产业智能化、能源利用清洁化发展，大力发展现代服务业。引导企业运用现代信息技术，转换经营理念，开展经营模式创新，提高生产效率。加大淘汰落后产能、化解过剩产能的政策支持力度；加大对第二产业下岗工人的再就业培训，帮助其在第三产业实现再就业，以提升居民对未来消费的预期。利用榆林区位优势和资源禀赋，大力发展光伏、金属镁冶炼等新兴信息产业、新材料产业，增加收入，增强百姓买房意愿。

（三）加强房地产市场监管

将房地产市场乱象治理纳入2020年政府工作任务，建立常态化的监管机制，堵塞监管漏洞，净化市场。谨慎审批房地产开发项目，加强对房地产开发企业、经纪机构和物业服务机构的资质审核。认真盘查摸底，掌握情况，精准施策，及时曝光与通报不合规房地产相关企业违规行为，依法严厉打击房地产“投机”与“捂盘”惜售等行为。

（四）规范购房融资行为

做好房地产市场规模预测，严格贯彻国家防范金融风险的政策，规范购

房融资行为，建立健全社会信用体系，严格审批住房贷款，提高住房贷款质量。强化金融监管，做好金融市场风险预警监测，坚决杜绝系统性金融风险发生。

参考文献

文化榆林：《榆林房价下跌是一句“空话”？你错了！榆林又一批保障房要来了》，2019 年 3 月 21 日。

中指研究院：《中指丨2019 年中国房地产政策盘点》，2019 年 12 月 31 日。

榆林热门：《2019 年要不要买房？十句话看懂榆林楼市》，2019 年 5 月 9 日。

陈朗洲：《市场篇：宏观视野下的房地产市场》，观点地产网：2018 年 8 月 2 日。

刘英团：《房地产改革实现人民群众安居宜居》，《资源与人居环境》2018 年第4 期。

Abstract

"Shaanxi real estate development report (2020)" reflects the basic situation of Shaanxi real estate development in 2019.

The whole book is divided into three parts. The first part is the general report, which comprehensively discusses all aspects of the real estate industry in the province in 2019, especially makes a detailed analysis of the commercial housing market and the security housing market, and puts forward suggestions for the real estate development of the province in 2020.

The second part is a special topic. It studies the real estate industry of the whole province from 10 aspects, such as land policy, finance and taxation policy, financial policy and affordable housing construction, and puts forward suggestions for the future development.

The third part is the regional part, which makes a comprehensive research and Analysis on the development of real estate industry in 10 provincial cities including Xi'an and one Yangling agricultural high-tech demonstration zone jointlybuilt by the province and ministry.

Contents

Ⅰ General Report

Abstract: In 2019, the policy environment for the operation of the national real estate market was generally tight, and the real estate financial repression policy ran through the whole year. Under this background, Shaanxi adhered to the main line of "regulation" and the main tone of "three stabilities". The growth rate of real estate investment, land acquisition area, commodity housing price growth rate and the reduction of area for sale continued to narrow, but in terms of the overall situation of the whole year, the scale of real estate enterprises, completed investment, total development and sales area continued to grow. At the same time, Shaanxi strengthens the classified guidance policy, adhered to the urban policy, and effectively prevents and controls the risks in the real estate field. The real estate industry of the whole province had achieved a relatively stable and healthy development. However, the market differentiation in various regions of the province was relatively large. The decline of real estate investment in Xi'an and the lack of inventory made the whole market show the characteristics of poor continuity, imbalance between supply and demand, and market spillover. Novel coronavirus pneumonia and macro policy control were the main factors that affected the population growth in early 2020. However, the continuous improvement of Xi'an's location advantage and the continuous urbanization of the city led to the siphon effect of Shaanxi population continuing to highlight, and the steady increase of disposable income and housing quality demand of urban and rural residents, to a certain extent, inject new vitality into the real estate market. It is suggested that Shaanxi's "two-way" adjustment and "four limits" measures should be flexible in response to population and economic changes, establish a linkage mechanism of land supply, implement effective supply, and meet market demand while maintaining stability.

Keywords: Shaanxi; Real Estate; Land Policy

Ⅱ Special Topics

Abstract: In 2018 –2019, a series of land policies were issued by Shanxi Province and our country, which aiming to stabilize land prices, control house prices and protect people's livelihood. Although these policies have played a certain role, but its effect is not obvious. It is suggested that the land policy of real estate regulation in Shaanxi Province should be optimized as follows: reasonably and effectively control the land supply, increase the adjustment of land supply structure, strengthen the monitoring function of land management, and increase the legal construction of land market and real estate market.

Keywords: land policy; Real Estate Market; Macro-control

Abstract: This paper expounds and interprets the central government's financial control policies on the real estate industry and other local government control policies in 2019. This paper introduces and analyzes the actual situation of the development of Shaanxi real estate industry. And the development of the real estate industry in 2020 is prospected.

Keywords: Financial Regulation and Control Policy; New Housing; Commercial Housing Price; Investment Completion

Abstract: The economy of Shaanxi Province has developed rapidly and stably in the period of 2018 and 2019. Both of the real estate investment and commercial housing construction area have shown a rapid growth. The growth rate of commercial housing sales area has been maintaining a steady growth level, the decline in the area of commercial housing for sale has declined, and the trend of housing price growth has slowed down. In order to promote the stable development of the real estate market in Shaanxi, the government should continuously increase the area of land supply for ordinary commodity housing and public rental housing, reform the public financial management system, optimize the real estate tax system, establish the complete local tax system, and increase the expenditure for housing security.

Keywords: Real Estate; Tax Policy; Fiscal Policy

Abstract: In 2018 – 2019, Shaanxi Province focused on accelerating the solution of housing difficulties for low and middle-income groups, focused on public rental housing and housing reform, continued to improve the policy of shared property right housing, improved the urban housing security system, successfully completed the annual construction target task, and further improved a series of policy systems of affordable housing.

Keywords: Offordable Housing; Public Rental Housing; Coownership Housing; Shantytown Reconstruction Housing

Abstract: By combing the policies and measures issued by relevant departments in 2019, this paper found that the management and control of the housing rental market is increasing and deepening. The data shows that there are obvious differences in the scale and price of housing lease among the eight cities in Shaanxi Province, and there are many factors that affect the housing lease. As the capital city of Shaanxi Province, Xi'an needs to perfect professional institutions, cope with limited supply of houses, develop online trading platform, etc. , so it is very necessary for management agencies to coordinate regulation.

Keywords: Housing Leasing; Leasing Supply; Intermediary Institutions; Network Platform

Abstract: From 2018 to 2019, the general trend of the price of commercial housing in Shaanxi Province shows a steady rise but a decline. The main reasons include the government's regulation and control policies, the enhancement of real estate market demand and the increase of construction cost. In order to make the real estate market in Shaanxi Province develop healthily, it is suggested to improve the housing security system, strengthen the expectation management, and reasonably guide the expectation of buyers.

Keywords: Commodity House Price; Real Estate Policy; Housing Security

Abstract: Laws and regulations of property management industry in Shaanxi province have been further improved and improved from 2018 to 2019. Meanwhile, problems such as property service quality and price discrepancy and market order need to be standardized still exist. This report makes an in-depth analysis of the above situation and problems, discusses the countermeasures to promote the healthy development of the property management industry, and draws the conclusion: to improve the relevant laws and regulations of property management, and standardize the market order; Multi-planning property management enterprise income path; Improve the living environment. In the future, property management in Shaanxi province will transform from traditional property management to smart property management.

Keywords: The Property Management; Property Regulations; Intelligence Service

Abstract: The number of real estate development enterprises in Shaanxi

Province has been increasing, and the total assets of the enterprises have been increasing, but the asset-liability ratio is higher; the investment and sales of real estate development enterprises have increased steadily, and the proportion of residential investment has decreased. The main business revenue and operating profit in 2018 are lower than the previous year. Vanke as the representative of the first-line brand real estate enterprises performed strongly, leading the real estate market in Xi'an. Under the influence of factors such as increasing urbanization rates, deepening aging, and changes in family size caused by the "second-child policy", new requirements have been put on the types and quality of products developed by real estate development enterprises.

Keywords: Real Estate Development Enterprise; Investment Scale; Main Business Revenue

Abstract: With the vigorous promotion and development of green buildings in recent years, China has ushered in the stage of comprehensive promotion and development of green buildings. The development goal of the new period defines the improved connotation and requirements of green buildings, and also brings broader prospects and challenges for the implementation and promotion of green buildings. In recent years, Shaanxi province has actively promoted the planning, design and project construction of green buildings, forming a situation of coordinated promotion and scale development of single buildings, residential areas and ecological urban areas. However, the application of specific green building technologies still needs to be improved. Based on the development and transformation of green building, this paper systematically expounds the new development of green building evaluation in Shaanxi province, and the practice and application of green building technologies in real estate development in Shaanxi.

Keywords: Green Building; Residential Building; Building Technology

Abstract: The real estate sector plays an important role in the economic development of Shaanxi province. This paper focuses on the sale of real estate, real estate prices and real estate investment in Shaanxi province and prefecture-level cities. Based on the data collected from the Statistic Yearbook of Shaanxi, this paper analyzes the uncertainty of real estate market using fluctuation deviation rate as indicators. The results show that the uncertainty of real estate market in Shaanxi province is relatively low during 2013 – 2018. The uncertainty of policy, economic development and population are the main determinants of the uncertainty of real estate market. Policies should be adjusted prudently to maintain the stability of the real estate market.

Keywords: Real Estate Market; Uncertainty; Fluctuation Deviation

Ⅲ Regional Reports

Abstract: With the continuous deepening of the real estate supply-side reform in Xi'an, the real estate industry has maintained a steady and rapid development, and at the same time, it has also driven the relevant consumer subject, market structure, management mode and industrial chain to change profoundly. Based on the investment environment, supply and demand structure and current development status of Xi'an real estate industry in 2018, this paper analyzes their influences on Xi'an Economy, and forecasts the development demand trend of real estate market in 2019.

Keywords: Xian'an, Real Estate Industry; Commercial Housing

B. 13 Report on the Development of Xianyang's Real Eastate from 2018 to 2019

Zhou Hua / 173

Abstract: From 2018 to 2019, the real estate market in xianyang city, driven by the Xi'an market, has been on the rise in general. Land supply has increased, real estate investment has increased, housing prices have risen, and sales have increased. At the end of 2019, various indicators have contracted. Under the influence of the economic environment inside and outside the province and the real estate market, the trend of market contraction and price sideways is predicted.

Keywords: Xianyang City; Real Estate; Land Market

B. 14 Report on the Development of Weinan's Real Eastate from 2018 to 2019

Gao Minfang, *Zhang Ping and Zhao Wei* / 190

Abstract: This article first systematically analyzes the development situation, investment situation, and sales situation of the real estate industry in Weinan city from 2018 to 2019, and the impact of the real estate industry on the economic development of Weinan city. Using supply and demand theory to analyze the development trend of the real estate industry in Weinan city, the article analysis the major problems existed in the real estate industry in the aspects of funding sources, construction of affordable housing, and regional differences. Finally, it proposes corresponding countermeasures and forecasts the development trend of the real estate industry in Weinan City.

Keywords: Weinan City; Real EstateIndustry; Construction of Affordable Housing

Abstract: The present report reveals the status quo of growth of Tongchuan's real estate industry between the 2018 last and 2019 first three quarters, including real estate enterprises, land supply, scale and construction of real estate investment, housing distribution, guarantee housing construction, intermediate market of real estate and property management. The report also makes a comprehensive and objective analysis of the relationship between real estate and economic society, and points out the existing problems and causes resulting in them. Finally, it offers a calculation of the prospect of development of the real estate industry in 2020.

Keywords: Tongchuan; Real Estate Industry; Housing Security

Abstract: This paper analyzes the real estate development in Baoji from 2018 to 2019. In terms of real estate operation, it analyzes the real estate enterprises, fixed assets and real estate development investment, construction area of commercial housing, completion area of commercial housing and sales area of commercial housing. In terms of the development of the real estate market, this paper analyzes the supply and marketing situation commercial housing, the purchasing group and the use of commercial housing. In addition, it also expatiates on the loan situation of indemnificatory housing and housing accumulation fund. Finally, based on the real estate development status of Baoji from 2018 to 2019, the paper makes a prospect for the real estate development of Baoji from 2019 to 2020.

Keywords: Baoji City; Real Estate; Housing Prices

B. 17 Report on the Development of Yangling's Real Eastate from 2018 to 2019

Ren Qian, Wu Xiaoyu, Lei Jinyu and Yu Jin / 237

Abstract: This report analyzes the current development situation of the real estate market in Yangling demonstration area in recent years and predicts its future development trend in order to provide decision-making basis for the healthy and stable development of the real estate market in the demonstration area. The analysis shows that the economic and resident income of Yangling demonstration area increases steadily while the growth rate slows down. In this context, the real estate price experienced a relatively large fluctuation from 2018 to 2019, with the price rising from 3, 783 yuan per square meter in October 2018 to 5, 680 yuan per square meter in November 2019. In recent years, the construction area of commercial housing is higher than the completed area; The area of real estate sales showed an increasing trend, among which the area of real estate sales in the 11 months of 2019 increased by 22. 5% compared with the previous year. On the basis of accumulating a great deal of experience, the process of off-site loan for affordable housing and housing accumulation fund is progressing steadily. Based on the judgment of the real estate market development in Yangling demonstration area in recent years, it is expected that the real estate industry in the demonstration area will continue the previous stable trend in 2020.

Keywords: Yangling Demonstration Zone; Real Estate Industry; Affordable Housing

Abstract: Real estate industry has become one of pillar industries of the national economy. Based on information about the economic environment, industrial structure, population scale and consumption level of the Hanzhong city, this paper carries out an analysis on the current situation and the prospect of the Hanzhong real estate industry in the light of scientific development concept, giving full consideration to the impact of accelerated urbanization and housing commercialization reform.

Keywords: Real Estate; Land Use Planning; Housing Security

Abstract: The report analyze the current state of the real estate market in Ankang city center and the supply-demand relationship and prices in the next five years. The trend is analyzed, and the analysis results show that from 2018 to 2019, the real estate market in downtown Ankang has average transaction prices that remained stable for most months, sharp rises and falls in individual months, and huge gaps in transaction prices between different real estates; sales volume The fluctuation range is large; it has a strong imbalance, which is mainly manifested in the imbalance of three rates. In the next five years, the overall real estate prices in downtown Ankang are likely to decline, but the supply-demand relationship in some areas will be basically balanced, and prices will be basically stable. Finally, some suggestions were made.

Keywords: Ankang City; Real Estate; Housing Price

B. 20 Report on the Development of Shangluo's Real Eastate from 2018 to 2019

Zhang Yan / 276

Abstract: In order to discuss the development status and trends of the real estate industry in Shangluo City. This report used questionnaire surveys and field survey methods to collect and establish the relevant real estate industry database of Shangluo City from 2018 to 2019, analyzed the status of real estate development in Shangluo City, the relationship between real estate and social economy, the status of affordable housing construction and the status of property management. The development trend of real estate industry in Shangluo City was discussed, and corresponding countermeasures were proposed. The results showed that: from 2018 to 2019, the population urbanization rate in Shangluo City was low, and the overall socio-economic situation was showing a slow development trend; the structure of real estate companies and personnel tended to be reasonable, but the corporate qualifications were low; the development of commercial housing was uneven, District, Luonan County and Shanyang County had better real estate industry development, investment, and sales, and there was greater room for future development; the market consists of rigidly needed housing, improved housing, investment housing, and affordable housing; housing property management was lagging; Both the economy and employment had contributed; housing prices in the urban area of Shangluo City were on the rise. We should use the state's macro-control to vigorously improve the housing supply and demand structure, regulate the real estate market, and promote the healthy development of the real estate industry.

Keywords: Shangluo City; Real Estate; Urbanization

B. 21 Report on the Development of Yan'an's Real Eastate from 2018 to 2019

He Xiarong, *Zhou Xu and Zhao Jianjun* / 287

Abstract: This report analyzes the development of real estate industry in

Yan'an city from 2018 to 2019 and forecasts its future development trend in 2020. Under the background of the continuous acceleration of the construction of Yan'an new area, all indicators of Yan'an real estate maintain a high growth rate in 2019. Firstly, at the end of October 2019, the investment amount of residential real estate in Yan'an City has finished 13. 871 billion yuan in the development of commercial housing, an increase of 30. 5% year-on-year; Secondly, other indicators such as the area of housing construction and completion has been turned negative, showing a positive and continuous increase, with a significant increase; Thirdly, the sales of commercial housing has increased by 51. 9% year-on-year, and the real estate market shows a boom trend of both supply and demand. Finally, It is predicted that the supply-demand relationship of Yan'an real estate market will tend to a new balance in 2020, and the price of commercial housing still has certain rising space.

Keywords: Yan'an City; Real Estate Industry; Land Price

Abstract: Based on the development policy of national and provincial real estate and macroeconomic conditions of Yulin City and Shaanxi Province, this report analyzes the current developing characteristics, problems and causes of the Yulin's real estate industry from the fourth quarter of 2018 to the first three quarters of 2019 in terms of market operations, investment conditions, and house price fluctuations, and predicts the development trend of Yulin's real estate industry in 2020. Finally some countermeasures are put forwards.

Keywords: Yulin City; Real Estate; Housing Price

皮 书

智库报告的主要形式
同一主题智库报告的聚合

皮书定义

皮书是对中国与世界发展状况和热点问题进行年度监测，以专业的角度、专家的视野和实证研究方法，针对某一领域或区域现状与发展态势展开分析和预测，具备前沿性、原创性、实证性、连续性、时效性等特点的公开出版物，由一系列权威研究报告组成。

皮书作者

皮书系列报告作者以国内外一流研究机构、知名高校等重点智库的研究人员为主，多为相关领域一流专家学者，他们的观点代表了当下学界对中国与世界的现实和未来最高水平的解读与分析。截至 2020 年，皮书研创机构有近千家，报告作者累计超过 7 万人。

皮书荣誉

皮书系列已成为社会科学文献出版社的著名图书品牌和中国社会科学院的知名学术品牌。2016 年皮书系列正式列入“十三五”国家重点出版规划项目；2013~2020 年，重点皮书列入中国社会科学院承担的国家哲学社会科学创新工程项目。

S 基本子库
UB DATABASE

中国社会发展数据库（下设 12 个子库）

整合国内外中国社会发展研究成果，汇聚独家统计数据、深度分析报告，涉及社会、人口、政治、教育、法律等 12 个领域，为了解中国社会发展动态、跟踪社会核心热点、分析社会发展趋势提供一站式资源搜索和数据服务。

中国经济发展数据库（下设 12 个子库）

围绕国内外中国经济发展主题研究报告、学术资讯、基础数据等资料构建，内容涵盖宏观经济、农业经济、工业经济、产业经济等 12 个重点经济领域，为实时掌控经济运行态势、把握经济发展规律、洞察经济形势、进行经济决策提供参考和依据。

中国行业发展数据库（下设 17 个子库）

以中国国民经济行业分类为依据，覆盖金融业、旅游、医疗卫生、交通运输、能源矿产等 100 多个行业，跟踪分析国民经济相关行业市场运行状况和政策导向，汇集行业发展前沿资讯，为投资、从业及各种经济决策提供理论基础和实践指导。

中国区域发展数据库（下设 6 个子库）

对中国特定区域内的经济、社会、文化等领域现状与发展情况进行深度分析和预测，研究层级至县及县以下行政区，涉及地区、区域经济体、城市、农村等不同维度，为地方经济社会宏观态势研究、发展经验研究、案例分析提供数据服务。

中国文化传媒数据库（下设 18 个子库）

汇聚文化传媒领域专家观点、热点资讯，梳理国内外中国文化发展相关学术研究成果、一手统计数据，涵盖文化产业、新闻传播、电影娱乐、文学艺术、群众文化等 18 个重点研究领域。为文化传媒研究提供相关数据、研究报告和综合分析服务。

世界经济与国际关系数据库（下设 6 个子库）

立足“皮书系列”世界经济、国际关系相关学术资源，整合世界经济、国际政治、世界文化与科技、全球性问题、国际组织与国际法、区域研究 6 大领域研究成果，为世界经济与国际关系研究提供全方位数据分析，为决策和形势研判提供参考。

法律声明